Penser les violences sexuelles

Marie Chartron

Penser les violences sexuelles

La Découverte

Composé par Facompo à Montrouge
Maquette de couverture : Ferdinand Cazalis
Dépôt légal : mai 2025

Si vous désirez être tenu régulièrement informé de nos parutions, il vous suffit de vous abonner gratuitement à notre lettre d'information par courriel, à partir de notre site **www.editionsladecouverte.fr**, où vous retrouverez l'ensemble de notre catalogue.

ISBN 978-2-348-07284-0

À T.,
À mes fantômes,
À mes ami·es

Prologue

Je me souviens du choc de la découverte de textes féministes et portant sur le genre durant mes études de philosophie. Tout à coup je n'étais plus en train de lire et réfléchir dans l'abstraction. Je redécouvrais en lisant que j'avais un corps, situé temporellement et socialement, un corps qui pense. *Mon* corps. En révolte viscérale et muette contre ce carcan étrange-r de « femme » auquel il est assigné, et le rôle conséquent qu'on lui faisait jouer dans les rouages du régime (hétéro)sexuel. Et des lignes ont commencé à se tracer, au grand jour, de la surface de ma peau au fond de mon imagination, du lieu de ma pensée à son environnement, et le présent de ma réflexion découvrait l'épaisseur du passé dont il était issu. *Je* pouvais exister en pensant les questions de justice sociale.

J'ai été rapidement et profondément surprise de ne pas trouver dans ces textes de philosophie incarnés, qui posaient des questions incarnées, celle des violences sexuelles. Depuis les années 1970 s'était pourtant sédimenté tout un savoir féministe, militant et scientifique, sur le viol. On avait parlé, crié, on avait écrit, on avait lu, on savait que ces violences étaient au cœur des existences des personnes socialisées et identifiées comme femmes – mais pas seulement. Les mouvements féministes des années 1970 avaient contribué de manière décisive à rendre compte de la dimension politique du personnel et de l'intime.

Ces premiers textes avaient du moins ouvert un espace inédit : il était possible de travailler dans l'université depuis nos problèmes et nos luttes. C'est ainsi qu'a commencé mon travail en philosophie politique. Un peu inconsciente de l'embarras qu'un tel sujet lui causait. Un objet impur.

Alors tenter la périlleuse expédition. Rapidement, la sensation d'une vaste étendue aquatique se déployant jusqu'à l'horizon. Le grand large. Peu de repères pour baliser mon questionnement : « Penser les injustices de genre, à partir des violences sexuelles ». Je bricole mes embarcations à partir de matériaux trouvés sur mon chemin, mue par une nécessité intérieure.

#MeToo arrive, alors que j'ai presque achevé le manuscrit de ma thèse. Je suis retranchée pour écrire, vite, quand me parviennent les premiers échos. Alors ça y est ? Est-il vraiment encore utile de poursuivre, quand l'histoire vient percuter le monde ?

Je soutiens, ébranlée.

Et puis, il y a l'autre face de ma recherche.

J'ai commencé ma thèse en 2012. J'ai soutenu en 2018.
J'ai vécu une nuit de six ans dont je peine encore
à dire le nom.
En 2012 aussi, mon père mourait.
Entre 2013 et 2016, j'ai été prise dans une relation qui
m'a littéralement conduite
au bord de la mort.
Entre autres.

Chacune de ces lignes en porte encore la trace, et résulte d'un travail réflexif, d'allers-retours plus ou moins conscients, entre ce que j'ai vécu et ce qu'il me fallait écrire et penser. En retour, la pensée, si elle ne m'a pas donné de solutions pratiques immédiates aux problèmes bien réels auxquels j'étais confrontée, m'a aidée à poursuivre le cours de ma vie.

Il m'est resté l'impression, un peu abasourdie, d'en être sortie victorieuse – c'est-à-dire vivante, une thèse sous le bras, qui m'a soutenue autant que l'inverse, avec laquelle j'ai tenté, dans l'obscurité, de faire sens coûte que coûte.

Quelques années, quelques annonces plus tard – quelques initiatives, quelques réformes. Peut-être quelque chose sourd-il, mais le souvenir de l'effacement des luttes par les décennies suivantes, la conscience des pesanteurs structurelles face à l'ampleur de notre tâche, me gardent de trop espérer. De fait, aujourd'hui, la prise de conscience des bouleversements politiques et sociaux qu'implique une réelle et pleine prise en charge des violences sexistes et sexuelles dans nos sociétés peine encore à advenir au-delà de quelques cercles militants.

Alors je recommence, me replongeant dans le manuscrit à la recherche de ce que ses entrailles pouvaient encore receler qui puisse nourrir les pensées-luttes à venir. Je me souviens de ce pacte indissoluble qu'exige la philosophie féministe, qui ne peut pas se pratiquer si l'on renie son esprit ou son corps situés. Sept ans plus tard, cette seconde expédition n'est pas moins vertigineuse ni moins douloureuse. Elle est moins solitaire peut-être. Je l'ai conduite en portant l'espoir qu'elle puisse être utile.

Introduction

Faire des violences sexuelles un objet philosophique

> Nommer la souffrance, ou dévoiler la souffrance, dans un contexte où elle n'est pas liée à des stratégies de résistance et de transformation, a créé, pour de nombreuses femmes, les conditions d'une distance, d'une aliénation et d'une solitude encore plus grandes, parfois d'un profond désespoir.
>
> bell hooks, « On self-recovery », 1989.

Les lignes de ce livre sont chargées. De nausées, de larmes. De luttes, de silences, de lassitudes et d'abîmes. De sidération muette, de colères et de rires solidaires, arrimés à la conviction que penser est nécessaire.

Voilà presque vingt-cinq ans, au début des années 2000, plusieurs enquêtes statistiques conduites en France ont mis en lumière de manière inédite l'ampleur des violences sexuelles[1]. Pourtant le phénomène, massif, a perduré, et la société française (plus particulièrement les politiques publiques en son sein) n'a pas semblé en saisir pleinement les implications,

1. En particulier l'enquête « Cadre de vie et sécurité » (CVS), menée chaque année entre 2007 et 2021, l'Enquête nationale sur les violences faites aux femmes en France (Enveff), menée en 2000, et l'enquête « Violences et rapports de genre » (Virage), réalisée en 2015. Ces deux dernières enquêtes ont donné lieu à des publications : Maryse Jaspard (dir.), *Les Violences envers les femmes. Une enquête nationale*, Paris, La Documentation française, juin 2003 ; Elizabeth Brown, Alice Debauche, Christelle Hamel et Magali Mazuy (dir.), *Violences et rapports de genre*, Paris, Ined éditions, 2021.

malgré des déclarations d'intention répétées. Peut-être parce qu'elles auraient précisément mis en cause les fondements de cette société et l'État lui-même. À l'orée des années 2010, je me suis tournée vers la philosophie politique pour mieux comprendre à la fois les violences sexuelles et les raisons pour lesquelles elles se perpétuent. Le silence que j'ai trouvé était là aussi assourdissant. Alors que cette discipline se veut la fabrique à penser des problèmes de la vie en société, peu de pistes avaient émergé en France qui remettaient en question les évidences de ce phénomène, posaient les bonnes questions et permettaient d'imaginer un avenir plus juste, sans violences sexuelles[1]. Cette recherche s'est donc imposée à moi.

Puis, en 2017, éclate l'affaire Weinstein. Des milliers de femmes dénoncent des violences sexuelles sous le hashtag MeToo, repris par l'actrice Alyssa Milano dans le sillage du mouvement qu'avait tenté de lancer en 2007 Tarana Burke, une travailleuse sociale africaine-américaine. Des centaines de milliers de voix s'élèvent, des témoignages se pressent sur les réseaux sociaux. Tous les milieux et contextes sont concernés : le cinéma et les arts, la politique, les médias, le sport, le milieu médical, l'armée, la famille... En France, des commissions sont mises en place, en particulier la Commission indépendante sur les abus sexuels dans l'Église (Ciase) et la Commission indépendante sur l'inceste et les violences sexuelles faites aux enfants (Ciivise), respectivement créées en 2019 et 2020. Elles ouvrent des espaces qui permettent aux victimes de s'exprimer sans être remises en cause et de demander justice, et rendent compte, à nouveau, de l'importance des violences sexuelles dans nos sociétés contemporaines. Grâce aux mobilisations féministes et dans le contexte des débats publics qui ont entouré les affaires

1. Je pense aux travaux de la philosophe Geneviève Fraisse, dont *Du consentement*, Paris, Seuil, 2007. Quelques ouvrages ont paru depuis en philosophie, par exemple Marc Crépon, *Ces temps-ci. La société à l'épreuve des mœurs*, Paris, Payot-Rivages, 2020. On peut aussi évoquer la traduction de l'ouvrage essentiel de Susan Brison, *Après le viol*, Nîmes, Éditions Jacqueline Chambon, 2003 (2002).

récentes, des avancées indéniables ont eu lieu depuis, dans le droit notamment – ainsi de la loi du 3 août 2018 renforçant la lutte contre les violences sexuelles et sexistes, de la loi Avenir professionnel de 2018 qui comprend un volet sur les violences sexistes et sexuelles au travail, ou encore de la loi du 21 avril 2021 précisant la qualification de l'inceste, élargissant la définition du viol aux actes bucco-génitaux et créant de nouvelles infractions ciblant les actes sexuels sur les mineur·es[1] de moins de quinze ans (et dix-huit ans pour les cas d'inceste).

Du côté du système judiciaire, depuis 2018, les plaintes pour viol et tentative de viol se sont fortement accrues, comme si elles témoignaient d'une demande de justice plus pressante : les services de sécurité en ont enregistrées 19 800 en 2018, 34 300 en 2021, 42 400 en 2023[2]. Mais face à cela, on estime que ces viols et tentatives s'élèvent au minimum à 93 000 annuellement[3]. En parallèle, les condamnations augmentent très peu, voire stagnent : 978 en 2018, 825 en 2020, 1 436 en 2021 puis 1 205 en 2022[4].

Nul débat public n'a véritablement pu être entamé (à l'exception peut-être des discussions en cours sur l'introduction de la notion de consentement dans la loi[5]), ou plutôt

1. Étant donné l'ancrage féministe de cet ouvrage, je m'efforce de rendre visibles, dans la langue, les rapports de genre dissimulés sous la marque du masculin employé comme neutre.

2. « Insécurité et délinquance en 2021 : une première photographie », Interstats, n° 41, 27 janvier 2022, p. 1 ; « Insécurité et délinquance en 2023 : bilan statistique », SSMSI, 2024.

3. « Violences au sein du couple et violences sexuelles en France », *La Lettre de l'Observatoire national des violences faites aux femmes*, n° 12, novembre 2017, p. 1 ; « Les viols, tentatives de viols et agressions sexuelles en France », *La Lettre de l'Observatoire national des violences faites aux femmes*, n° 10, novembre 2016, p. 2.

4. « Condamnations selon la nature de l'infraction de 1990 à 2022 », ministère de la Justice.

5. Voir Clémentine Autain, « Pourquoi le consentement dans la loi est une fausse bonne idée », Clementine-Autain.fr, 19 novembre 2024 ; Pamina Guyot-Sionnest, « "Seul un oui est un oui", mais "tout oui n'en est pas un"... Peut-on parler de consentement en contexte de violences sexuelles ? », *Revue du Crieur*, n° 25, 2024, p. 138-159 ; Marie Kirschen, « Le consentement doit-il

rouvert, sur la compréhension et la pertinence des modes de prise en charge actuels des violences sexuelles, portés principalement par le système judiciaire. Comment peut-on penser que la réponse publique apportée aujourd'hui au problème social du viol, qui, derrière l'affichage du caractère prioritaire de la lutte contre les « violences faites aux femmes » ou contre les violences sexistes et sexuelles, mêle justice pénale et saupoudrage de programmes préventifs, traduit une juste compréhension des violences sexuelles et de leur perpétuation ?

Le viol est l'un des crimes les plus sévèrement punis, dit-on. Si la peine carcérale permettait de résoudre le phénomène social que constituent les violences sexuelles, nous le saurions à présent. Et si toutes les personnes qui ont violé une fois dans leur vie étaient réellement condamnées à quinze ans de prison, la société française s'en trouverait tout bonnement paralysée. Les débats contemporains sont amnésiques : ils ont oublié que le mouvement des femmes dans les années 1970 avait déjà mesuré l'ampleur de la tâche, révolutionnaire, qui consiste à bâtir un monde juste entre hommes et femmes comme pour toutes les personnes minorisées, et avait déjà souligné combien la justice pénale ne saurait résoudre le problème de la domination masculine, du patriarcat et, en l'occurrence, des violences sexuelles. Ainsi, même un mouvement aussi massif que #MeToo n'a pas modifié en profondeur les deux constats qui m'ont guidée lorsque j'ai entamé cette recherche : l'absence de prise en charge sociale adéquate des violences sexuelles et le peu d'outils à disposition pour les penser.

Nous sommes nombreuses à le répéter depuis plusieurs années maintenant : il est temps pour certain·es de se confronter à la réalité. Les agresseurs sont nos amis, nos compagnons, nos maris, nos amants, nos pères, nos mères,

---

figurer dans la loi ? », RevueLaDéferlante.fr, 22 avril 2024 ; Marie Kirschen, « Le viol, c'est aussi toutes les fois où l'on n'a pas eu la possibilité de dire non », RevueLaDéferlante.fr, 13 février 2025.

nos oncles, nos grands-pères, nos beaux-pères, nos supérieurs hiérarchiques, nos collègues. Les violences sexuelles font cependant, aujourd'hui encore, l'objet de « débats » quant à leur interprétation et leur prise en considération. Ainsi de la crainte, évoquée par l'essayiste Marcela Iacub dès 2011, que « la notion de viol s'élargisse et que, petit à petit, elle ne signifie plus rien. Car on appellera du même nom l'acte auquel on consent avec son partenaire sans en avoir véritablement envie et l'agression brutale d'un inconnu dans un garage[1] ». Plus récemment, des mots de certain·es avocat·es de la défense lors du procès des viols de Mazan, affirmant qu'« il y a viol et viol[2] » ou qu'« il y a viol si l'on veut qu'il y ait viol[3] ». Les dénonciations de violences font encore face à d'innombrables obstacles, à commencer par le soupçon porté sur la parole des victimes, la minimisation des actes, le coût et la durée des parcours judiciaires. Les auteurs, eux, demeurent invisibilisés, cachés derrière la figure fantasmatique d'un Autre déviant, marginal, intrinsèquement agresseur et anormal. L'immense majorité des centaines de milliers de personnes ayant été victimes doivent s'efforcer de continuer à vivre, en tentant de soigner, seul·es, les conséquences des violences, au moins en partie à leurs frais, parfois aux côtés de leurs agresseurs, sans obtenir reconnaissance du tort subi.

Par ailleurs, la compréhension et la prise en charge des violences sexuelles par les politiques publiques et le secteur associatif semblent séparées en deux camps distincts : d'un côté les violences sexuelles subies par « les femmes » (le plus souvent comprises comme cisgenres[4]), supposément de la

---

1. Marcela Iacub, « Entre viol et consentement », Libération.fr, 12 novembre 2011.

2. Juliette Delage, « Gisèle Pelicot : "On cherche quoi dans cette salle ? À ce que je sois coupable ? », Libération.fr, 18 septembre 2024.

3. Henri Seckel, « Au procès des viols de Mazan, manipulation et intention au cœur des plaidoiries de la défense : "On reproche à ces hommes de ne pas avoir imaginé l'inimaginable" », LeMonde.fr, 6 décembre 2024.

4. « Cisgenres » ou « cis » désigne les personnes dont l'identité de genre correspond à celle qui leur a été assignée à la naissance, à l'inverse des personnes trans.

part d'« un homme » (implicitement cisgenre et hétérosexuel), et de l'autre les violences sexuelles subies par « les enfants » (dont le genre est plus flou), présupposément infligées par un agresseur masculin. Ces deux champs sont peu articulés, dans la compréhension comme dans la pratique. Une telle appréhension exclut de fait toutes les personnes qui ne se retrouvent ni dans l'une ni dans l'autre de ces catégories, tout en privant d'une compréhension « radicale », à la racine, des violences sexuelles.

Ces violences massives ne sont pas inéluctables. Elles sont le fruit d'une organisation sociale et sont redoublées par des violences institutionnelles. Elles constituent donc un problème politique et un problème de justice sociale. Réformer la prise en charge institutionnelle existante ne suffira pas, c'est la conception même des violences sexuelles comme injustices sociales qu'il faut repenser.

Un impensé

Le constat de ce phénomène et de sa perpétuation se double de celui d'un impensé : les violences sexuelles sont une réalité hydresque et font effraction dans nos vies depuis nos plus jeunes années. Or la philosophie politique, qui se dit penser la loi et la violence, les inégalités et les injustices, paraît bien peu disposée à répondre quand on l'interroge sur cette réalité sociale, omniprésente, d'une injustice tout en même temps banale et extrême. Les exceptions sont rares et la philosophie féministe comme les études de genre continuent aujourd'hui à batailler pour que ces thématiques gagnent du terrain. Une fois adopté le prisme des violences sexuelles, on mesure l'ampleur de l'oubli lorsqu'on lit le vaste corpus des écrits philosophiques portant sur la violence.

En philosophie politique, la violence est une notion clé. Malgré la difficulté de la cerner et la définir, elle a été pensée et évaluée normativement, alternativement considérée comme une inéluctable caractéristique de la vie humaine ou au contraire comme à combattre. Elle est quasi systématiquement appréhendée comme étant exercée par et sur des agents neutres du point de vue du genre. Tantôt cette neutralité est le fruit d'une universalité de façade, qui considère comme universelles des situations qui ne concernent dans les faits qu'une partie de la population des sociétés concernées, en l'occurrence les hommes, tantôt la violence des hommes entre eux est thématisée comme *la violence* en tant que telle, et l'y réduit.

Les différentes théorisations de la violence en philosophie politique laissent donc de prime abord impuissante pour penser les violences sexuelles – et lutter contre. Parce qu'elles occultent absolument cette forme de violence ou parce que, par omission, elles laissent entendre que les violences sexuelles font partie des violences privées, prépolitiques, que l'État tolère. Parce que, contrairement à certaines conceptions de la violence comme créatrice dans l'histoire, de tous les contextes où les violences sexuelles ont eu lieu et massivement, on n'a pas encore trouvé d'heureuse issue à quelque dialectique dont elles participeraient. La sociologie, aussi, a pu contribuer à cette occultation, en faisant de la domination masculine l'« exemple par excellence » d'une violence qui serait *symbolique*, « douce, insensible, invisible pour ses victimes mêmes », et « qui s'exerce pour l'essentiel par les voies purement symboliques de la communication et de la connaissance, ou, plus précisément, de la méconnaissance », pour reprendre les mots de Pierre Bourdieu[1]. Ce type de théorisation, qui a bien entendu fait l'objet de nombreuses critiques féministes, renforce encore l'invisibilisation des violences masculines bien matérielles, physiques et sexuelles.

Les pensées de la colonialité et de la postcolonialité, émergées d'abord en marge de la philosophie politique académique et qui se sont notamment développées à partir des écrits du penseur et psychiatre Frantz Fanon, ont, elles, enrichi, et pour cause, les réflexions sur la violence, à partir

1. Pierre Bourdieu, *La Domination masculine*, Paris, Seuil, 2002, p. 12.

d'analyses empiriques, dans le contexte de la guerre d'indépendance en Algérie[1]. Elles ont mis en lumière son caractère unilatéral quand elle est infligée par le colon lors de prises de territoire puis en régime colonial, dans ses dimensions à la fois interpersonnelles, collectives, et institutionnelles, physiques, psychiques et symboliques. Sexuelles, aussi. Les ravages de ces violences sexuelles coloniales n'ont cependant toujours pas été complètement dépliées et restent parfois maintenues dans le silence, comme en témoigne le tabou entourant aujourd'hui encore les viols massifs commis par les soldats français lors de la guerre d'indépendance en Algérie[2], ou font au contraire l'objet d'enjeux mémoriels (et donc politiques) puissants, comme en atteste le « mythe du viol fondateur » aux Antilles[3], celui « des premières ancêtres africaines déportées vers l'Amérique par les premiers colons blancs[4] ».

Non seulement la forme de violence qu'on nomme couramment « violence sexuelle », exercée la plupart du temps par des hommes envers des femmes, parfois par des hommes envers d'autres hommes ou des enfants, et très marginalement exercée par des femmes, n'a, je l'ai dit, que rarement fait l'objet de problématisations en philosophie politique, mais, en outre, même les apports de la recherche féministe en sociologie, histoire, anthropologie, théorie politique et juridique ainsi que les savoirs militants n'ont pas été intégrés

1. Frantz Fanon, *Les Damnés de la terre*, Paris, La Découverte, 2002 (1961).

2. Sur les réactions qu'a suscité le témoignage de la combattante algérienne Louisette Ighilahriz, recueilli par Florence Beaugé et publié dans *Le Monde* le 21 juin 2000, voir Florence Beaugé, « Guerre d'Algérie : le tabou des viols commis par des militaires français », LeMonde.fr, 17 mars 2021, et le film d'animation réalisé par Florence Beaugé et Aurel, *Louisette. Le dernier tabou de la guerre d'Algérie*, *Le Monde*/La Revue dessinée, 9 octobre 2022.

3. Arlette Gautier, « Genre et esclavage aux Antilles françaises. Bilan de l'historiographie », *in* Philippe Hroděj (dir.), *L'Esclave et les Plantations. De l'établissement de la servitude à son abolition. Hommage à Pierre Pluchon*, Rennes, Presses universitaires de Rennes, 2009, p. 161-184 ; Stéphanie Mulot, « Le mythe du viol fondateur aux Antilles françaises », *Ethnologie française*, vol. 37, n° 3, 2007, p. 517-524.

4. Stéphanie Mulot, « Le mythe du viol fondateur aux Antilles françaises », art. cit., p. 518.

dans les théorisations générales de la violence – pas plus que de la justice sociale du reste.

Ces atteintes sont pourtant présentes dans la vie de bien des êtres humains et se déploient au cœur des organisations sociales. Un tel oubli est une preuve du présupposé selon lequel, en terre philosophique et pour les théories politiques qui ne se positionnent pas comme féministes, le sexuel et les violences sexuelles sont foncièrement apolitiques – malgré l'immense écho de la phrase-étendard utilisée en titre d'un article de la féministe radicale étatsunienne Carol Hanisch il y a maintenant plus de cinquante ans : « Le personnel est politique[1]. » Peut-être est-ce parce que les violences sexuelles restent considérées comme relevant de l'*intime*. « Intime », car elles sont liées à la sexualité, qui est elle-même encore souvent mise à l'écart de la sphère publique et négligée par la philosophie politique, « intime » car elles mettent au centre notre condition d'êtres incarnés, « intime » car elles ont majoritairement lieu dans le cercle social proche, là encore largement considéré comme à la fois fondamental dans l'organisation des sociétés et « à côté » d'un point de vue théorique[2]. Peut-être, donc, les violences sexuelles sont-elles tenues à l'écart par cette philosophie politique et sociale[3] parce qu'elles sont considérées comme hors du politique. Peut-être, enfin, pouvons-nous tenter d'imaginer, parce que la violence sexuelle ne constituerait pas véritablement un concept, mais seulement une forme, une application, une déclinaison du concept de violence. Que

1. Carol Hanisch, « The personal is political », *in* Shulamith Firestone et Anne Koedt (dir.), *Notes from the Second Year. Women's Liberation Major Writings of the Radical Feminists*, 1970, p. 76-78.

2. On retrouve cela chez Karl Marx comme chez John Rawls, notamment.

3. La « philosophie sociale » s'est constituée comme position critique du retour de la philosophie politique « classique ». Portée notamment par Axel Honneth, Franck Fischbach, Emmanuel Renault et Stéphane Haber, elle désigne par « philosophie politique classique » une pensée qui, se positionnant contre Foucault, Hegel, Marx et les apports des sciences sociales, limite la dimension normative « aux seuls principes juridico-politiques », et dont le philosophe libéral John Rawls est une figure majeure. Voir Franck Fischbach, *Manifeste pour une philosophie sociale*, Paris, La Découverte, 2009, p. 6.

la violence soit un concept à la fois politique et moral et que l'occultation totale de la violence sexuelle pour le penser puisse avoir une incidence sur son contenu même n'est pas interrogé. Ainsi, les violences sexuelles seraient condamnées à l'ombre, impensables à la fois par ce qu'elles ont de sexuel, enfouies socialement dans le nocturne, et par ce qu'elles ont de violent, dont la logique annule le langage.

N'y a-t-il donc rien à penser dans ces trous noirs de nos vies ? Ces silences un peu trop obstinés m'ont incitée à questionner ce que peut la philosophie politique pour comprendre ce que sont les violences sexuelles. Ces recherches m'ont permis d'apercevoir, plus en détail, les contours de la transformation radicale qu'impliquerait leur pleine appréhension sociale et politique.

Viols, violences sexuelles, violences faites aux femmes, violences de genre

Plutôt que de partir de théories constituées, j'ai choisi, pour conduire cette enquête philosophique, de prendre pour point de départ le viol comme phénomène social, car ce terme désigne l'acte qui semble le plus extrême et le plus manifestement physique des violences sexuelles. Définir le viol, comme toute violence, implique pourtant d'emblée des dimensions intrinsèquement descriptives, normatives (et par suite juridiques[1]) et dépend des normes, variables selon les contextes, de celle ou celui qui utilise cette qualification.

C'est d'abord le crime de « rapt » que condamnait le droit français. Ce terme est significatif de ce qui était alors répréhensible : un vol, un vol genré, celui d'une femme d'un autre homme – un père ou un mari. Jusqu'en 1980, le viol n'est pas défini précisément dans la loi et n'est conçu qu'entre

1. « Tout comme pour les violences, les enquêtes de terrain sur les violences sexuelles présentent le problème épistémologique de leur "qualification descriptive, juridique et morale" », Cécile Lavergne, « Violence, identités, reconnaissance : penser une philosophie sociale de la violence avec Pierre Bourdieu et Axel Honneth », thèse de philosophie, Paris-10, 2015, p. 485.

un homme et une femme en dehors du mariage – la possibilité du viol conjugal n'entre dans la loi qu'au début des années 1990. De fait, il était limité à l'introduction de force du pénis d'un homme dans le vagin d'une femme, sanctionnant ainsi certains rapports sexuels seulement, au nom des « bonnes mœurs » et d'un ordre social au sein duquel la femme est la propriété sexuelle de l'homme.

Contre une conception juridique du viol historiquement élaborée depuis un point de vue hétéro-masculin, d'autres définitions portées par les mouvements féministes ont émergé dans les années 1970, faisant valoir l'expérience vécue du viol afin de mettre en lumière ses effets sur les subjectivités ainsi que ses dimensions structurelles et genrées. Au-delà ou à côté de leur catégorisation juridique en crime (pour le viol) ou en délit (pour l'agression sexuelle), les violences sexuelles ont ainsi été pensées par une catégorie de la population particulièrement concernée : les personnes identifiées et qui s'identifient comme femmes[1]. Une prise de conscience collective est alors à l'œuvre. En 1975, la journaliste et féministe radicale étatsunienne Susan Brownmiller publie *Against Our Will*, une enquête sur les violences sexuelles qui fait du viol un instrument de terreur masculine sur les femmes[2]. Elle y propose une définition du viol « du point de vue des femmes » au sein d'un cadre de relation implicitement hétérosexuel : « Si une femme choisit de ne pas avoir de rapport sexuel avec une personne en particulier, et que l'homme choisit d'agir contre sa volonté (*against her will*), alors ceci est un viol[3]. »

En 1980, le droit français intègre – bien que partiellement – ce changement de perspective féministe dans sa défini-

1. Une telle formulation permet de rendre compte que l'identité de genre « femme » n'a rien d'une évidence, mais est au contraire problématique, qu'elle est d'abord assignée à la naissance, puis peut être intégrée, refusée (éventuellement au profit d'une autre identité de genre) ou revendiquée, et qu'elle s'inscrit enfin dans un rapport social.

2. Susan Brownmiller, *Le Viol*, Paris, Stock, 1976 (1975).

3. *Ibid.*, p. 18 (ma traduction. Sauf indication contraire, les citations issues de textes en anglais ont été traduites par moi-même).

tion du viol. Le procès d'Aix, en 1978, porté par l'avocate Gisèle Halimi, marque à cet égard un tournant. Aux yeux de l'historien Georges Vigarello, il illustre deux déplacements déterminants, qui ont contribué à transformer le sens du viol : l'« importance prise par l'initiative des victimes ou de leurs proches » et l'« importance accordée à la souffrance psychique »[1]. Le rôle des mouvements féministes est décisif dans ce processus de définition et conjointement de politisation du viol. De fait, c'est par la mobilisation des associations féministes du côté de la partie civile (Choisir, la Ligue du droit des femmes et l'Union pour la dignité de la personne humaine) que ce procès s'est mué en « procès du viol ». C'est sur ce procès et d'autres, ainsi que sur les témoignages recueillis lors des mobilisations féministes, que s'appuiera la réforme de la loi en 1980, proposée par la sénatrice Brigitte Gros, remplaçant le code pénal de 1810 jusqu'alors en vigueur. Texte « décisif » selon Vigarello, il « instaure pour la première fois l'effraction des frontières du corps au principe de l'acte condamné[2] ». Aujourd'hui, le viol est défini dans la loi française comme « tout acte de pénétration sexuelle, de quelque nature qu'il soit, ou tout acte bucco-génital commis sur la personne d'autrui ou sur la personne de l'auteur par violence, contrainte, menace ou surprise ».

Si les mobilisations féministes des années 1970 ont permis de faire valoir l'importance des violences sexuelles dans les vies des femmes et de les comprendre comme des violences structurelles masculines, dans les années 1980, c'est le terme de « genre » qui est repris par les écrits féministes universitaires aux États-Unis pour penser les violences sexuelles[3], avant que celui-ci ne s'institutionnalise au niveau international. Ainsi,

---

1. Georges Vigarello, *Histoire du viol. XVIe-XXe siècle*, Paris, Seuil, 1998, p. 247.

2. *Ibid.*, p. 255.

3. Ainsi notamment de la relecture par Judith Butler des écrits de Simone de Beauvoir par le prisme de la distinction entre « sexe » et « genre », quoique Beauvoir elle-même n'emploie pas le terme de genre. Judith Butler, « Sex and gender in Simone de Beauvoir's *Second Sex* », *Yale French Studies*, n° 72, 1986.

lors de la Troisième Conférence mondiale sur les femmes organisée par les Nations unies à Nairobi en 1985, apparaît l'expression « violences spécifiques au genre[1] » (*gender-specific violence*). Dix ans plus tard, la conférence de Pékin marque un tournant, à l'échelle mondiale, dans la reconnaissance institutionnelle de ces violences. Comme dans les documents de la conférence de Nairobi, on y trouve le mot « genre » : « Le terme "violence contre les femmes" désigne tout acte de violence fondé sur le genre qui entraîne, ou entraînera probablement, des dommages physiques, sexuels et psychologiques. Elles incluent les menaces de tels actes, la contrainte ou privation arbitraire de liberté, que celle-ci ait lieu dans l'espace public ou privé[2]. » Après quelques débats houleux sur la signification à donner à ce terme de genre[3], les « violences fondées sur le genre » (*gender-based violence*) semblent alors finalement recouvrir l'ensemble de ce qu'on appelait auparavant les « violences faites aux femmes », en leur apportant cependant un fondement social et non naturel. Une telle substitution de « femme » par « genre » reconduit subrepticement l'idée, malgré un pas vers une compréhension de la violence comme sociale, que ce qui n'est pas féminin n'est pas genré (et réciproquement) et que les violences sexuelles, qui sont une partie des violences de genre, ciblent uniquement les femmes.

Suivant la même logique, la convention du Conseil de l'Europe sur la prévention et la lutte contre la violence à l'égard des femmes et la violence domestique, ou convention d'Istanbul, adoptée en 2011 par la plupart des États membres du Conseil de l'Europe, ne définit pas tant la violence de genre qu'elle reprend une analyse et une compréhension

1. « Report of the World Conference to review and appraise the achievements of the United Nations decade for women : equality, development and peace », Nairobi, Nations unies, 15-26 juillet 1985, p. 70.

2. « Report of the Fourth World Conference on Women », Pékin, Nations unies, septembre 1995, p. 48.

3. Joan W. Scott, « Le genre : une catégorie d'analyse toujours utile ? », *Diogène*, vol. 1, n° 225, 2009, p. 5-14.

des violences « faites aux femmes » par le genre. En effet elle reconnaît que « la nature structurelle de la violence à l'égard des femmes est fondée sur le genre ». La convention reprend aussi les analyses féministes de la violence comme ayant une fonction politique, en affirmant que « la violence à l'égard des femmes est un des mécanismes sociaux cruciaux par lesquels les femmes sont maintenues dans une position de subordination par rapport aux hommes ». Elle précise cependant, comme après coup, que « dans la mesure où les femmes et les filles ne sont pas les seules victimes de la violence domestique, les parties à la convention sont encouragées à en étendre le cadre protecteur aux hommes et aux garçons exposés à la violence dans le cercle familial ou au sein du foyer »[1].

Depuis, plusieurs pays ont adopté des lois sanctionnant les violences de genre. Ainsi de l'Espagne, qui fait figure de pionnière avec l'adoption en 2004 de la loi organique « relative aux mesures de protection intégrale contre les violences de genre » puis de lois consacrées aux violences de genre par les communautés autonomes[2]. Cette loi définit à son tour la « violence de genre » comme « une violence exercée *sur les femmes* en raison de leur simple condition de femme ». En septembre 2021 cependant, le Parlement européen a élargi le champ couvert par les violences de genre puisqu'il demande que les violences fondées sur le genre, à l'encontre « des femmes et des filles, *mais aussi des LGBTI* », soient inscrites comme « domaine de criminalité », afin, explique-t-il, de constituer « une base juridique pour une directive européenne centrée sur les victimes, qui utiliserait les normes de la convention d'Istanbul ». Ces tentatives d'inscription dans la loi d'un « droit du genre » posent un certain nombre de questions. En premier lieu, aucun de ces textes ne

---

1. « Lutte contre la violence à l'égard des femmes et la violence domestique. Convention d'Istanbul », onglet « À propos de la Convention », COE.Int/fr.

2. Loi organique 1/2004 du 28 décembre 2004, relative aux « mesures de protection intégrale contre la violence de genre » dite « LIVG ».

définit le genre. En outre, les lois espagnoles appréhendent la violence de genre d'une manière qui élude ses auteurs (dans l'écrasante majorité des cas des hommes). Ces textes portent également une contradiction entre une compréhension de ces violences comme structurelles, en théorie, et une approche très individualiste et psychologisante, dans les faits[1]. De telles tentatives, enfin, ne sont pas sans entrer en tension avec le « genre du droit[2] », historiquement androcentré et hétéronormatif. Ces limites, inscrites dans les institutions, sont une preuve supplémentaire de la nécessité de développer des réflexions théoriques et philosophiques sur les violences sexuelles.

Les recherches françaises ont néanmoins intégré ce cadre institutionnel mondial et européen, comme en témoigne l'enquête nationale Virage, réalisée en 2015 par l'Institut national d'études démographiques (Ined). Celle-ci, « suivant les recommandations de la Convention européenne pour l'élimination des violences faites aux femmes », s'est fixé pour objectif de « produire une mesure des violences fondées sur les rapports de genre ». Toutefois, Virage a adopté une approche originale : afin de comparer les violences subies par les hommes et celles subies par les femmes, et de tenter de comprendre dans quelle mesure ces violences sont fondées sur le genre, elle inclut des hommes dans son échantillon[3]. Revendiquant un « cadre d'analyse intersectionnel » dans un contexte « où la question des rapports imbriqués de sexe, race et classe est omniprésente », Virage consacre également une analyse spécifique aux personnes trans' et LGB, populations surexposées aux violences, et est complétée en 2018 par une

1. Juana María González Moreno, « Les lois intégrales contre la violence à l'égard des femmes en Espagne. Une analyse à partir de la théorie juridique féministe », *Nouvelles Questions féministes*, vol. 28, n° 2, 2009, p. 12-23.

2. Annie Junter, dans un entretien réalisé par Coline Cardi et Anne-Marie Devreux, « Droit du travail et genre. Entre codification et résistance à la domination masculine », *Cahiers du genre*, n° 57, 2014, p. 32.

3. 15 000 femmes et 12 000 hommes âgés de 20 à 69 ans, vivant en ménage ordinaire sur le territoire métropolitain.

enquête dans les territoires d'Outre-mer[1]. La définition des violences retenue dans cette enquête de « victimation » (le fait d'avoir subi des violences) « ne s'appuie pas sur les catégories policières ou juridiques pensées en termes de crimes et de délits » et est neutre sur le plan du genre. Elle repose en effet, « en référence à l'universalité des droits humains, sur la notion d'atteinte à l'intégrité physique et morale de la personne », qu'il s'agisse « d'actes, de gestes, de paroles visant à "imposer sa volonté à l'autre, le dominer au besoin en l'humiliant, en le dévalorisant, en le harcelant jusqu'à sa capitulation et sa soumission" »[2]. Les violences sexuelles y font l'objet d'une définition spécifique, selon une approche qui se veut la plus objectivable possible en englobant les « propos ou attitudes sexuelles dérangeants, le chantage et les agressions sexuelles ». Malgré la neutralité de cette définition du point de vue du genre, la démarche entend se situer dans le sillage des recherches féministes et fait notamment du *continuum* des violences[3] qui « caractérise les vécus des femmes » la question principale de l'ouvrage : « Les violences

1. Elizabeth Brown, Alice Debauche, Christelle Hamel et Magali Mazuy (dir.), *Violences et rapports de genre*, *op. cit.* Sur les violences dans les Outre-mer, on peut lire : Stéphanie Condon, Sandrine Dauphin et Meoïn Hagège, « Les violences intrafamiliales dans les Outre-mer. Apports et perspectives des enquêtes sociodémographiques », *Revue des politiques sociales et familiales*, n° 133, 2019, p. 71-77.

2. Elizabeth Brown, Alice Debauche, Christelle Hamel et Magali Mazuy (dir.), *Violences et rapports de genre*, *op. cit.*, p. 30.

3. Dans les années 1980, notamment grâce à la publication d'une enquête de la sociologue britannique Liz Kelly, se formalise l'idée de « *continuum* des violences » pour désigner l'ensemble des formes de violences physiques, verbales, psychologiques, sexualisant les femmes et leur portant atteinte, faisant de la violence (sexuelle et/ou physique) un outil de contrôle patriarcal sur le corps de femmes. Selon ce *continuum*, toute femme a vécu au moins l'une de ces formes de violence dans sa vie, de sorte qu'il n'est plus pertinent de distinguer celles qui seraient « les victimes » de l'ensemble des femmes. J'y reviendrai plus tard. Voir Liz Kelly, « The continuum of sexual violence », *in* Jalna Hanmer et Mary Maynard (dir.), *Women, Violence, and Social Control. Explorations in Sociology*, Atlantic Highlands, Humanities Press International, 1987, p. 44-60. L'article a été publié en français : « Le *continuum* de la violence sexuelle », *Cahiers du genre*, vol. 1, n° 66, 2019.

s'observent dans tous les espaces et tout au long des parcours de vie pour les femmes, qu'en est-il pour les hommes[1] ? »

Les résultats font valoir, sans surprise, une très forte asymétrie entre hommes et femmes, que les violences soient exercées ou subies : environ 95 % des viols et tentatives de viol déclarés dans les douze derniers mois sont subis par des femmes et les agresseurs sont des hommes dans l'immense majorité des cas. L'étude précise en effet que « quel que soit l'espace de vie, les violences sexuelles mentionnées par les femmes sont quasi exclusivement le fait d'un ou plusieurs hommes (entre 94 % et 98 %) » tandis que « les actes rapportés par des hommes sont majoritairement le fait d'autres hommes (75 % des actes dans la famille) »[2]. En outre, toutes les classes sociales sont concernées par le phénomène.

Si l'inégalité entre personnes identifiées comme « hommes » et celles identifiées comme « femmes » s'avère une caractéristique centrale des violences sexuelles, alors il semble bien indispensable de mobiliser la catégorie du « genre » pour tenter de les penser – reste à identifier la conceptualisation du genre la plus pertinente pour cela. En outre, la diversité des définitions, qu'elles soient fondées sur les personnes qui sont les cibles de la violence, sur ses auteurs, sur ses intentions ou sur ses effets, sur les lieux du corps ciblés, rend compte de la complexité de la réponse à apporter à la question « de quoi parle-t-on lorsqu'on parle de violences sexuelles ? ».

À ces remarques introductives autour des enjeux de définition des violences sexuelles, il faut ajouter que celles-ci ont ceci de spécifique qu'elles font l'objet d'une « inversion morale », qui reporte la faute – et la honte – sur la victime.

---

1. Elizabeth Brown, Alice Debauche, Christelle Hamel et Magali Mazuy (dir.), *Violences et rapports de genre*, *op. cit.*, p. 32.

2. Christelle Hamel *et al.*, « Viols et agressions sexuelles en France : premiers résultats de l'enquête Virage », *Populations et Sociétés*, n° 536, novembre 2016, p. 4. Pour ce qui est des statistiques de la police et de la gendarmerie : en 2020, 97 % des mis en cause dans les dépôts de plainte pour viol sont des hommes, selon « Insécurité et délinquance en 2020 : bilan statistique », SSMSI, 2021, p. 102.

Cette inversion est parfaite puisqu'elle fait disparaître, quand cela est opportun pour l'instance qui en décide, la violence elle-même : soit elle est considérée par celles et ceux qui sont en position de la juger comme ayant été *quelque part* voulue (« elle l'a bien cherché »), soit cette violence n'en est pas une (« elle était consentante »). Dans le récit qui restera, ce qui était effraction devient interaction, ce qui était subi devient consenti.

Il faut aussi souligner un autre paradoxe, qui n'est sans doute pas sans lien : si la violence a pu être définie comme *rupture avec l'ordre*, les violences sexuelles « en temps de paix » s'opèrent bien souvent sans perturber durablement l'ordre des choses au niveau collectif, que cette collectivité soit familiale, institutionnelle ou sociale. Autrement dit, bien souvent, la victime de ces actes en porte seule la responsabilité et les conséquences.

Partir des injustices

Si les violences sexuelles sont affaire de pouvoir, de quelles injustices sont-elles le nom ? Quelle compréhension du genre permet de les saisir, et quelles sont leurs logiques ? Cet ouvrage est porté par la conviction que ce n'est qu'en reconstruisant la forme des violences sexuelles dans nos sociétés depuis les perspectives de celleux qui les subissent, et les soubassements des pratiques qui luttent contre, que nous pourrons les exhumer comme injustices structurelles et penser, à partir de là, les conditions d'une justice qui soit transformative.

Je veux ici tenter de comprendre les logiques à l'œuvre dans ces violences de masse qui se déroulent au cœur de sociétés démocratiques et « en temps de paix ». Si on cesse d'appréhender les violences sexuelles selon une conception conservatrice et essentialiste comme le résultat inéluctable d'une *pulsion masculine irrépressible*, alors elles peuvent être comprises comme politiques. Elles se portent en effet de manière discriminante sur un type d'objet, selon des lignes de pouvoir et en exerçant sur lui des formes de pouvoir. Envisager les violences sexuelles comme des injustices, c'est reconnaître leur caractère social, politique et non absolument déterminé, nécessaire ou inéluctable, au sens d'un phénomène qui serait « naturel ». Pour une société d'égaux et d'égales, une telle dimension politique des violences sexuelles induit une responsabilité individuelle et collective, une nécessité éthique et politique d'agir sur ces violences. Partir des violences sexuelles, c'est, aussi, partir d'un phénomène pour tenter de comprendre ce qu'il fait bouger à la manière de penser en philosophie politique[1].

Leur persistance massive est due à une organisation sociale qui n'est pas neutre à leur égard, mais les tolère malgré la condamnation légale et la réprobation sociale dont elles font l'objet. Il s'ensuit que lutter contre elles dépasse largement leur seule condamnation par la loi et implique nécessairement de repenser radicalement l'organisation sociale injuste de la sexualité et des identités de genre, et que l'on pourrait appeler provisoirement le « système de genre » comme régime patriarcal et hétéronormatif.

Une conceptualisation binaire du genre suffit-elle pour comprendre les violences sexuelles ? Mon hypothèse est que les violences sexuelles, dans leur diversité, ne peuvent être intégralement saisies, ni dans leur compréhension, ni dans leur extension, ni même dans leur dimension politique, par le biais d'une théorie les interprétant, de manière exclusive, comme des violences de genre, selon une logique binaire de domination masculine sur les femmes. Les violences sexuelles constituent sans doute ce qu'il y a de plus évidemment problématique dans les rapports de genre, mais elles sont aussi un révélateur de problèmes théoriques qui se posent

1. Ce geste, qui consiste à partir de l'injustice, a été notamment esquissé par la politiste Judith Shklar et le philosophe Emmanuel Renault. Voir Judith Shklar, *Visages de l'injustice*, Belval, Circé, 2002 (1992) ; et Emmanuel Renault, *L'Expérience de l'injustice. Reconnaissance et clinique de l'injustice*, Paris, La Découverte, 2004.

aux théorisations féministes. Un certain nombre de féministes les avaient déjà interprétées comme des violences *patriarcales*, visant non seulement les femmes, mais aussi les enfants et les hommes plus jeunes. Mais si l'on cherche à considérer avant tout et en premier lieu les personnes les plus exposées aux violences sexuelles, alors peut-être faut-il encore élargir ce geste. Une compréhension féministe, queer et intersectionnelle des violences sexuelles doit prendre en compte, fondamentalement, l'ensemble des rapports d'exploitation et d'oppression, toutes les formes d'inégalités sociales, économiques, raciales, de statut ou encore de validité. Elle doit également questionner l'approche binaire et exclusive selon laquelle une catégorie de la population dite « femmes », implicitement cisgenre et hétérosexuelle, est victime de violences sexuelles tandis qu'une autre dite « hommes », implicitement cisgenre et hétérosexuelle, en est l'auteure[1].

Cette hypothèse se double d'une exigence. Dans une société démocratique, les conceptions et références normatives relatives au genre et à la sexualité sont diverses, et peuvent être légitimes dans leur multiplicité... tant qu'elles ne nuisent pas aux autres. Ces normes sont en outre diverses non seulement d'une personne à l'autre, mais aussi en chacun·e de nous, selon des degrés allant de l'homogénéité jamais totale (il faudrait pour cela être en vase clos dans un système normatif qui régit tous les aspects de la vie) à une grande multiplicité de références normatives auxquelles nous nous rapportons de manière diverse, que nous les revendiquions ou que nous y soyons assujetties, et qui se déploient diversement dans nos sphères de vies (famille, travail, ami·es, loisirs, associations, etc.). Nos conceptions du genre et de la sexualité peuvent aussi évoluer au cours du temps. Dans une société encore dominée par un régime de genre cishétéronormatif telle que la société française contemporaine, certaines de ces conceptions ciblent cependant des vies et contestent leur

1. Jennifer Patterson (dir.), *Queering Sexual Violence. Radical Voices Within the Anti-Violence Movement*, Riverdale, Riverdale Avenue Books, 2016, p. 88.

légitimité à exister : ce sont des vies d'enfants, de femmes, des minorités sexuelles et de genre. Une réflexion en philosophie politique à partir des violences sexuelles comme injustices sociales exige de reconnaître la légitimité de cette diversité tout en identifiant les normes dominantes et leurs logiques oppressives, de prendre en compte et travailler ces tensions.

En 2013, le sociologue Éric Fassin rappelait ses efforts pour faire entendre, « à côté de l'égalité des droits, la critique des normes[1] ». Ces deux exigences sont sans doute parmi les fondations essentielles d'une société qui prenne en charge les violences sexuelles. Elles ne sauraient avoir d'emprise sans la remise en cause des conditions institutionnelles, matérielles et politiques qui rendent possible l'oppression et l'exploitation sexuelles. Comment construire une pensée des violences sexuelles qui les tienne ensemble ? Et au-delà, comment rassembler la défense d'une « sexualité émancipée » et la lutte contre les violences sexuelles ? Dans le monde tel qu'il se présente, et en articulation avec une approche critique du genre comme catégorie de compréhension de ces violences, il s'agit ici d'exhumer les conditions de réalisation des transformations nécessaires pour lutter contre les injustices sociales que sont les violences sexuelles.

La première partie de cet ouvrage retrace, de manière critique, les différentes théorisations des violences sexuelles qui ont été forgées, à partir des années 1960, par des intellectuelles et militantes féministes. Le mouvement de libération des femmes, aux États-Unis comme en France, a permis de penser la condition des femmes et montré que le viol y tient une place particulière. J'examine alors comment ces réflexions et productions se sont transcrites dans la théorie politique (féministe), en particulier comme domination de genre sexualisée. Dans une deuxième partie, abandonnant les analyses théoriques pour éprouver mes questions à partir de données empiriques, je me concentre sur les deux types de violences

1. Éric Fassin, « La tentation gauchiste », *Lignes*, vol. 2, n° 41, 2013, p. 53-56.

sexuelles les plus fréquentes en France : celles entre partenaires connu·es dans un contexte hétérosexuel – en couple comme dans une relation sexuelle occasionnelle – et celles se déroulant au sein du cercle (para)familial et visant les mineur·es. Ces études me conduisent à réexaminer l'articulation entre genre et violences sexuelles, en portant une attention particulière à l'âge des personnes victimes, et à élaborer une modélisation descriptive du genre comme fonction dynamique des violences sexuelles. La troisième partie s'efforce non pas d'édifier une nouvelle théorie, mais plutôt d'exhumer des pistes vers une véritable prise en charge des violences sexuelles qui sont déjà contenues dans les pratiques existantes. J'explore pour cela deux pratiques féministes d'accompagnement des personnes et de lutte contre les violences sexuelles, l'autodéfense et les groupes de parole, afin de dégager les conditions d'une « éthique de la reconstruction », puis m'interroge sur les implications d'une conception des violences sexuelles comme injustices structurelles genrées, afin d'envisager les conditions d'une justice qui soit transformative.

Cette trajectoire a ses limites : j'avais envisagé, pour cet ouvrage, de m'intéresser également à la question de l'autorité et à l'homosocialité masculine, ainsi qu'à d'autres formes de minorisation sociale et d'inégalités que l'âge (en particulier liées à la classe, à la position raciale ou à des situations de handicap) et à leurs logiques propres. À défaut d'avoir pu les aborder ici, à la fois parce que le chantier eût été trop vaste et parce que celui-ci serait plus adéquatement réalisé collectivement, j'espère du moins avoir ouvert un sillon pour poursuivre les recherches et réflexions.

Partie I

Comprendre les violences sexuelles : théorisations féministes

1

Partir des vécus des femmes pour comprendre le viol (1960-1980)

« D'abord la pratique, puis la théorie. »

Catharine A. MacKinnon,
« From practice to theory or what is a White woman anyway ? », 1991.

Durant les années 1960 et 1970, divers mouvements de libération ont pris forme – contre la tutelle coloniale et les guerres postcoloniales, contre le capitalisme, pour les droits civiques et l'émancipation des femmes. Bien que j'esquisse ici un cheminement philosophique et non historique[1], il importe de saisir dans quels contextes sont nées les théorisations sur le viol, dont elles portent les traces.

Le viol a ainsi émergé comme problème social et politique, aux États-Unis et en France, grâce aux mobilisations féministes et « dans un espace de mobilisations, nationales et transnationales, qui [rendaient] possible la remise en cause des normes de sexe et sexistes[2] ». À ce titre, il est indissociablement lié à la « cause des femmes ». De ces mouvements sont nées

1. Christine Bard (dir.), *Les Féministes de la deuxième vague*, Rennes, Presses universitaires de Rennes, 2012 ; Michèle Riot-Sarcey, *Histoire du féminisme*, Paris, La Découverte, « Repères », 2010 ; Bibia Pavard, Florence Rochefort et Michelle Zancarini-Fournel, *Ne nous libérez pas, on s'en charge. Une histoire des féminismes de 1789 à nos jours*, Paris, La Découverte, 2020.

2. Pauline Delage, « Après l'année zéro. Histoire croisée de la lutte contre le viol en France et aux États-Unis », *Critique internationale*, vol. 1, n° 70, 2016, p. 24.

diverses formes de théorisation – en termes de contenu, mais également de méthode –, qui se sont articulées autour de réflexions sur ce qu'est une femme, ce qu'est un homme, et la manière dont les individus et les groupes de sexe interagissent.

En termes de méthode, ces travaux se sont appuyés sur des données empiriques et subjectives : c'est le partage, entre femmes, des vécus de chacune qui a permis de saisir leur dimension politique puis de théoriser l'oppression. En 1972, on pouvait ainsi lire dans le troisième numéro du *Torchon brûle*, le journal du MLF : « C'est, en effet, l'énoncé de sa propre expérience et la découverte d'une écoute féminine et d'une solidarité entre femmes qui font comprendre à chacune la dimension politique de sa condition et la nécessité de la lutte[1]. » La théorisation, dans ce contexte, n'est nullement une fin en soi. Elle est toujours considérée comme un moyen de parvenir au changement social désiré : l'égalité, l'émancipation des femmes, l'abolition du patriarcat.

Les réflexions des féministes font alors émerger la notion de « domination masculine », malgré la diversité et parfois les oppositions entre les approches. C'est ainsi à ce moment-là que les violences sexuelles sont identifiées comme la « colonne vertébrale de la domination masculine » et apparaissent donc cruciales à la fois pour le « fonctionnement d'une société sexiste » et pour l'« ordre binaire du genre »[2]. Ce modèle s'est diffusé et il alimente aujourd'hui encore les collectifs féministes qui organisent la prise en charge des victimes (notamment le Collectif féministe contre le viol, CFCV) pour leur « compréhension des origines de ces violences et de leur fonctionnement »[3].

En France, les féministes sont dès les années 1960 influencées par les écrits féministes étatsuniens sur le viol et les

1. *Le torchon brûle*, n° 3, février 1972, p. 7.

2. Cornelia Möser, « Identités et différences sexuelles. Sur les économies de violence et les plaisirs transgressifs », *Rue Descartes*, vol. 1, n° 95, 2019, p. 126-141.

3. *Ibid.*, p. 126.

violences sexuelles[1]. Ainsi le numéro 54-55 de la revue *Partisans*, intitulé « Libération des femmes : année zéro » et qui entend signer la naissance d'un mouvement, s'ouvre-t-il sur une compilation des « meilleurs textes » publiés dans les deux dernières années par les *radical feminists* nord-américaines. Il s'agit de constituer un « point de départ » pour les féministes françaises. À côté de positions dites « gauchistes », qui subordonnent le mouvement de libération des femmes à la destruction du capitalisme, les positions dites « féministes » sont représentées par « deux articles théoriques extrêmement importants », « Caste et classe » de Roxanne Ortiz et « Le mythe de l'orgasme vaginal » de Anne Koedt. On y trouve aussi la traduction du fameux article de Hanisch, « Le personnel est politique », ainsi qu'un texte « consacré aux opprimées parmi les opprimées : les femmes noires »[2].

Des deux côtés de l'Atlantique, la sexualité et le viol tiennent une place particulière dans le partage des vécus des femmes et dans leurs tentatives pour comprendre l'oppression qu'elles subissent. Dans diverses publications, le viol est ainsi qualifié d'« exemplaire[3] », associé à l'« expression symbolique de la hiérarchie mâle blanche[4] », considéré comme l'« exemple le plus évident de la misogynie systématique et de la domination masculine[5] », la « quintessence » de l'oppression des femmes ou encore l'« acte quintessentiel de notre civilisation »[6].

---

1. Pauline Delage a entrepris une analyse critique des mobilisations féministes contre le viol en France et aux États-Unis, mettant en lumière la circulation « unilatérale » des productions américaines vers la France : « Après l'année zéro », art. cit., p. 21-35.

2. *Partisans*, n° 54-55, octobre-décembre 1970, p. 3.

3. « Le viol », *Nouvelles... féministes !*, n° 1, décembre 1974, p. 11-13 ; Valérie, « Le viol », *Les Pétroleuses*, n° 5, 1976, p. 4, cités *in* Pauline Delage, « Après l'année zéro », art. cit., p. 26.

4. Susan Griffin, « Rape : the all-American crime », *Ramparts Magazine*, septembre 1971, p. 35.

5. Ann Cahill, *Rethinking Rape*, Ithaca, Cornell University, 2001, p. 15.

6. Susan Griffin, « Rape », art. cit.

Le moment 1960-1970 aux États-Unis : l'émergence du viol comme objet politique

Il existe, certes, quelques publications sur le viol – rares, mais notables – antérieures au bouillonnement des décennies 1960-1970. Ainsi des écrits de l'Anglaise Harriet Taylor Mill, qui a dénoncé dès 1869 l'asservissement des femmes dans le mariage[1], ou bien sûr Simone de Beauvoir, dont *Le Deuxième Sexe*, paru en 1949. L'ouvrage analyse de manière critique le « destin biologique » auquel les femmes sont assignées et conceptualise la femme comme « ce qui est objet » quand le masculin, lui, est sujet. Dans ce devenir femme, la sexualité hétérosexuelle subie est centrale. Selon Beauvoir, la jeune fille devient femme en ce qu'elle devient « femme *de* », épouse, *par* le premier rapport sexuel avec l'homme, lequel s'avère une violence[2]. La philosophe semble hésiter, sur la nature de cette violence, entre ce qu'on pourrait désigner comme une inéluctable « loi du genre » et ce qui ne serait qu'une description commune : « C'est par le vagin que la femme est pénétrée et fécondée ; il ne devient un centre érotique que par l'intervention du mâle et celle-ci constitue *toujours* une sorte de viol. C'est par un rapt réel ou simulé que la femme était jadis arrachée à son univers enfantin et jetée dans sa vie d'épouse ; c'est une violence qui la change de fille en femme[3]. » Dans ce devenir « femme » par la sexualité (hétérosexuelle) initiée par l'homme (dans la violence), on trouve déjà le *continuum* de la sexualité au viol qui sera amplement

1. Coauteure reconnue par John Stuart Mill de la plupart des textes du philosophe, et notamment *De l'assujettissement des femmes* publié en 1869. Ce texte décrit en ces termes l'« esclavage de la femme » par son mari : « Ce brutal peut exiger d'elle qu'elle se soumette à la plus ignoble dégradation où un être humain puisse descendre, en la contraignant à se faire malgré elle l'instrument d'une fonction animale » (Paris, Avatar, 1992 [1869], p. 25). En 1851, l'article « L'affranchissement des femmes » paraît dans la *Westminster Review*, sans signature, mais il lui est attribué par certains.

2. Simone de Beauvoir, *Le Deuxième Sexe*, tome 2, Paris, Gallimard, « Folio essais », 1986 (1949), p. 145 *sq*.

3. *Ibid.*, p. 147.

développé par le féminisme radical, mais également l'idée du sexe comme service de la femme à l'égard de l'homme[1], que l'on verra thématisée notamment par l'anthropologue Paola Tabet comme *continuum* de l'échange économico-sexuel – j'y reviendrai.

Le Deuxième Sexe a largement influencé, en France et dans le monde[2], les théorisations émergeant des mouvements féministes dans les années 1960, qui se sont développées dans l'échange collectif, depuis un besoin impérieux de comprendre et changer les choses. En 1965, les militantes des droits civiques Mary King et Casey Hayden signent « Sex and caste : a kind of memo », l'un des textes clés marquant l'émergence du féminisme radical nord-américain. S'adressant aux autres membres du mouvement des droits civiques, elles leur reprochent d'occulter le traitement réservé aux femmes, malgré la volonté de « créer une société qui considérerait les problèmes humains fondamentaux, aujourd'hui vus comme des ennuis privés, comme des problèmes publics ». Elles affirment que les racines de la subordination des femmes, « l'un des problèmes les plus fondamentaux », plongent au-dessous des lois et que s'y attaquer est « susceptible de conduire au-delà des solutions légalistes vers des changements institutionnels et personnels »[3]. Divers groupes s'emparent de ces questionnements et s'organisent autour de l'éradication du patriarcat et du « système de rôles de sexe[4] », donnant véritablement naissance au féminisme radical.

Shulamith Firestone, jeune militante, contribue ainsi à fonder plusieurs collectifs de libération des femmes : le Westside Group, en 1967 à Chicago, les New York Radical Women, la même année, avec Hanisch et la poétesse Robin

1. *Ibid.*, p. 149.

2. Une première traduction anglaise (partielle) du *Deuxième sexe* en anglais est publiée en 1952.

3. Mary King et Casey Hayden, « Sex and caste : a kind of memo », 18 novembre 1965.

4. Anne Koedt, Ellen Levine et Anita Rapone (dir.), *Radical Feminism*, New York, Quadrangle Books, 1973, p. vii.

Morgan, puis, en 1969 à New York, les Redstockings et les New York Radical Feminists, avec Anna Koedt. Ils mettent en avant la « prise de conscience » (*consciousness-raising*) des femmes : lors des réunions, le partage des récits de l'intime permet une visibilisation de ce qui était caché dans la sphère privée, qui devient un objet collectif de lutte. La mise en commun peut également donner lieu à une analyse des récurrences dans les termes employés, les comportements et le regard social porté sur leurs vécus. Dans ces groupes de parole, le viol est « découvert » comme étant non plus « un malheur personnel », mais « une expérience partagée par toutes les femmes sous une forme ou une autre » : il devient donc, comme le formule un manifeste de féministes radicales new-yorkaises en 1971, un « problème politique »[1].

De premiers ouvrages issus de ces mobilisations et réflexions paraissent. Morgan, l'une des fondatrices des New York Radical Feminists, publie une anthologie de textes du mouvement de libération des femmes, *Sisterhood is Powerful*, dès 1970[2]. La même année, Firestone fait paraître *The Dialectic of Sex. The Case for Feminist Revolution*, devenu une référence du féminisme radical. L'ouvrage, dédié à Simone de Beauvoir, conduit une analyse des « institutions qui maintiennent et renforcent la famille biologique[3] » et en appelle à une révolution civilisationnelle. Se réappropriant la méthode du matérialisme dialectique de Marx et Engels, selon qui les conditions matérielles d'existence déterminent la conscience et l'histoire, Firestone entend la conduire jusqu'à son terme

1. Mary Ann Manhart et Florence Rush, « New York radical feminist manifesto of shared rape » (juillet 1971), *in* Noreen Connell et Cassandra Wilson (dir.), *Rape. The First Sourcebook for Women*, New York, New American Library, 1974.

2. Robin Morgan (dir.), *Sisterhood is Powerful. An Anthology of Writings from the Women's Liberation Movement*, New York, Vintage Books, 1970.

3. Shulamith Firestone, *The Dialectic of Sex. The Case for Feminist Revolution*, New York, Bantam Books, 1970, p. 13. L'ouvrage a été traduit en français en 1972 : *La Dialectique du sexe* (Paris, Stock).

en plongeant jusqu'au « substrat sexuel » de la dialectique historique, aux racines de l'analyse économiste de classe, là où eux-mêmes n'avaient pas été, et cherche à développer une « conception matérialiste de l'histoire fondée sur le sexe lui-même », considérant qu'hommes et femmes constituent le système de classes « le plus ancien, le plus rigide ». Ces classes sont cependant dérivées, selon son analyse, d'une « réalité biologique » et fondées sur des différences reproductives naturelles » qu'il s'agit de dépasser par la technologie et de nouveaux moyens de reproduction. Ainsi, l'éradication du sexisme impliquerait une révolte de la classe des femmes, la pleine « réappropriation par les femmes de leur corps » et des moyens de reproduction, et une remise en question « de l'organisation de la culture mais aussi de la nature »[1]. Firestone défend que « la révolution féministe doit viser […] non seulement l'élimination du privilège masculin, mais aussi celle de toute distinction entre les sexes », de sorte que « les différences génitales n'aient plus aucune importance d'un point de vue culturel »[2].

La même année, Kate Millett, membre de l'un des premiers groupes de *consciousness-raising*, publie *Sexual Politics*[3]. Aspirant à élaborer une théorie du patriarcat, elle appréhende les relations de pouvoir sur la base du « contact et de l'interaction entre membres de différents groupes cohérents et bien définis », à savoir « les races, les castes, les classes et les sexes ». Le patriarcat, selon Millett, repose sur une « forme de violence particulièrement sexuelle dans son caractère[4] », dont le viol constitue l'accomplissement le plus complet. Millett désamorce en outre, quant à elle, toute tentative d'attribuer à cette violence sexuelle une origine biologique. Suivant Engels, elle affirme que « la domination sexuelle devint la pierre de

1. *Ibid.*, p. 2.
2. *Ibid.*, p. 11.
3. Kate Millett, *Sexual Politics*, New York, Columbia University Press, 2016 (1970). L'ouvrage a été traduit en français sous le titre *La Politique du mâle* (Paris, Stock, 1971).
4. *Ibid.*, p. 44.

touche de la structure totale de l'injustice humaine[1] », mais, contrairement à lui, qui envisage essentiellement l'assujettissement des femmes par les hommes comme un rapport de classe, elle y voit un « phénomène social et psychologique total[2] ». Rappelant que le viol est « traditionnellement » considéré comme une offense commise par un homme à l'égard d'un autre homme[3], Millett émet l'hypothèse que le viol, suscitant rejet et attirance, excite tout autant qu'il scandalise, et pourrait bien servir, tout comme les lynchages au sein d'une société raciste, d'« "acte rituel" à l'effet cathartique[4] ». Face à cela, la mise en œuvre d'un « système d'égalité politique, économique et sociale entre les sexes », définition du féminisme qu'elle reprend à son compte, implique une réelle « révolution sexuelle »[5].

Un an plus tard, en 1971, paraît dans la revue *Ramparts* un texte de l'essayiste, poétesse et philosophe féministe radicale et écologiste Susan Griffin, « Rape : the all American hate ». Cet article pose les bases d'une compréhension du viol qui sera développée ultérieurement, notamment par Susan Brownmiller, Liz Kelly ou encore Catharine A. MacKinnon[6]. Analysant son propre vécu et l'impact sur sa vie de la peur du viol, l'auteure affirme clairement le lien entre excitation sexuelle (*sexual arousal*) et violence chez les hommes[7], et insiste sur le *continuum* entre relation hétérosexuelle et viol : « Des éléments du viol [elle ne précise pas lesquels] sont contenus dans toute relation hétérosexuelle. » Griffin évoque en outre l'impérialisme sexuel de « l'homme blanc, également raciste », selon une analyse préfigurant l'intersectionnalité. De la même manière que Millett, elle analyse le viol dans une approche anthropologique qui envisage la

1. *Ibid.*, p. 120.
2. *Ibid.*, p. 121.
3. *Ibid.*, p. 44.
4. *Ibid.*, p. 45.
5. *Ibid.*, p. 74.
6. Susan Griffin, « Rape », art. cit.
7. *Ibid.*, p. 28.

femme comme un objet d'échange dans le cadre d'alliances, suivant le modèle élaboré par Claude Lévi-Strauss. Selon elle, les lois interdisant le viol n'ont pas pour fonction de garantir aux femmes le droit à l'autodétermination, mais « protègent l'homme en tant que propriétaire du corps des femmes[1] ». Elles entretiennent ainsi la fierté masculine à détenir la jouissance exclusive du corps d'une femme (par le mariage) contre les réputés « violeurs ». Griffin en conclut que le viol est « un acte d'agression au sein duquel la victime se voit nier son autodétermination », un « acte de violence qui porte en lui la menace de mort » et une forme de « terrorisme de masse » où les hommes ciblent les femmes, sans distinction.

La même année, l'activiste des droits civils Angela Davis est en détention provisoire, accusée d'avoir participé à une prise d'otages conduite par Jonathan Jackson en vue de libérer les Frères de Soledad (dont son frère, le militant George Jackson). Elle y écrit un texte qui, s'il n'est pas centré sur le viol, le problématise au sein d'une réflexion visant à déconstruire les « catégories grossièrement déformées » par lesquelles les femmes noires sont encore perçues[2]. La dépossession des femmes noires, à la fois par les hommes et femmes blanc·hes et par les hommes noirs, est indissociable du régime esclavagiste et ségrégationniste étatsunien. C'est dans ce cadre que Davis conceptualise le viol des femmes noires par les maîtres blancs comme une technique de « contre-insurrection », et le situe à l'« intersection » de la domination patriarcale, économique et raciale[3]. Selon Davis, la femme noire, en contribuant de la même manière que les hommes noirs à la sphère de la production, est dépossédée de sa féminité. Elle n'est pas confinée au foyer comme la

1. *Ibid.*, p. 33.

2. Angela Davis, « Reflections on the Black woman's role in the community of slaves », *The Black Scholar*, vol. 3, n° 4, décembre 1971, p. 2-15.

3. Le concept d'intersectionnalité sera forgé une vingtaine d'années plus tard : voir Kimberlé Crenshaw, « Demarginalizing the intersection of race and sex : a Black feminist critique of antidiscrimination doctrine, feminist theory and antiracist politics », *University of Chicago Legal Forum*, n° 1, 1989, p. 139-167.

femme blanche et, paradoxalement, le statut d'esclave lui octroie une forme d'autonomie et d'« égalité déformée » dans l'oppression avec ses pairs masculins – de manière analogue à la prolétaire au regard de la bourgeoise chez Engels. Ainsi, la place cruciale qu'occupe la femme esclave dans l'économie esclavagiste, assurant la survie de ses pair·es, de ses enfants et de ses maîtres, lui octroie un tel pouvoir *potentiel* que le maître verrouille ses velléités d'insurrection par « la plus élémentaire forme de terrorisme particulièrement adaptée à la femme : le viol[1] ». Par ailleurs, si le viol de la femme noire vise à asseoir la domination du maître sur elle, dans la continuité du droit de cuissage féodal, il « vise aussi la communauté des esclaves dans son ensemble » et est une atteinte indirecte à l'homme noir, lui démontrant son incapacité à protéger « sa » femme et, par là, son incapacité générale à résister. Dans cette conceptualisation du viol comme « contre-insurrection », dans le cadre de la société esclavagiste nord-américaine – mais dont les conséquences ont survécu à l'abolition de l'esclavage –, on retrouve formulé depuis une position située l'un des arguments du féminisme radical : par le viol, les hommes terrorisent les femmes mais aussi les hommes auxquels elles « appartiennent ».

Angela Davis développa encore cette réflexion à l'occasion de l'affaire Joan Little. En août 1974, cette jeune femme noire de vingt et un ans est agressée sexuellement par un gardien blanc alors qu'elle est détenue dans la prison de Beaufort County, en Caroline du Sud. Elle parvient à le tuer et à s'échapper, avant de se rendre quelques jours plus tard et d'être inculpée pour meurtre. Encourant la peine de mort, elle est soutenue par nombre d'activistes et une large part de l'opinion publique. Elle est finalement la première femme acquittée de meurtre au nom de la légitime défense face à une agression sexuelle. Dans l'article « Joan Little : the dialectics of rape », publié quelques semaines avant

1. Angela Davis, « Reflections on the Black woman's role in the community of slaves », art. cit., p. 10.

le verdict, Angela Davis en appelle à la responsabilité de « tous les membres de la communauté en lutte pour la justice, l'égalité et le progrès », exhortant d'un côté « les Noirs et les personnes de couleur », hommes et femmes, à « comprendre l'articulation entre le racisme et le sexisme à l'œuvre de manière si frappante dans cette affaire » et, de l'autre, les femmes blanches à « saisir la question de la domination masculine (*male supremacy*) dans son articulation avec les biais de race et de classe qui la complexifient et l'exacerbent »[1].

Ces prises de parole de Davis ont lieu dans un contexte où émergent diverses organisations qui entendent réunir antiracisme et antisexisme : la National Black Feminist Organization est fondée en 1973 et le Combahee River Collective, formé par des féministes et lesbiennes noires, en 1974. En avril 1977, ce dernier rédige une déclaration entrée dans la postérité : ses membres s'engagent à lutter activement contre l'« oppression raciste, sexuelle, hétérosexuelle et de classe », et à « développer une analyse et une pratique intégrées, basées sur le fait que les principaux systèmes d'oppression sont imbriqués »[2]. Inspiré par les réflexions de Davis, le collectif entend « développer une politique qui soit antiraciste, à la différence de celle des femmes blanches, et antisexiste, à la différence de celle des hommes noirs et blancs », une politique de l'identité (*identity politics*), s'appuyant sur l'expérience vécue des femmes noires[3]. Depuis cette perspective, la « politique sexuelle [*sexual politics*], sous le patriarcat, joue un rôle aussi important dans la vie des femmes noires que les politiques de classe et de race ».

En 1974 toujours paraît *The Politics of Rape, The Victim's Perspective*, dans lequel la chercheuse sud-africaine

1. Angela Davis, « Joan Little : the dialectics of rape », *Ms. Magazine*, juin 1975, p. 108.

2. Combahee River Collective, « Déclaration du Combahee River Collective », *Les Cahiers du Cedref*, n° 14, 2006 (1979), p. 53-67.

3. *Ibid.*

Diana Russell livre une analyse du viol à partir d'entretiens avec des victimes[1], puis, deux ans plus tard, *Crimes against Women*, qui compile les témoignages de femmes ayant participé au Tribunal international des crimes contre les femmes, tribunal populaire inspiré du tribunal Russell sur la guerre du Vietnam, au cours duquel elle mentionne et définit le terme de « féminicide ». Le viol y est défini par certaines témoins comme un « crime de classe » « exercé par des hommes en tant que groupe sur des femmes en tant que groupe »[2]. Les prises de parole se closent sur une référence à l'ouvrage pionnier de la féministe étatsunienne Susan Brownmiller, publié à la même période, *Against Our Will. Men, Women and Rape*[3]. S'appuyant sur les travaux de Millett et Griffin, celui-ci synthétise ces premières théorisations du viol nées durant les décennies 1960-1970 et qui continuent aujourd'hui d'inspirer les réflexions politiques sur les violences sexuelles.

La fonction politique du viol : sexe ou violence ? biologique ou social ?

Les théorisations de la violence sexuelles élaborées par les féministes à partir de la mise en commun de leurs vécus adoptent une approche « compréhensive », globale, de la violence, qui fait émerger les formes imbriquées du pouvoir qui les oppriment : le patriarcat et le racisme. Des débats naissent à partir de cette base commune et il s'agit de comprendre si, comme le résume la philosophe Ann Cahill, ces violences relèvent du sexe et sont intrinsèques à la sexualité masculine (ce que défendent Griffin et MacKinnon notamment) ou

1. Diana Russell, *The Politics of Rape. The Victim's Perspective*, New York, Stein and Day, 1974.

2. Diana Russell et Nicole Van de Ven, *Crimes against Women. Proceedings of the International Tribunal*, Milbrae, Les Femmes, 1990 (1976), p. 81.

3. Susan Brownmiller, *Against Our Will. Men, Women, and Rape*, New York, Simon and Schuster, 1975.

bien si elles sont avant tout de la violence (c'est la thèse de Brownmiller)[1].

Attardons-nous sur cette seconde proposition. Selon Brownmiller, le viol est fondé sur le pouvoir, un « acte violent de dégradation et possession », et non le fruit criminel d'un désir sexuel irrationnel et incontrôlable[2]. Autrement dit, le viol c'est de la violence, et non du sexe. Ce geste qui consiste à isoler la violence dans le viol est, selon Cahill, « une étape cruciale dans l'analyse féministe du viol » qui va à l'encontre de l'approche naturaliste dont il faisait l'objet auparavant[3]. Selon cette compréhension, le viol, loin d'être un acte qui sert en premier lieu de prétendus besoins sexuels masculins, pensés comme naturels et biologiques, est porté par des « motivations politiques » : la volonté de dominer et de dégrader. En ce sens, « le viol n'est ni plus ni moins qu'un processus conscient d'intimidation au moyen duquel tous les hommes maintiennent toutes les femmes dans un état de peur[4] ». L'on retrouve synthétisées ici deux fonctions politiques du viol. En premier lieu, il permet, par la menace qu'il représente, de maintenir les femmes en état de dépendance vis-à-vis des hommes par besoin de protection (dans le mariage, pensé paradoxalement comme un refuge contre le viol). Qu'ils violent ou non, tous les hommes bénéficient donc du viol et de la peur du viol. Par ailleurs, le viol des femmes joue un rôle au sein des conflits entre groupes et dans l'assujettissement d'une population par une autre, par exemple dans l'esclavage. Ici l'anéantissement de l'humanité en la

1. Ann Cahill, « Feminist theories of rape. Sex or violence ? », *Rethinking Rape*, *op. cit.*, p. 15.

2. Susan Brownmiller, *Against Our Will*, *op. cit.*, p. 391.

3. C'est cette compréhension selon laquelle « le viol c'est de la violence, et non du sexe », qui a été majoritaire dans les associations féministes fondées dans les années 1980 en France : CFCV, Maison des femmes de Paris, etc. et est encore transmise, notamment dans les formations assurées par le Collectif.

4. Susan Brownmiller, *Against Our Will*, *op. cit.*, p. 39, cité *in* Ann Cahill, *Rethinking Rape*, *op. cit.*, p. 19.

femme se double de l'anéantissement de la collectivité dont elle fait partie.

Dans cette analyse du viol en termes de « motivations politiques », la jouissance et même la sexualité semblent absolument exclues, du côté de l'agresseur comme de la victime. Comment dès lors expliquer le fait que des hommes violent ? Cahill relève justement qu'une telle analyse ne fournit pas de motivation individuelle au passage à l'acte[1]. D'autre part, continue-t-elle, le fait qu'il y ait jouissance de la part de l'agresseur et que le viol ait un impact sur la sexualité des hommes et des femmes pourrait conduire à affirmer que le viol est bien sexuel[2]. L'alternative « sexe ou violence » constituerait-elle un faux problème ?

Par ailleurs, si Brownmiller affirme que la signification du viol est politique, elle identifie son origine dans la biologie et même l'anatomie, qui fait de l'homme « un prédateur naturel » et de la femme « sa proie naturelle »[3] : « La capacité structurelle des hommes à violer et la vulnérabilité structurelle correspondante des femmes sont aussi profondément ancrées dans la physiologie de nos deux sexes que l'acte premier du sexe lui-même... [...] sans cet accident de la biologie, une disposition requérant l'intrication de deux composantes séparées, le pénis dans le vagin, il n'y aurait ni copulation ni viol tels que nous les connaissons [...]. Quand les hommes ont découvert qu'ils pouvaient violer, ils ont entrepris de le faire[4]. » Le viol est ici rendu possible selon une prédétermination biologique, antérieure à toute organisation sociale et politique.

Une telle interprétation a été rapidement critiquée, notamment par Angela Davis, pour son fatalisme naturalisant (« les hommes violent parce que ce sont des hommes[5] ») et pour

---

1. Ann Cahill, *Rethinking Rape*, *op. cit.*, p. 20.
2. *Ibid.*, p. 28.
3. Susan Brownmiller, *Against Our Will*, *op. cit.*, p. 16.
4. *Ibid.*, p. 13-14.
5. Angela Davis, « Rape, racism and the capitalist setting », *The Black Scholar*, vol. 12, n° 6, 1981 (1978), p. 39, pour cette citation et les suivantes.

le recours inéluctable à la police et la prison qu'elle entraîne. Pour Davis, le viol est un problème « social par nature », et non anatomique ou psychologique, et « les perspectives d'éradication de la violence sexuelle dépendront de changements d'un tout autre ordre ». L'activiste et théoricienne marxiste insiste sur un point : le capitalisme constitue un terreau fertile à l'explosion du nombre de viols. Elle en veut pour preuve l'impunité dont bénéficient les hommes issus des classes privilégiées ainsi que la « faible fréquence des viols dans le monde socialiste ». Si le premier argument est étayé, le deuxième est fragile et les rares recherches sur le sujet tendent à le contredire. Ainsi la juriste russe Marianna Muravyeva a-t-elle forgé le terme « patriarcat socialiste » afin de désigner le régime d'oppression particulier sous lequel vivaient les femmes à l'ère soviétique, sous couvert d'égalité formelle[1].

Outre cette critique externe, le déterminisme biologique de Brownmiller occulte une contradiction présente dans sa propre formulation du viol : dans ce cadre général de disposition des hommes à violer, la théoricienne décrit bien le viol comme un acte de la volonté. Elle propose ainsi cette définition « féminine » du viol : « Si une femme choisit de ne pas avoir de rapport avec un homme en particulier, et que cet homme *choisit* de procéder contre sa volonté, alors il s'agit d'un viol, et c'est un acte criminel. [...] Ce n'est pas et cela n'a jamais été la définition légale du viol[2]. » Ici, il est clair que le viol n'est constitué comme tel qu'à partir du moment où les hommes *décident* de passer à l'acte. Ajoutant que les animaux ne violent pas, Brownmiller considère donc le viol comme un acte de la volonté proprement humain et non de pure détermination biologique.

1. Marianna Muravyeva, « Bytovukha : family violence in Soviet Russia », *Aspasia*, vol. 8, mars 2014, p. 114. Voir aussi Valerie Sperling, « Rape and domestic violence in the USSR », *Response to the Victimization of Women and Children*, vol. 13, n° 3, 1990, p. 16-22 ; et Lisa Semenoff, « The Women's Movement and the responses to violence against women in the USSR and post-Soviet Russia », mémoire de master, Ottawa, Carleton University, 1997.

2. Susan Brownmiller, *Against Our Will*, *op. cit.*, p. 18 (je souligne).

Cette identification de la « violence dans le viol » et cette mise en lumière de motivations politiques sont enrichies quelques années plus tard. Prenant acte des apports théoriques à la fois de Kate Millett, Susan Griffin, Susan Brownmiller, mais aussi de Catharine A. MacKinnon et Andrea Dworkin, la sociologue féministe britannique Liz Kelly élabore le concept de « *continuum* de la violence sexuelle » en 1987[1]. Dans son ouvrage *Surviving Sexual Violence*, Kelly s'appuie sur des entretiens afin d'explorer la manière dont les différentes formes de violences subies par les femmes sont connectées les unes aux autres[2]. Les témoignages révèlent que la plupart des femmes « expérimentent la violence sexuelle au cours de leur vie », mais aussi que ce qu'elles vivent et définissent comme des « abus » ne se retrouve « *ni dans la loi ni dans les recherches précédentes* »[3]. Elle propose alors de comprendre la violence sexuelle comme un *continuum*, « à la fois dans l'extension de la violence sexuelle et dans la diversité des comportements des hommes que les femmes vivent comme abusifs ». À partir de là, Kelly définit la violence sexuelle comme « un acte physique, visuel ou verbal vécu par *une femme ou une jeune fille*, sur le moment ou ultérieurement, comme une menace, une invasion ou une agression, et qui entraîne une souffrance, un sentiment de dégradation et une perte de contrôle sur "les contacts intimes"[4] ». Cela inclut « les menaces de violence, le harcèlement sexuel (de rue, sur le lieu de travail, dans tout autre espace public ou privé), la contrainte à l'acte sexuel, l'agression sexuelle (depuis tout contact physique non voulu jusqu'à la tentative de viol), les appels téléphoniques à caractère obscène, l'exhibitionnisme, la violence domestique, l'abus sexuel, le viol et l'inceste ».

La notion de *continuum* permet alors de mettre en évidence, dans le vécu des femmes, les points communs et les connexions

1. Liz Kelly, « The continuum of sexual violence », art. cit.
2. Liz Kelly, *Surviving Sexual Violence*, Cambridge, Polity Press, 1988.
3. *Ibid.* (je souligne).
4. *Ibid.*, p. 41 (je souligne).

entre ces différentes formes de violences exercées par des hommes : « l'abus, l'intimidation, la contrainte, l'intrusion, la menace et la force que les hommes utilisent pour contrôler les femmes[1] ». Elle analyse ces violences comme ayant une fonction commune d'« étayage du pouvoir patriarcal », sur les femmes comme sur les enfants, et de contrôle social des hommes sur les femmes[2]. La notion de *continuum* permet également de nommer l'éventail des comportements de coercition, contrainte, intrusion, etc., tout en signifiant qu'« il n'y a pas de catégorie analytique clairement définie » où placer le comportement des hommes. Il ne s'agit donc pas d'établir une gradation des formes de violences : pour Kelly, la manière dont les femmes les vivent, sur le moment et après coup, étant bien plus complexe et toutes étant graves, il est « inapproprié, dans une analyse féministe, de hiérarchiser les abus »[3].

En incluant dans la définition de la violence sexuelle « toutes les formes d'abus, de contrainte et de force que les femmes subissent de la part des hommes », celle-ci n'est plus tant définie par son *contenu* que par ses *agents*. Kelly justifie cet élargissement par des arguments d'ordre empirique et théorique. Empirique d'abord, en mettant en avant le fait que nombre de « femmes battues » ont été contraintes à avoir des rapports sexuels et que nombre de femmes violées ou incestées ont subi de la violence physique. Théorique ensuite, car le terme « violence sexuelle » renvoie bien à une violence « exercée par un sexe, les hommes, ciblant un autre sexe, les femmes », renvoyant par là à une compréhension de la sexualité comme « système de pouvoir par lequel les hommes s'efforcent de contrôler les femmes »[4]. Bien que Kelly, contrairement à Kate Millett, Angela Davis ou d'autres

1. *Ibid.*, p. 86.
2. Jill Radford, Melissa Friedberg et Lynne Harne (dir.), *Women, Violence and Strategies for Action. Feminist Research, Policy, and Practice*, Buckingham/Philadelphie, Open University Press, 2000, p. 2.
3. *Ibid.*, p. 86.
4. Liz Kelly, « The continuum of sexual violence », art. cit., p. 59.

encore aux États-Unis, reste ambiguë sur la question de savoir si c'est l'anatomie qui fait l'homme, et le violeur, ou bien si c'est le genre comme antagonisme de classe qui est premier, elle comprend toutefois les rapports entre les sexes, à partir de leur production, comme fondamentalement relationnels.

Luttes et théories dans le mouvement féministe français

Tout comme aux États-Unis, le partage des expériences vécues est fondateur dans la constitution des violences sexuelles comme problème social et politique au sein des mobilisations féministes qui émergent en France à la fin des années 1960.

Dans l'élan de Mai 68, des groupes éclosent. Au sein de Féminin Masculin Avenir, qui devient Féminisme Marxisme Action en avril 1970, la sexualité prend dès le départ une place importante, ainsi que le raconte l'une de ses fondatrices, Jacqueline Feldman[1]. Les discussions se concentrent notamment sur la question de la contraception et l'avortement et sur les relations entre hommes et femmes. De la rencontre entre divers groupes féministes naît le Mouvement de libération des femmes (MLF)[2]. « Très vite, explique Antoinette Fouque, l'une des figures du mouvements, nous avons décidé de théoriser notre révolte[3]. » « Contre quoi, contre qui cette révolte ? », se questionne la journaliste Mariella Righini dans *Le Nouvel Observateur* en 1970 : « Contre le "sexisme". Contre

1. Jacqueline Feldman, « De FMA au MLF », *Clio. Histoire, femmes et sociétés*, n° 29, 2009, p. 193-220.

2. Monique Wittig, Gille Wittig, Marcia Rothenberg et Margaret Stephenson, « Combat pour la libération de la femme », *L'Idiot international*, n° 6, mai 1970, p. 13-16. Sur les controverses autour de la naissance du MLF, voir Christine Delphy, « Les origines du Mouvement de libération des femmes en France », *Nouvelles Questions féministes*, n° 16/18, 1991, p. 137-148 ; et Antoinette Fouque, in *MLF : psychanalyse et politique, 1968-2018. 50 ans de libération des femmes*, vol. 1 : *Les premières années*, Paris, Éditions des femmes, 2018.

3. *MLF : psychanalyse et politique, 1968-2018*, *op. cit.*, p. 18.

le “phallocentrisme”. Contre “le chauvinisme mâle”. Contre “l’homme produit et instrument du système capitaliste et patriarcal” », rapporte-t-elle non sans une pointe d’ironie. Leur objectif : « Tout repenser à zéro[1]. »

Dans le numéro de la revue *Partisans* « Révolution année Zéro », plusieurs textes partagent l’analyse selon laquelle les femmes sont « objets », et plus particulièrement « objets sexuels », tandis que les hommes sont sujets[2]. Christiane Rochefort y décrit notamment les mécanismes de l’« oppression sexuelle », une expression reprise l’année suivante dans un article du *Torchon brûle* – lequel pose d’ailleurs, avec une conscience implicite des enjeux de classe au cœur du mouvement féministe, la question de la stratégie à adopter afin de mobiliser les femmes, et en particulier les ouvrières, au-delà de leur premier cercle : « Il s’agit pour nous de savoir si la mobilisation des femmes peut se faire à partir de l’oppression sexuelle et idéologique qui a été l’élément déterminant dans notre prise de conscience de notre oppression de femmes[3]. » L’auteure liste ainsi les « manifestations extérieures » de l’oppression sexuelle, dont l’une a directement trait au viol : « la répression du plaisir et de la jouissance, la domination de l’hétérosexualité sur l’homosexualité, les rôles sexuels figés, *l’impossibilité de refuser les rapports sexuels*, le manque d’initiative »[4], etc.

En mai 1972, le MLF, le Mouvement pour la liberté de l’avortement (MLA), Choisir et des adhérentes du Planning familial organisent deux Journées de dénonciation des crimes contre les femmes[5] à la Mutualité. Des militantes

1. Mariella Righini, « Nous sommes tous des minettes », *Le Nouvel Observateur*, 16 novembre 1970.

2. Notamment « D’un groupe à l’autre », Emmanuelle Durand, « Le viol », Christiane Rochefort, « Le mythe de la frigidité féminine » et Nelcya, « Quelques réflexions », in *Partisans*, *loc. cit.*

3. « Deux analyses sur l’oppression féminine faite par des groupes de quartier », *Le torchon brûle*, n° 2, juin 1971, p. 6.

4. *Ibid.* (je souligne).

5. Michel Castaing, « Une dénonciation des “crimes contre les femmes” », LeMonde.fr, 16 mai 1972.

du MLF y lisent un texte collectif sur le viol. Ce moment est devenu fondateur dans l'histoire des luttes contre les violences faites aux femmes en France[1]. Le 26 juin 1976, un autre événement majeur se tient au même endroit : les Dix heures contre le viol[2]. Il est organisé sous un mot d'ordre clair, la « reconnaissance du *viol comme crime*[3] », et fait partie du mouvement de soutien d'Anne Tonglet et Araceli Castellano, le couple de jeunes Belges violées par trois hommes en 1974 et qui se sont battues contre la requalification des faits en « coups et blessures » par la juge d'instruction lors du « procès du viol ». Nombreuses sont pourtant les militantes, y compris parmi les avocates, à se méfier de l'institution judiciaire, « terrain de l'adversaire par excellence[4] », pilier des « institutions patriarcales à combattre[5] », et à afficher leurs positions anticarcérales, à l'instar de la Ligue des droits des femmes ou de Choisir et Gisèle Halimi. Ce qui importe, à leurs yeux, n'est pas la condamnation d'un individu isolé, mais « la mise en question de la société qui produit le viol[6] ».

Parallèlement à ces combats menés dans et contre l'arène judiciaire, la fin des années 1970 est donc aussi marquée par l'émergence de collectifs contre le viol, dont certains promeuvent explicitement l'action directe contre les violeurs, parmi lesquels le collectif parisien Femmes contre le viol et Quand les femmes s'en mêlent, basé à Saint-Denis. Ces

1. Suzy Rojtman et Maya Surduts, « Il y a 48 000 viols de femmes par an en France ! », tribune, LeMonde.fr, 19 novembre 2009.

2. Voir notamment Christiane Chombeau, « Un millier de femmes ont participé aux "dix heures contre le viol" », LeMonde.fr, 29 juin 1976.

3. Jean Bérard, « Dénoncer et (ne pas) punir les violences sexuelles ? Luttes féministes et critiques de la répression en France de mai 68 au début des années 1980 », *Politix*, vol. 107, n° 3, 2014, p. 74.

4. *Ibid.*

5. Laure Bereni, Alice Debauche, Emmanuelle Latour et Anne Revillard, « Entre contrainte et ressource : les mouvements féministes face au droit », *Nouvelles Questions féministes*, vol. 29, n° 1, 2010, p. 6.

6. Jean Bérard, « Dénoncer et (ne pas) punir les violences sexuelles ? », art. cit., p. 75.

actions pouvaient consister à « dénoncer des agresseurs auprès de leurs voisins et sur leur lieu de travail, à coller et distribuer des tracts, à tagger leur domicile ou, plus rarement, à les agresser[1] ». En 1976, la journaliste Marie-Odile Fargier, publie *Le Viol*, une enquête qui s'appuie sur des récits de victimes mais aussi des témoignages d'agresseurs[2]. Selon l'auteure, « la lutte contre le viol prolonge directement la bataille pour l'avortement : un même combat pour un même objectif, faire reconnaître publiquement le droit des femmes à disposer librement de leur corps[3] ». Ses analyses reprennent celles de Brownmiller : « Contre les agressions sexuelles des autres hommes [...] les femmes ont recherché la protection d'un homme, [...] garantissant relativement leur sécurité en devenant la propriété d'un seul des chasseurs[4]. » Elle insiste sur l'impossibilité, depuis l'expérience vécue de victime, de comprendre le viol, tout en lui conférant une dimension profondément genrée : « Aucune femme ne peut comprendre le viol. L'occupé peut-il comprendre l'occupant ? Peut-il concevoir une logique, un vécu qui non seulement diffèrent du sien, mais en sont la négation absolue ? Même lorsqu'ils s'indignent, les hommes ont, à propos du viol, un discours qui anéantit toute sexualité féminine, et au-delà, l'*être même* de la femme[5]. » Une ambiguïté semble ici subsister : la femme aurait-elle une essence « préalable » à tout rapport avec l'homme ? Quelques lignes plus loin pourtant, son analyse penche clairement en faveur d'une compréhension du viol comme profondément social et politique : Marie-Odile Fargier comprend en effet les mobilisations féministes autour du viol comme une « remise en cause fondamentale »

1. Cité *in* Ilana Eloit, « Lesbian trouble. Feminism, heterosexuality and the French nation (1970-1981) », thèse, Londres, London School of Economics and Political Science, 2018, p. 238.

2. Marie-Odile Fargier, *Le Viol*, Paris, Grasset, « Le Temps des femmes », 1976.

3. *Ibid.*, p. 11.

4. *Ibid.*, p. 69.

5. *Ibid.*, p. 219.

de l'ordre social des sexes par le « deuxième sexe », que, de toute éternité, le « premier » a considéré comme « un ordre *naturel* »[1].

Plus largement, au sein du mouvement féministe, différentes conceptions du viol s'élaborent et engagent diverses compréhensions, parfois conflictuelles, de la sexualité et des rapports sociaux. Le groupe Psychanalyse et politique du MLF, réuni autour d'Antoinette Fouque, adopte une compréhension différentialiste et essentialiste des sexes, et attribue le viol à la volonté des hommes d'appropriation du corps des femmes, et plus spécifiquement à l'« envie de l'utérus », qui serait au fondement de la civilisation. Pendant du concept freudien d'« envie de pénis », dont les femmes seraient affligées, l'envie de l'utérus caractérise le désir des hommes de pouvoir porter leur progéniture, qui s'accompagne d'une jalousie à l'égard des femmes. Selon Fouque et ses disciples, la gestation est ainsi la caractéristique essentielle des femmes, lesquelles s'émancipent en se réalisant *comme femmes*. Dans cette perspective de dépassement de la pensée freudienne, ce n'est pas tant l'égalité entre les sexes qui constitue l'horizon désirable, mais la libération de la « *libido creandi* » des femmes. Les féministes matérialistes[2], d'inspiration marxiste et héritières de la branche révolutionnaire du MLF[3], proposent une tout autre compréhension. Selon elles, le viol est l'un des instruments utilisés à l'encontre de la « classe de femmes ». Si, dans une perspective marxiste orthodoxe, l'oppression des femmes cesserait avec l'abolition du système capitaliste, après la prise du pouvoir par

1. *Ibid.*, p. 220 (je souligne).

2. Si la première occurrence du terme apparaît dans l'article de Christine Delphy, « Pour un féminisme matérialiste », en 1975, ce n'est que dans les années 1990 qu'un « courant matérialiste commence à prendre corps ». Voir Maria Abreu, « De quelle histoire le "féminisme matérialiste" (français) est-il le nom ? », *Comment s'en sortir ?*, n° 4, printemps 2017, p. 71.

3. Selon Maira Abreu, « "féminisme révolutionnaire" et "féminisme radical" sont alors souvent utilisés comme des synonymes. [...] À partir de la fin des années 1970, l'expression "féminisme radical" devient de plus en plus répandue ». *Ibid.*, p. 62.

le prolétariat[1], pour les féministes matérialistes, l'exploitation des femmes n'est pas uniquement la conséquence du capitalisme. Les « femmes » sont définies par une commune appartenance à une classe qui est exploitée par une autre classe (les hommes), selon un rapport social hiérarchique. Il n'est pas de « femme » hors de ce rapport social[2]. Au sein de ce courant, toutes les théoriciennes n'accordent pas la même importance aux violences sexuelles. Contre l'« évidence biologique », l'anthropologue Nicole-Claude Mathieu élabore au début des années 1970 le concept de « sexe social »[3] et pense les « sexes comme produit d'un rapport social ». Elle distingue l'identité sexuelle (« basée sur une conscience individualiste du sexe : le genre traduit le sexe »), l'identité sexuée (« basée sur une conscience de groupe : le genre symbolise le sexe et inversement »), et l'identité de sexe (basée sur une conscience de classe : le genre construit le sexe »)[4]. Vingt ans plus tard, dans son texte resté célèbre « Quand céder n'est pas consentir », elle analyse en détail, contre l'idée d'un consentement des femmes à la domination défendue par l'anthropologue Maurice Godelier, la manière dont le pouvoir patriarcal construit la « conscience des opprimées » par de multiples mécanismes de limitations « concrètes, matérielles et intellectuelles » qui concourent à une violence quotidienne et permanente[5]. Cette violence, qui « anesthésie la conscience des femmes » en vue notam-

---

1. Une telle position rejoint le groupe dit féminisme « Lutte des classes » du MLF, pour qui « la base matérielle de l'oppression est le système capitaliste », *ibid.*, p. 62.

2. Christine Delphy, « Le patriarcat, le féminisme et leurs intellectuelles », *Nouvelles Questions féministes*, n° 2, 1981, p. 66 cité in *ibid.*, p. 67.

3. *Ibid.*, p. 63.

4. Nicole-Claude Mathieu, « Homme-culture et femme-nature ? » *L'Homme, revue française d'anthropologie*, vol. 13, n° 3, 1973.

5. Nicole-Claude Mathieu, « Quand céder n'est pas consentir. Des déterminants matériels et psychiques de la conscience dominée des femmes, et de quelques-unes de leurs interprétations en ethnologie » (1985), *L'Anatomie politique. Catégorisations et idéologies du sexe*, Donnemarie-Dontilly, iXe, 2013, p. 121 et 199.

ment de s'approprier leur sexualité reproductive, rend inopérante la notion même de consentement, qui présuppose une conscience libre. Mathieu met par ailleurs magistralement en lumière comment « dans les sociétés patriarcales (justement celles qui privilégient à la fois l'"honneur" de la femme – ou plutôt de ses frères et père – *et* le viol), il y a plusieurs normes *contraires* pour une femme. Contraires, mais qui, si elles sont vécues de façon contradictoire au niveau *psychologique* par les femmes – la contradiction permanente étant justement un facteur d'aliénation des femmes (qui fait que céder n'est pas "consentir") –, ne sont *pas* du tout contradictoires au niveau *sociologique*[1] ». La sociologue Christine Delphy, pour sa part, accorde peu – sinon pas – de place aux violences sexuelles dans son édifice théorique qui fait du mode de production domestique la base économique du patriarcat[2]. Colette Guillaumin, elle aussi sociologue, élabore le concept de « sexage » pour désigner l'appropriation du corps des femmes par la classe des hommes, « où l'anatomie sexuelle joue un rôle central comme discriminant de classe »[3]. Ce terme renvoie à un processus, analogue à l'esclavage ou au servage, qui a lieu « au sein de l'économie domestique moderne[4] ». Pour Guillaumin, les agressions sexuelles et les viols sont un moyen de coercition exercé sur les femmes (par la peur) et une expression (à la fois matérialisation et communication) d'un rapport entre classes de sexe caractérisé par l'appropriation des femmes par les hommes. Dans des termes assez proches de l'auteure de *Against Our Will*, elle explique : « Nous sommes maintenant largement

1. *Ibid.*, p. 133.

2. Christine Dupont [Delphy] « L'ennemi principal », *Partisans*, n° 54-55, *loc. cit.*, p. 157-172.

3. Colette Guillaumin, « Compte rendu d'Odile Dhavernas, *Droit des femmes, Pouvoir des hommes*, Seuil, 1978 », *Questions féministes*, n° 4, novembre 1978, p. 102, cité *in* Maria Abreu, « De quelle histoire le "féminisme matérialiste" (français) est-il le nom ? », art. cit., p. 68.

4. Colette Guillaumin, « Pratique du pouvoir et idée de Nature (1). L'appropriation des femmes », *Questions féministes*, n° 2, février 1978, p. 9.

d'accord sur le fait que la contrainte sexuelle sous forme de viol, de provocation, de drague, d'épuisement est, d'abord, l'un des moyens de coercition employés par la classe des hommes pour soumettre et apeurer la classe des femmes, en même temps que l'expression de leur droit de propriété sur cette même classe[1]. » Chez Guillaumin, l'appropriation des femmes par les hommes a pour « expression légalisée », à la fois institutionnalisée et individuelle, le contrat de mariage[2], qui induit le « caractère non payé du travail de l'épouse » et la « reproduction ». Ce rapport d'appropriation peut s'opérer par le biais de violences sexuelles (la « contrainte sexuelle[3] ») et se matérialise dans ces violences (en tant que confirmation individuelle et collective du « droit de propriété » que les hommes ont sur les femmes)[4]. Selon cette approche, donc, les femmes font l'objet d'une oppression et d'une exploitation spécifiques, par l'expropriation du travail domestique non rémunéré, et le viol – envisagé au demeurant uniquement comme le viol des femmes par les hommes – est un instrument d'assujettissement et de contrôle de la classe des femmes. Ici, les violences sexuelles apparaissent comme des « effets collatéraux » d'une appropriation du corps des femmes en tant que femmes et en tant que porteuses de la descendance des hommes. Ainsi, dans le sexage, les violences sexuelles ne se distinguent pas d'autres moyens de coercition, comme la violence physique pure et le confinement, et font office de « sanction socialisée du droit que s'arrogent les hommes sur les femmes ». D'ailleurs, Guillaumin précise que les formes « sexuelles » que peuvent prendre ces expressions de coercition sont « aussi peu sexuelles que possible » et que contrainte physique et contrainte sexuelle ne « semblent pas

1. *Ibid.*, p. 5.

2. *Ibid.*, p. 28. Ce texte a été écrit avant la reconnaissance du viol conjugal par la loi et, pour ce qui est de la maîtrise de leurs activités propres, au moment de l'octroi par la loi de la possibilité de signer un chèque ou un contrat de travail en son nom, d'acheter un bien, etc.

3. *Ibid.*, p. 24.

4. *Ibid.*, p. 25.

se distinguer très clairement dans l'esprit et la pratique de leurs auteurs ». Si le législateur distingue ces catégories, c'est uniquement en raison du fait que la seconde peut entraîner la naissance d'un enfant – c'est d'ailleurs bien pour cela que sont uniquement reconnus le viol péno-vaginal et hors du mariage[1]. Guillaumin interprète donc les violences sexuelles comme relevant avant tout de la domination et du contrôle et n'explore pas plus avant leur dimension proprement sexuelle. Ces approches matérialistes soulèvent diverses questions, repérées notamment par la sociologue Irène Théry dès 1981, et en particulier le fait qu'elles omettent la dimension *privée* des rapports sociaux de sexe.

Violences sexuelles et néocolonialisme

Aux États-Unis, nous l'avons vu, les réflexions et mobilisations féministes des années 1970 s'articulent avec le mouvement pour les droits civiques grâce aux réflexions d'Africaines-Américaines qui préfigurent le concept d'intersectionnalité[2]. Les courants féministes dans lesquels les femmes blanches sont majoritaires ne peuvent faire l'économie d'une prise en compte des rapports sociaux de race dans les tentatives de compréhension de la situation des femmes dans la société étatsunienne, post-esclavagiste et tout juste déségréguée. En France, la question de la race est importée des États-Unis en reprenant son encodage sémantique – y compris dans ses formes les plus grossièrement racistes – et les écrits des féministes blanches ne font guère entendre les voix des personnes racisées et issues des (anciennes) colonies françaises. Ainsi peut-on encore lire en 1972, dans un article du *Torchon brûle* qui dresse la liste des situations typiques de viol sur un ton cynique : « Les pères violent leurs filles tranquillement dans leurs maisons », « Les maris violent leurs femmes

1. *Ibid.*, p. 26.

2. Le concept d'intersectionnalité a été élaboré par la juriste étatsunienne Kimberlé Crenshaw, nous y reviendrons.

tranquillement dans le lit conjugal », puis « Les Noirs américains violent les femmes blanches[1] ». Manifestement, les travaux de la journaliste Ida B. Wells sur le lynchage des Africains-Américains dans le sud des États-Unis, qui avaient démontré dès 1892 que les accusations de viol justifiant ces exécutions étaient largement infondées, n'avaient pas traversé l'Atlantique aussi efficacement que les stéréotypes racistes.

À l'inverse, rien n'apparaît dans ces revues sur les violences sexuelles lors des guerres de colonisation et de décolonisation, alors que l'indépendance de l'Algérie n'a qu'une dizaine d'années, et, dans les six numéros du *Torchon brûle*, seuls quelques témoignages articulent positions sociales subalternes, immigration et violences sexuelles[2]. Se développent pourtant, dans les années 1970, des groupes de femmes issues de minorités raciales et culturelles, africaines, maghrébines ou afro-caribéennes, qui, s'ils ne constituent pas « un courant d'analyse issu d'une contestation collective comparable au *Black Feminism*[3] », se réunissent pour réfléchir, dénoncer, agir collectivement contre les oppressions spécifiques dont elles font l'objet.. Ces cercles, restés minoritaires, « se situaient au carrefour des mouvements de gauche, féministes, antiracistes et, sur le plan international, à la croisée des mouvements de l'immigration et des luttes qui avaient lieu dans leurs pays d'origine (luttes anticoloniales, luttes contre les gouvernements autoritaires et dictatoriaux, contre les partis uniques...)[4] ».

Le 29 octobre 1977, la Coordination des femmes noires, créée l'année précédente, tient sa première Journée des femmes

1. « Le viol », *Le torchon brûle*, n° 4, 1972, p. 14.

2. Ainsi du témoignage de Malika, dans le premier numéro (p. 3), ou d'un article sur les « filles de banlieue », dans le deuxième numéro (p. 9).

3. Elsa Galerand et Danièle Kergoat, « Consubstantialité *vs* intersectionnalité ? À propos de l'imbrication des rapports sociaux », *Nouvelles Pratiques sociales*, n° 262, 2014, p. 49.

4. Emmanuelle Bruneel et Tauana Olivia Gomes Silva, « Paroles de femmes noires. Circulations médiatiques et enjeux politiques », *Réseaux*, vol. 201, n° 1, 2017, p. 65.

noires. L'événement est présenté comme la « Journée des femmes mutilées, excisées, infibulées, violées, battues, prostituées, stérilisées, exploitées », faisant valoir des problèmes spécifiques peu présents dans les écrits des féministes blanches de l'époque. En outre, ces groupes revendiquent une organisation autonome : s'élevant « contre la colonisation et le néocolonialisme », elles refusent en même temps de « servir de force d'appoint » et de « subir les contradictions des militants qui perpétuent dans leur pratique, à l'égard des femmes, un rapport de domination qu'ils dénoncent dans d'autres domaines ». Elles combattent la relégation au second plan, derrière la lutte contre le racisme et l'impérialisme, de celle pour l'émancipation des femmes et aussi la réduction des femmes noires à un statut subalterne, notamment au rang d'objet sexuel, ce à quoi participent également des hommes noirs[1]. En 1978, Awa Thiam, l'une des fondatrices de la Coordination des femmes noires, dénonce dans *La Parole aux négresses*[2] l'intervention de Millett aux Dix heures contre le viol, lors de laquelle elle affirme que « le viol est aux femmes ce que le lynchage est aux Noirs ». Thiam interroge alors, préfigurant les analyses ultérieures à partir du concept d'intersectionnalité : « Alors qu'en est-il du viol des femmes noires par les hommes noirs ? » Si les femmes sont les Noirs de l'humanité, ajoute-t-elle, « que ou qui sont alors les Négresses ? ». Et de conclure : « Elles se trouvent niées par celles-là mêmes qui prétendent lutter pour la libération de toutes les femmes[3]. »

Thiam, dans une approche qu'on pourrait dire postmarxiste et radicale, considère qu'hommes et femmes sont des catégories antagonistes régies par un rapport de domination transversal aux classes sociales et aux cultures : « Toutes les femmes sont exploitées par le patriarcat[4]. » Elle désigne comme

1. *Ibid.*
2. Awa Thiam, *La Parole aux négresses*, Paris, Denoël/Gonthier, 1978.
3. *Ibid.*
4. *Ibid.*, p. 19.

« dénominateur commun aux femmes » la « violence phallocratique » ou « violence mâle », qui peut être « brutale mais aussi subtile ». Cette violence, qui « par quelque moyen que ce soit tente de vous réduire en inférieure » et se manifeste du charme aux coups, s'inscrit dans un *continuum* caractérisé par la volonté de domination. Si Thiam ne va pas jusqu'à faire de la catégorie « femme » une *conséquence* de cette domination, du moins retrouve-t-on ici la comparaison de cette violence à un « terrorisme[1] ».

Dans toutes ces compréhensions féministes[2], le viol est ressaisi au sein d'un *système*, d'une économie de pouvoir, parfois nommée patriarcat, parfois domination masculine. En son sein, le viol est un instrument d'assujettissement, des femmes (et dans certains cas des enfants), et de contrôle social, qu'il soit effectif ou agisse comme une menace. Il est donc analysé comme fondamentalement lié au pouvoir masculin, mais aussi à la norme hétérosexuelle.

Si les diverses théorisations féministes se rejoignent donc sur ce point, elles diffèrent quant à leur interprétation, à l'attention portée au contexte, à la fonction du viol et à ses causes. Ces divergences prennent racine dans des conceptions du genre concurrentes : d'un côté semble persister une forme ambiguë de déterminisme biologique quand, de l'autre, est affirmée une conception clairement constructionniste du genre. Or ce n'est que parce que le viol ne s'explique pas par une quelconque « nature » qu'il est possible de lutter contre lui et pour des perspectives de transformation sociale. À partir de ces apports décisifs des années 1970, il m'importe à présent d'approfondir la compréhension des violences sexuelles comme injustices sociales et injustices de genre.

1. *Ibid.*, p. 168.

2. Ou « post-féministes » pour ce qui est du groupe Psychanalyse et politique, qui refuse le terme et dont le projet est de « déconstruire le féminisme comme idéologie et de faire émerger un sujet femme ». Voir Audrey *Lasserre*, « Des féministes qui ne sont pas féministes ? », *GLAD !*, n° 4, 2018.

2

Du féminisme libéral au féminisme radical

Alors même que les mouvements féministes ont mis en lumière la place des violences sexuelles dans la vie des femmes dès la fin des années 1960, les théoriciens de la philosophie politique ont « montré leur peu d'intérêt pour les découvertes du féminisme, ou le peu de connaissance qu'ils en avaient[1] ». N'y a-t-il aucune théorie politique qui permettre de prendre en charge les violences sexuelles ? Au moment où les théories de la justice sociale (et en particulier la théorie de la justice élaborée par le philosophe libéral John Rawls) dominent la philosophie politique, durant le dernier quart du XXe siècle, des philosophes féministes nord-américaines ont bien élaboré une critique des théories politiques de la modernité, notamment celles fondées sur l'idée d'un « contrat social » entre les citoyen·nes et l'État, de Hobbes à Rawls. Un premier geste fondamental a été d'arracher l'assujettissement naturalisé des femmes à la sphère domestique, pour rendre compte du caractère social et politique de cette subordination.

Violences sexuelles et justice de genre : les apories du féminisme libéral

Parmi ces philosophes féministes, Carol Pateman a montré que derrière le contrat social moderne, selon lequel tous les

1. Susan Moller Okin, *Justice, genre et famille*, Paris, Flammarion, 2008 (1989), p. 33.

hommes sont des citoyens égaux (certains tout de même plus que d'autres), se cachait un autre contrat, qui excluait les femmes de la participation à la vie de la cité : le contrat sexuel[1]. Celui-ci, fondamentalement inégalitaire, reposerait sur un « droit sexuel » des hommes sur le corps des femmes, qui se matérialiserait dans deux « institutions sociales » en particulier : les contrats (réels) de mariage et prostitutionnel[2]. Carol Pateman formule une thèse forte selon laquelle « la liberté civile présuppose le droit patriarcal[3] ». Cela soulève un problème pour sa contemporaine la philosophe féministe Susan Moller Okin : si l'on suit Pateman, il serait dès lors impossible d'envisager une société fondée sur un contrat social qui inclut les femmes. En effet, selon elle, vouloir étendre la notion même d'individualisme aux femmes et chercher à revoir le contrat social dans une perspective féministe serait une démarche vouée à l'échec. Autre problème, les femmes sont considérées par Pateman comme une catégorie déterminée par la biologie, et notamment par leur anatomie et leur capacité à porter un enfant, capacité intrinsèque à leur « sexe naturel[4] ». Elle reproduit ici une distinction entre nature et culture qu'elle critique pourtant par ailleurs. Enfin, Pateman ne propose ni théorie de la justice sociale ni d'autres pistes pratiques pour concevoir autrement le politique et lutter contre le droit sexuel masculin sur les femmes. Celui-ci ne paraît que difficilement s'expliquer par la seule notion de « contrat » et évolue de fait avec les droits qui sont progressivement obtenus par les femmes. Comme le relève encore Okin, Pateman analyse les relations entre hommes et femmes principalement en termes de droits, délaissant des réflexions en termes de pouvoir et de socialisation[5].

1. Carol Pateman, *The Sexual Contract*, Stanford, Stanford University Press, 1988.

2. *Ibid*, p. 194.

3. *Ibid.*, p. x.

4. *Ibid.*, p. 226.

5. Susan Moller Okin, « Feminism, the individual and contract theory », *Ethics*, n° 100, avril 1990, p. 658-669.

Parallèlement, Okin a également élaboré une critique des théories politiques modernes et des théories de la justice contemporaines, mais elle a quant à elle avancé des propositions pour penser les conditions d'une justice de genre. Ce faisant, elle a tenté de sauver le geste intellectuel qui consiste à élaborer une théorie de la justice sociale, sur une base contractualiste. Une telle démarche, encore tributaire d'une approche philosophico-politique libérale, est-elle adéquate pour penser les violences sexuelles comme injustices sociales et imaginer des manières d'y remédier ?

Okin s'inscrit dans la filiation des féministes qui ont nommé « genre » la « différence historiquement et socialement construite des sexes », où les « rôles sexuels » sont « considérés communément comme dotés inégalement de prestige et de valeur »[1]. En ébranlant l'idée selon laquelle cette domination des hommes sur les femmes est naturelle et « par conséquent inévitable », elles rendent possible l'inclusion des rapports entre hommes et femmes dans les réflexions sur la justice sociale[2]. Okin définit ainsi le genre comme l'« institutionnalisation profondément enracinée de la différence sexuelle[3] ». Ce geste de dénaturalisation des rôles de sexe, qui lui permet de porter la critique contre la répartition inégalitaire des individus dans la société en fonction du sexe, ne va pour autant pas jusqu'à opérer une critique de l'existence première d'une différence des sexes. Posant la question de savoir « combien juste est le genre », Okin montre que l'asymétrie établie et perpétuée au profit du groupe des hommes, ou « domination masculine » (*male dominance*), n'est pas seulement systémique[4], elle est dynamique. En effet, le genre « fonctionne » selon une mécanique cyclique d'inégalités organisées socialement[5] : partage inégal des tâches domestiques non rémunérées, dans

1. Susan Moller Okin, *Justice, genre et famille*, *op. cit.*, p. 28.
2. *Ibid.*, p. 31.
3. *Ibid.*, p. 11.
4. *Ibid.*, p. 150.
5. *Ibid.*, p. 27.

la sphère du foyer, dite privée, et inégalité de représentation et de répartition du travail rémunéré, dans la sphère publique. Cette dernière vient en retour nourrir les inégalités économiques et de pouvoir au sein du foyer. L'ensemble de ces inégalités entretient des représentations différenciées des rôles genrés, ce qui influence les individus dès leur plus jeune âge. Ainsi, d'une sphère à l'autre, les inégalités économiques, de pouvoir et dans les représentations s'entretiennent-elles réciproquement dans le « cycle des inégalités ».

À partir de cette analyse, Okin considère que la théorie de la justice du philosophe libéral John Rawls, « la plus influente de toutes les théories de la justice au XXe siècle[1] », conçue comme une « théorie idéale », peut constituer une base pour une société juste sur le plan du genre, au prix de deux réaménagements substantiels. Le premier consiste à intégrer le genre sous le « voile d'ignorance » ou dans la « position originelle », afin d'y inclure le point de vue de tous et toutes, soit de toutes les femmes et de tous les hommes, pour garantir les principes d'une justice bénéficiant de la même manière à tous les membres d'une société : le principe de liberté et le principe d'équité. Second aménagement, Okin entend appliquer ces deux principes de justice distributive à la sphère de la famille, ce qu'a toujours refusé Rawls qui la considérait comme située hors du politique. Une telle application de cette théorie de la justice au genre permet-elle de penser et de remédier aux violences sexuelles ? Trois éléments permettent d'en douter, tous liés à une certaine manière de problématiser la question de la justice sociale[2].

Tout d'abord, l'importance méthodologique qu'accorde Okin à l'individu, notamment en reprenant la position originelle rawlsienne[3], malgré une compréhension du genre

1. *Ibid.*, p. 35.

2. Voir Marie Chartron, « Penser les injustices de genre. Approche par les violences sexuelles », thèse, Paris, Sorbonne université, 2018, p. 94.

3. La position originelle de Rawls a fait l'objet de critiques notamment de la part de Habermas pour son caractère « monologique » et non dialogique. Seyla Benhabib a de son côté critiqué la position originelle pour son

comme hiérarchie et domination, donc comme fondamentalement relationnel, empêche de considérer les individus comme étant toujours *en relation* avec l'autre. Dans la position originelle, les individus ne sont pas envisagés comme des êtres incarnés, sexués, qui peuvent entretenir des relations sexuelles les uns avec les autres. Si la famille, creuset des relations, est comprise comme une institution par Okin, la sexualité est exclue de fait d'une telle théorisation de la justice de genre. En outre, un tel primat de l'individu suppose qu'il puisse exister quelque chose comme des personnes dotées d'une individualité qui préexisterait à leur catégorisation sociale et à leur existence au sein de rapports sociaux – à leur existence relationnelle.

Par ailleurs, Okin pense la justice de genre comme une justice distributive : puisque la société attribue des opportunités et des places inégales aux individus selon leur genre, il serait possible, en changeant les règles de répartition des biens et opportunités entre individus, de faire disparaître ces inégalités – et donc le genre. L'abolition du genre constituerait alors, pour Okin, l'horizon d'une réelle justice sociale de genre : un « avenir juste serait un avenir désencombré du genre », où « le sexe d'une personne n'aurait pas plus de signification et d'incidence que la couleur de ses yeux ou la longueur de ses orteils »[1]. Au sein de cette justice de genre, qu'en est-il des violences sexuelles ? L'attention première que la philosophe accorde aux inégalités d'opportunités et économiques la conduit à envisager les violences sexuelles comme secondaires, à la fois dans la compréhension du genre et dans les horizons de justice. Dans cette perspective, la justice de genre, qui corrigerait les inégalités de genre économiques et

« incapacité à prendre en considération l'autre dans sa dimension concrète », *ibid.*, p. 113. Voir aussi Jürgen Habermas et John Rawls, *Débat sur la justice politique*, Paris, Éditions du Cerf, 2005 ; Seyla Benhabib, *Situating the Self. Gender, Community and Postmodernism in Contemporary Ethics*, New York, Polity Press, 2007 (1992), p. 167.

1. Susan Moller Okin, *Justice, genre et famille*, *op. cit.*, p. 171, traduction de l'auteure (édition française traduite par Ludivine Thiaw-Po-Une, p. 369).

de statut selon un principe d'égalité des chances, « protégerait » de la domination sexualisée[1].

Enfin, troisième élément, si Okin entend s'attaquer fermement au problème que pose le genre, son attachement méthodologique à des principes élaborés dans le cadre « idéal » d'une théorie de la justice sociale, depuis la position originelle, semble entraver toute prise en considération d'une quelconque domination masculine, à la fois interpersonnelle et structurelle. Elle tente pourtant de forger une interprétation toute personnelle de l'expérience de pensée que constitue cette position originelle puisqu'elle transforme le point de vue de l'individu abstrait placé sous le voile d'ignorance (qui ignore « qui il est », de quelle classe sociale, sexe, dans quelle situation il se trouve...) en point de vue « de tous et toutes, d'hommes et de femmes ». Mais une telle tentative en vient à vider de son sens cette expérience de pensée (l'individu est genré, il n'est donc plus abstrait), sans pour autant s'attaquer à la domination au cœur du genre, qu'Okin nomme par ailleurs.

Une telle approche ne paraît pas pouvoir prendre pleinement en compte les violences sexuelles comme constitutives du réel et des injustices de genre. Elle prend en effet pour point de départ une société sans domination, dans un cadre « idéal », et aboutit à une société où la domination disparaîtrait d'elle-même, une fois appliqués les principes de justice. Cela ne serait pas un problème en soi si l'intention d'Okin, en tant que féministe, n'était pas précisément de penser les conditions d'une justice *de genre*, où le genre fait problème, dans le monde réel tel qu'il se présente, non idéal, dans l'ici et le maintenant.

Mais ce n'est pas tout, et la contradiction intrinsèque à ce projet intellectuel apparaît de manière saillante dans sa manière de traiter la sexualité. Alors que l'on ne peut qu'espérer, dans cette optique, que les violences sexuelles

1. Marie Chartron, « Penser les injustices de genre », *loc. cit.*, p. 106.

se résolvent d'elles-mêmes une fois les principes de justice appliqués à la famille et le genre n'ayant plus de signification sociale déterminante, dès 1989, Okin pense le genre comme « caste[1] ». Or, dans cette conception du genre analogue à une société de castes, la sexualité tient une place essentielle. Le système de castes étant organisé hiérarchiquement selon une valeur unique – la pureté rituelle –, la philosophe pense la hiérarchie de genre comme elle aussi organisée selon une valeur unique : la « sexualité masculine[2] ». Cet argument vient ébranler son édifice théorique puisque, par là, l'interaction sexuelle et sexualisée devient fondamentale pour la formation et la perpétuation du genre…

De fait, cette compréhension du genre comme « caste » conduit Okin, quelques années plus tard, à défendre une conception de la justice qui ne se situe cette fois-ci plus du tout dans un cadre « idéal », mais dans le cadre d'une situation bien réelle. Elle écrit : « La question cruciale qu'il faudrait poser au sujet de la loi ou d'une autre institution sociale, ce n'est pas : traite-t-elle les femmes et les hommes différemment ou de la même manière ? mais : encourage-t-elle la domination des hommes et le désavantage des femmes ? Ou bien fonctionne-t-elle dans un autre sens et contribue-t-elle à une plus grande égalité entre les sexes[3] ? » Il s'agit donc de formuler un « principe anti-castes[4] » qui implique, pour sortir du système du genre tel qu'il est structuré, d'attri-

---

1. Sur la pertinence d'une telle analogie, la féministe et activiste Roxanne Dunbar, qui l'avait, comme nombre d'autres féministes, adoptée dans les années 1970 pour « rendre compte de la position des femmes dans les sociétés occidentales » l'a ensuite abandonnée après avoir été renseignée sur le système des castes hindoues et sur l'instrumentalisation des forces coloniales britanniques pour contrôler les relations sociales.

2. Susan Moller Okin, *Justice, genre et famille*, *op. cit.*, p. 151.

3. Susan Moller Okin, « Sur la question des différences », *in* Ephesia, *La Place des femmes*, Paris, La Découverte, « Recherches », 1995, p. 61.

4. Cass Sunstein, qui a développé cette idée, en donne cette (trop brève) définition : « Le principe anti-castes interdit des pratiques juridiques et sociales qui traduiraient des différences visibles et non pertinentes moralement en désavantage social [par exemple du sexe, de la race ou d'un handicap], à moins que la société n'ait une très bonne raison de le faire ». Cass Sunstein, « The

buer à tous et toutes les *conditions matérielles* nécessaires à une réelle égalité des libertés et opportunités[1]. Ce principe est clairement destiné à contrer l'insuffisance de l'égalité formelle comme condition de la justice de genre en favorisant une égalité plus substantielle. Une telle attention portée aux conditions matérielles, contre le paradigme aristotélicien de l'égalité formelle, repose sur le changement d'« inégalités vécues par les personnes historiquement désavantagées[2] ». Cette approche ainsi que la volonté affichée par Okin de soumettre la famille aux principes de justice et son refus de la pluralité des conceptions du genre lui ont valu d'être critiquée par un certain nombre de féministes libérales, qui ont rapproché ses réflexions du féminisme radical.

La démarche d'Okin rejoint en effet celle élaborée depuis la fin des années 1970[3] par la féministe radicale postmarxiste Catharine A. Mackinnon, qui défend une « approche par la domination » et pose le problème de l'égalité en termes de « répartition du pouvoir »[4]. Selon Okin, malgré leurs différences, les deux théoriciennes s'accordent pour affirmer que « la société devrait être organisée afin de restituer aux femmes ce dont elles ont été historiquement dépossédées et qui a été utilisé pour les désavantager au lieu de leur donner du pouvoir », à savoir « leur sexualité, leurs capacités de reproduction, et le travail domestique »[5]. Cependant, si Okin fait de la sexualité le « critère unique » du système hiérarchique de genre, elle n'en dit rien de plus et laisse la main à MacKinnon

---

anticaste principle », *Michigan Law Review*, n° 92, 1993, p. 2410. Voir aussi Cass Sunstein, *Partial Constitution*, Cambridge, Harvard University Press, 1993.

1. Marie Chartron, « Penser les injustices de genre », *loc. cit.*, p. 88.

2. Catharine A. MacKinnon, « Substantive equality revisited : a reply to Sandra Fredman », *International Journal of Constitutional Law*, vol. 14, n° 3, juillet 2016, p. 739-746.

3. Catharine A. MacKinnon, *Sexual Harassment of Working Women. A Case of Sex Discrimination*, New Haven, Yale University Press, 1979, p. 106-141.

4. Catharine A. MacKinnon, *Le Féminisme irréductible. Discours sur la vie et la loi*, Paris, Éditions des femmes, 2005 (1987), p. 48.

5. Susan Okin, « Political liberalism, justice and gender », *Ethics*, vol. 105, n° 1, octobre 1994, p. 41.

au motif que celle-ci a écrit « exhaustivement » à ce sujet. Un tel effacement remet radicalement en question la possibilité d'une théorie de la justice de genre qui se fonderait sur des principes de justice distributive élaborés *a priori* pour penser les violences sexuelles et le genre, et ouvre la voie à une théorisation féministe fondée dans la vie des femmes et qui place, en son centre, les violences sexuelles.

Catherine MacKinnon : le genre comme domination sexuelle

L'élaboration théorique qu'a conduite MacKinnon sur le « rôle de la sexualité dans la subordination des femmes » a pu être qualifiée de « point culminant logique de la pensée féministe radicale »[1], qui pense les rapports de sexe comme structurés par la domination masculine et le patriarcat, dont l'abolition nécessite une réorganisation radicale de la société. La pensée de MacKinnon est peut-être aussi l'aboutissement théorique le plus « pur » des intuitions formulées par les féministes dans les années 1970 concernant le rôle et l'importance des violences sexuelles dans l'organisation sociale entre « hommes » et « femmes ». Dans quelle mesure est-elle susceptible de contenir les exigences d'une justice de genre vis-à-vis des violences sexuelles ?

MacKinnon, en particulier dans son ouvrage publié en 1989 *Toward a Feminist Theory of State*, propose une théorie féministe postmarxiste. Elle se centre sur la sexualité, entendue « comme un aspect de la construction sociale du pouvoir masculin : définie par les hommes, imposée aux femmes, centrale dans la constitution du genre[2] ». « Phénomène social », beaucoup plus large que l'« acte reproductif », le « désir sexuel » ou un « contact génital », la sexualité est une

1. Susan Bernick, « The logic of the development of feminism ; or, is MacKinnon to feminism as Parmenides is to Greek philosophy? », *Hypatia*, vol. 7, n° 1, 1992, p. 1-15.

2. Catharine A. MacKinnon, « Sexuality », *Raisons politiques*, vol. 2, n° 46, 2012, p. 103.

« dimension transversale de la réalité sociale », qui « constitue le genre »[1]. Mais plus encore, elle est, selon MacKinnon, la « dynamique même de l'inégalité des sexes[2] » et l'objectification sexuelle « est le processus central de l'assujettissement des femmes[3] ». Pour ce qui est du contenu de cette sexualité, « l'érotisation de la domination *définit* les normes de la masculinité, l'érotisation de la soumission définit celles de la féminité[4] ». Par conséquent, « tout ce qui est socialement requis pour produire l'excitation et la satisfaction sexuelles masculines, c'est précisément ce que l'on définit comme féminin[5] ».

Dans cette théorie du pouvoir, c'est le fait de l'« omniprésence de la violence sexuelle [masculine] envers les femmes » qui permet d'avancer que « le rôle sexuel des hommes repose sur la prédation des plus faibles socialement »[6], et en particulier des femmes. Pour MacKinnon, le genre est donc d'abord une question de domination sexualisée, et non de différence : c'est cette domination sexualisée qui donne son contenu au genre et la « subordination des femmes » est une *condition politique* que l'idéologie de la différence a « permis de mettre en œuvre »[7]. Ici donc, contrairement au féminisme libéral d'Okin et à sa définition du genre, il n'y a pas de différence préalable à l'organisation sociale hiérarchique entre « hommes » et « femmes » et c'est l'assujettissement sexuel qui crée le groupe social « femmes ». Pour fonder son argument, MacKinnon s'appuie notamment sur les travaux de la biologiste Anne Fausto-Sterling qui, dès 1985, « critique les déterminants biologiques du genre » et défend que « le sexe, par nature, n'est pas une bipolarité, mais un *continuum*. C'est la

1. *Ibid.*, p. 105.
2. *Ibid.*
3. Catharine A. MacKinnon, *Toward A Feminist Theory of State*, *op. cit.*, p. 124.
4. *Ibid.*, p. 106.
5. Catharine A. MacKinnon, « Sexuality », art. cit., p. 123.
6. *Ibid.*, p. 102.
7. Catharine A. MacKinnon, *Le Féminisme irréductible*, *op. cit.*, p. 60.

société qui en fait une bipolarité[1] ». La différence n'est ainsi qu'une « fonction de la domination ».

Cette conceptualisation des violences sexuelles en articulation avec le genre et la sexualité n'est pas compatible avec les réflexions sur la justice de genre élaborées à partir des théories de la justice. Elle s'y oppose tant dans sa méthode que dans sa conception du genre et dans son horizon de justice.

Le point de vue des femmes : une fonction épistémologique et une méthode

La place centrale que prennent les violences sexuelles dans la conceptualisation du genre se fonde, selon MacKinnon, sur une forme spécifique de théorisation, bien éloignée de l'abstraction des théories de la justice. Celle-ci est élaborée à partir d'expériences partagées, reprenant la méthode des mouvements féministes des années 1960. Pour la théoricienne, le féminisme est la « première théorie à émerger de personnes dont elle affirme l'intérêt » et a pour « projet de dévoiler et revendiquer comme valide l'expérience des femmes, dont le contenu est, pour l'essentiel, sa dévalorisation même »[2]. Dans cette perspective, il constitue une critique de l'emprise du point de vue masculin sur le monde, et sur les femmes[3]. MacKinnon reprend ici le raisonnement beauvoirien pour décrire le « pouvoir masculin » de créer le monde à son image : « La représentation du monde, tout comme le monde lui-même, est l'œuvre des hommes. Ils le décrivent depuis leur point de vue, qu'ils confondent avec la vérité absolue[4] ».

---

1. Voir Anne Fausto-Sterling, *Myths of Gender. Biological Theories about Women and Men*, New York, Basic Books, 1985, cité *in* Catharine A. MacKinnon, *Toward A Feminist Theory of State*, *op. cit.*, p. 261, note 25, p. 52.

2. Catharine A. MacKinnon, *Toward A Feminist Theory of State*, *op. cit.*, p. 83, p. 134.

3. *Ibid.*, p. 114.

4. *Ibid.*, p. 121. MacKinnon cite ici une version étatsunienne du *Deuxième Sexe*, parue en 1970.

La méthode féministe qui élabore le « point de vue des femmes » depuis l'expérience vécue est en outre une méthode de prise de conscience (*consciousness-raising*)[1], instituant des significations et des évaluations, qui passe par la description et le partage des expériences de chacune, jusqu'aux plus anodines en apparence, ainsi que de leurs ressentis. Dans les plus infimes détails, dans leurs ressemblances, leurs récurrences, ces partages d'expérience font apparaître, sous la « malchance », la trajectoire individuelle ou l'exception, une condition sociale. C'est ce tissage collectif des récits qui crée une « réalité partagée », qui fait surgir l'importance des violences subies et la sexualisation comme violence, et qui les fait donc apparaître comme un phénomène social, ayant une fonction au sein d'un système forgé par le regard des hommes. Apprendre à cerner et évaluer les contours du sexisme qui irrigue tous les aspects de la vie engage donc une analyse située historiquement et « concrètement », et une théorisation « immanente[2] ». La socialisation des femmes apparaît alors comme un « processus de privation de soi[3] » et le genre comme une « caractéristique non naturelle d'une répartition du pouvoir dans la société[4] ». Selon MacKinnon, la méthode de « prise de conscience » a mis en lumière le fait que l'absence de pouvoir des femmes est à la fois « imposée de l'extérieur, et profondément intériorisée[5] ».

Face à cette situation de départ, la « socialisation du savoir des femmes » permet de repérer la masculinité là où l'on pensait que les choses allaient de soi et « ouvre un espace dans le monde, au sein duquel les femmes peuvent commencer à se mouvoir »[6]. La mise en commun d'un savoir des subalternes sur leur propre condition constitue pleinement le « point de vue des femmes », une révolution épistémologique, intime

1. *Ibid.*, p. 83.
2. *Ibid.*, p. 84.
3. *Ibid.*, p. 89.
4. *Ibid.*, p. 95.
5. *Ibid.*, p. 8.
6. *Ibid.*, p. 101.

et politique. C'est par là que naît le « groupe social » des femmes : des individualités rassemblées, malgré, au-delà et *avec* leurs spécificités, se reconnaissent comme partageant « une même réalité de traitement[1] » et une condition politique commune, qui est une condition sexuelle. À partir de quoi est exploré, collectivement et en détail, ce qu'*être une femme veut dire* dans un monde dominé par les hommes, « en tant que groupe, et par conséquent en tant qu'individus[2] », en vue d'une action collective. De ce processus, il ressort que les « femmes » ne sont pas définies selon des critères biologiques, des attributs physiques ou moraux, mais comme un « fait descriptif de l'inégalité des sexes » : « Aucune femme n'échappe à ce que signifie être une femme au sein d'un système social qui définit chacun·e en fonction du genre[3]. » Alors que les femmes se définissent politiquement, « la pratique politique (dans les faits) de toutes les femmes crée, face à son impossibilité théorique, un nouveau processus de théorisation et une nouvelle forme de théorie[4] ».

Le féminisme radical élabore donc une théorie du pouvoir masculin, qui est ce pouvoir de « créer le monde depuis un point de vue particulier, qui devient la vérité[5] », et entend donner à voir la réalité comme une construction masculine[6], depuis une réalité vécue par les « objectifiées ». À partir de cette analyse, une théorisation de la justice féministe ne saurait trouver la solution au manque de pouvoir des femmes dans la redistribution du pouvoir *tel qu'il est actuellement défini*. Elle cherche à construire un monde juste, à partir de ce point de vue situé des opprimées.

Toutefois, ce point de vue « des femmes » est-il suffisant pour rendre compte de toutes les oppressions et significations que peut prendre le viol ?

1. *Ibid.*, p. 90.
2. *Ibid.*, p. 95.
3. *Ibid.*, p. 105.
4. *Ibid.*, p. 116.
5. *Ibid.*, p. 121.
6. *Ibid.*, p. 125.

La sexualité au cœur du genre

Chez MacKinnon, je l'ai dit, la sexualité est centrale : « La sexualité est une forme de pouvoir. Le genre, construction sociale, l'incarne, et non l'inverse. Les femmes et les hommes sont divisés selon le genre, *fabriqués en sexes* comme on les connaît, par les exigences sociales de l'hétérosexualité[1], qui institutionnalise la domination sexuelle mâle et la soumission féminine (femelle). Si ceci est vrai, la sexualité est le pivot de l'inégalité de genre[2]. » Ici, le pivot du genre n'est donc pas la famille, comme chez Okin, mais bien la sexualité. Celle-ci est un *rapport* primordial où s'instaure, de manière simultanément interpersonnelle et collective (de groupe social à groupe social), la domination de l'un par l'autre et, par là, le genre. Analogue au processus de production dans la théorie marxiste, la sexualité se trouve définie comme « le processus social qui crée, organise, manifeste et régit le désir[3] ». Elle n'est en aucun cas un « contenant transculturel », « une essence ou une manifestation d'Éros », mais « ce qu'une société donnée érotise »[4].

Dans une société caractérisée par la domination masculine, dont l'« hétérosexualité est la structure dominante », la « famille, sa forme figée », et la « reproduction, sa conséquence »[5], le regard masculin construit méthodiquement les femmes comme objets du plaisir masculin. Cette objectification des femmes s'établit, explique-t-elle, « dans le monde d'abord, puis dans la tête, puis dans l'appropriation visuelle, puis dans le rapport sexuel forcé, puis dans

1. Sur l'idée que « nos croyances sur le genre – et non la biologie – définissent le sexe », et sur la thèse selon laquelle « apposer sur quelqu'un l'étiquette d'homme ou femme est une décision sociale », voir notamment les travaux d'Anne Fausto-Sterling, dont *Corps en tous genres. La dualité des sexes à l'épreuve de la science*, Paris, La Découverte, 2012.

2. Catharine A. MacKinnon, « Feminism, marxism, method and the State ; an agenda for theory », *Signs*, vol. 7, n° 3, 1982, p. 533 (je souligne).

3. Catharine A. MacKinnon, *Le Féminisme irréductible*, *op. cit.*, p. 58.

4. *Ibid.*, p. 62.

5. *Ibid.*

le meurtre sexuel[1] ». On pourrait, entre l'« appropriation visuelle » et le « rapport sexuel forcé », compléter cette liste des manières d'approprier physiquement le corps des femmes : siffler, faire des remarques sexuelles et partager ses commentaires avec d'autres hommes, toucher, éventuellement en public, sans s'enquérir du désir de la personne, etc. Cette analyse fait écho à celle de Guillaumin, pour laquelle l'oppression des femmes est caractérisée par l'appropriation sociale, qui recouvre une dimension d'appropriation collective *et* d'appropriation privée, et qui a pour objet à la fois « la femme » (la classe de sexe des femmes) et chacune d'entre elles[2]. Ici, « la femme » apparaît comme une catégorie construite spécifiquement par le regard masculin – violent en tant qu'il participe de l'aliénation-objectification de la personne identifiée comme « femme » : « L'acte de maîtriser, affirme MacKinnon, est érotisé par la domination masculine. Dire que les femmes sont des objets sexuels est à cet égard redondant. Sous la domination masculine, les femmes sont sexualisées en tant qu'objets et c'est ce qui les définit *à la fois* en tant que sexuelles et en tant que femmes[3]. » Dans la lignée des premières auteures féministes (radicales et matérialistes) à avoir traité de la question du viol comme phénomène social, elle attribue donc à la sexualité le rôle de « fabrique de la domination » : c'est « l'expropriation organisée de la sexualité des unes pour l'usage des autres qui définit les femmes en tant que sexe »[4].

1. Catharine A. MacKinnon, « Unequal sex : a sex equality approach to sexual assault », *Women's Lives, Men's Laws*, Cambridge/Londres, Harvard University Press, 2007 (2005), p. 240 ; Catharine A. MacKinnon, *Sex Equality*, St. Paul, Foundation Press, 2016, p. 880-956 ; et enfin dans « Rape redefined », *Harvard Law and Policy Review*, vol. 10, 2016, p. 431. Ce dernier article a été traduit : *Le Viol redéfini. Vers l'égalité, contre le consentement*, Paris, Flammarion, 2023.

2. Colette Guillaumin, « Pratique du pouvoir et idée de Nature (1) », art. cit.

3. *Ibid.*, p. 60.

4. Catharine A. MacKinnon, *Towards A Feminist Theory of State*, *op. cit.*, p. 4.

Dans une telle perspective, la sexualité est indissociable du genre. Le viol n'y est plus analysé comme « un problème d'inégalité entre les sexes », mais comme « un problème d'inégalité *sexuelle* entre les sexes »[1].

À partir du vécu de la sexualité des femmes, MacKinnon refuse l'idée que les violences sexuelles sont de la violence et non du sexe : d'abord parce qu'une femme qui a subi des violences sexuelles et qui, par exemple, ne peut plus faire l'amour après un viol, est atteinte dans sa sexualité, mais aussi car « ce que vivent les femmes ne permet pas d'établir une différence aussi tranchée entre les comportements normaux, ordinaires, et les atteintes[2] ». Cela ne signifie pas qu'il n'y a pas de différence réelle entre un acte sexuel et un viol ni que tout acte (hétéro)sexuel[3] est un viol – les personnes qui sont violées font très bien la différence entre un rapport sexuel qu'elles désirent et un rapport sexuel qui leur est imposé. Seulement, dire que le viol est de la violence et non du sexe, établit une limite qui, « en voulant interdire le sexe aux violeurs », laisse « intactes les bases sexuelles de la domination masculine »[4]. Ces limites qui distinguent le (bon) sexe du (mauvais) viol, et sont inscrites dans la loi, empêchent méthodiquement la reconnaissance du viol comme phénomène social dans sa dimension politique. Dans une société sexiste, c'est encore le point de vue des hommes, et non celui des femmes, qui conduit à formuler la distinction, et les conditions de la distinction, entre viol et relations sexuelles, entre harcèlement sexuel et avances sexuelles normales, banales, etc. On retrouve ici le *continuum* de la violence sexuelle forgé par Kelly. En outre, on retrouve ce point de vue masculin dans le fait que la pénétration fait généralement partie des conditions pour caractériser un viol, alors qu'elle ne « constitue

1. Catharine A. MacKinnon, « Sexuality », art. cit., p. 112.
2. Catharine A. MacKinnon, *Le Féminisme irréductible*, *op. cit.*, p. 88.
3. Je précise l'implicite ici, à savoir que son raisonnement se fonde sur une analyse de l'hétérosexualité.
4. Catharine A. MacKinnon, « Sexuality », art. cit., p. 112.

pas la seule chose qui fait intrusion dans, et nous dépossède de ce qu'englobe notre intégrité sexuelle[1] ». Ce à quoi invite MacKinnon, c'est une inversion du regard. Pour déterminer ce qui est une violence sexuelle, il ne s'agit plus de porter l'attention sur ce que fait la femme pour se défendre des actes d'un homme ou de ce qu'elle a fait (« provocation », « imprudence ») pour se mettre dans une situation « délicate », compliquée, mais de regarder le comportement de l'agresseur : qu'a-t-il fait lui, comment, à qui ?

Quant au vécu des hommes, il rejoindrait celui des femmes sur cette idée précise d'une frontière trouble entre violence et sexualité, que la loi tente de distinguer au moyen de critères et l'exercice de la justice au moyen de preuves. Cela conduit MacKinnon à constater que « les violeurs sous les verrous sont persuadés qu'il leur arrive la chose la plus stupide de leur vie » : à leurs yeux, ils sont « mis en prison pour un acte très peu différent de ce que font le plus souvent la plupart des hommes, et qu'ils appellent avoir une relation sexuelle[2] ». Les juges et juré·es qui refusent de condamner les hommes accusés de viol semblent partager cette vision « ordinaire » de la sexualité dominante, au sein de laquelle il est « normal » que puisse venir s'immiscer une certaine forme de violence. « Si les femmes continuent à ne pas porter plainte, c'est en partie parce qu'elles pensent à juste titre que le système juridico-judiciaire n'aura pas le même *point de vue* qu'elles », souligne MacKinnon, rappelant que « le taux de condamnation pour viol est très faible »[3]. Ajoutons que nombre de femmes ne portent pas plainte car elles savent que le viol qu'elles ont subi ne pourra « être juridiquement prouvé » ou parce que « la violence qui leur a été infligée n'était pas suffisante pour sortir de la catégorie du “sexe” ». MacKinnon en conclut que, « depuis

1. Catharine A. MacKinnon, *Le Féminisme irréductible*, *op. cit.*, p. 89.
2. *Ibid.*, p. 90.
3. *Ibid.* Pour rappel, en France le taux de condamnation des viols est inférieur à 1 %.

le point de vue des femmes, le viol n'est pas interdit : il est réglementé »[1].

Mais la juriste féministe prolonge encore le raisonnement. En se fondant sur le « vécu ordinaire de la relation sexuelle », qui a des « points communs » avec le viol[2], elle affirme que, dans une société sexiste ou sous domination masculine, ce qui excite les hommes est la domination. Les actes de violence seraient donc bien, comme le reprendra du reste le concept de *continuum* de la violence sexuelle de Liz Kelly, la « sexualité même ». Ainsi, les violences ou « brutalités conjugales », *même lorsqu'elles ne sont pas à caractère explicitement sexuel*, peuvent être considérées comme relevant de la sexualité, étant donné l'érotisation masculine d'une telle violence dans la société où elles s'inscrivent[3].

MacKinnon en tire une véritable théorisation du genre : la sexualisation de la domination est masculine et l'objectification sexuelle des femmes constitue la femme comme catégorie, au sein d'une sexualité masculiniste et hétéronormée. Une telle articulation entre désir sexuel, violence et domination masculine est-elle adéquate et suffisante descriptivement (pour décrire la sexualité des hommes imposée au reste du monde) et prescriptivement (pour sortir de cette organisation sociale dont la sexualité violente est le pivot du genre) ?

Justice et transformation des rapports de pouvoir par le droit : redéfinir le viol

Cette compréhension du genre et des violences sexuelles n'a plus rien à voir avec l'inclusion du point de vue des femmes sous voile d'ignorance ou avec la participation des femmes à des négociations pluripartites, comme chez Okin, mais

1. Catharine A. MacKinnon, *Towards a Feminist Theory of State*, *op. cit.*, p. 179.
2. Catharine A. MacKinnon, *Le Féminisme irréductible*, *op. cit.*, p. 90.
3. *Ibid.*, p. 94.

cible « une transformation dans l'équation du genre et de la domination, une délégitimation de la dynamique sexuelle du pouvoir et de l'absence de pouvoir[1] ».

La théorie féministe de l'État qu'élabore MacKinnon vise à expliquer la « rationalité interne » d'un « arrangement social systématiquement inégalitaire » entre hommes et femmes, où l'État et ses institutions ont été historiquement formés et sont encore informés par des hommes. Il s'agit d'une théorie postmarxiste de l'État au sens où l'« analyse du pouvoir figé dans sa forme légale » a fait émerger le « pouvoir de l'État comme un pouvoir masculin »[2]. Dans ce cadre, la loi est analysée par MacKinnon comme le moyen par lequel l'État participe de « la politique de la sexualité qu'est la domination masculine », comme lieu d'« application de son épistémologie[3] ». Plus particulièrement, « les lois contre les atteintes sexuelles expriment ce que voient et font les hommes quand ils engagent des relations sexuelles avec des femmes[4] ».

Si MacKinnon affirme que la loi seule ne saurait « résoudre tous les problèmes du monde », elle se centre malgré tout sur « le pouvoir de l'État et le pouvoir de légitimation de la loi ». Elle appelle ainsi, en « se fondant sur l'expérience des subalternes, des désavantagées, des dépossédées, des silenciées », à « articuler le droit et la vie », en vue de « créer une jurisprudence pour le changement »[5]. La question qu'il faut alors se poser, selon elle, n'est pas de savoir si telle réforme traite les hommes et les femmes également, mais si elle se fait au détriment des femmes ou non : il s'agit d'aborder le problème de l'égalité en termes de pouvoir. C'est à cette condition que s'instaurera l'« égalité réelle » entre hommes

1. Catharine A. MacKinnon, *Towards a Feminist Theory of State*, *op. cit.*, p. 42.

2. *Ibid.*, p. xi.

3. *Ibid.*

4. Catharine A. MacKinnon, *Le Féminisme irréductible*, *op. cit.*, p. 95.

5. Catharine A. MacKinnon, *Towards a Feminist Theory of State*, *op. cit.*, p. xiv.

et femmes, de telle sorte que « quand viendra le moment où les qualités spécifiques de chacun·e seront intégrées dans la norme qui définit l'humanité, nous passerons à une autre histoire[1] ».

Dans cette perspective, la « redéfinition » juridique acquiert une importance centrale, et ce en particulier dans le contexte étatsunien depuis lequel MacKinnon écrit, où le droit est fondé sur la jurisprudence[2]. Cette logique est proche de celle de la *critical race theory*, courant de la critique du droit des années 1960 qui vise à rendre les droits « non individualistes, non atomistes, contextuels et substantifs », mettant ainsi au défi la conception traditionnelle des droits, abstraite, et qui préservait le *statu quo*[3].

Chez MacKinnon, on l'a dit, le viol doit donc être défini, politiquement, à partir du point de vue des femmes, ce qui permet de partir du ressenti des femmes et de prendre au sérieux les vécus qui ne correspondent pas à la compréhension du viol comme violence et ne sont pas pris en charge par la loi et la pratique de la justice. C'est, aussi, comprendre que tout rapport sexuel contraint, tout rapport sexuel qui n'est ni réciproque ni désiré, est un viol : « Nous continuons de stigmatiser les femmes qui invoquent un viol en disant que l'atteinte qu'elles ont subie est hors-norme et nous acceptons que toutes les autres se sentent atteintes toute leur vie en croyant qu'elles n'ont jamais été violées,

1. Catharine A. MacKinnon, *Le Féminisme irréductible*, *op. cit.*, p. 52.

2. Voir Pauline Delage, « Après l'année zéro », art. cit., p. 30.

3. Catharine A. MacKinnon, « Keeping it real. On anti-essentialism », *in* Francisco Valdes, Jerome McCristal Culp et Angela P. Harris (dir.), *Crossroads, Directions, and a New Critical Race Theory*, Philadelphie, Temple University Press, 2002, p. 71. Grâce à cette approche, MacKinnon a joué, avec la journaliste Lin Farley, un rôle crucial dans la construction aux États-Unis du harcèlement sexuel au travail et dans l'enseignement comme discrimination fondée sur le sexe. Voir Catharine A. MacKinnon, *Sexual Harassment of Working Women*, *op. cit.* Cette utilisation stratégique du droit, de la part d'un féminisme concevant les rapports de genre en termes de domination, a pu être critiquée aux États-Unis comme réductrice (invisibilisant les situations des minorités sexuelles, raciales, sociales), normalisatrice (régulant et interdisant tel ou tel comportement), liberticide, contre-productive ou insuffisante.

alors que nous aussi, nous avons bien souvent fait l'amour sans le désirer[1]. »

À partir d'une telle définition politique du viol, et constatant que les procès pour viol sont bien souvent ramenés à une lutte « parole contre parole », MacKinnon se montre critique de la notion de « consentement », qu'elle considère comme intrinsèquement inégalitaire : en effet, elle oriente l'enquête pour savoir non pas si la victime a désiré ou voulu le rapport sexuel, mais si elle a résisté et montré de manière manifeste qu'elle n'en voulait pas. En outre, individualisant le rapport entre deux personnes, la notion de consentement occulte les « conditions d'inégalité » de pouvoir et la socialisation différenciée des femmes (à la passivité) et des hommes (à l'agressivité) qui font que « de nombreuses femmes acceptent ou tolèrent un rapport sexuel qu'elles n'ont pas les moyens matériels d'éviter ». Le fait d'« accepter » un acte sexuel parce qu'il n'y a pas d'alternative concrète ou d'initier un rapport pour « éviter des dommages plus grands » ne suffit en effet certainement « pas à faire d'un rapport sexuel un acte *désiré* ou *voulu* [*wanted*] ». Cela n'en fait certainement pas non plus un acte où toutes les personnes concernées sont « égales ». Mais, souligne MacKinnon, « cela le rend légalement consensuel dans la plupart des juridictions[2] » – et donc acceptable socialement. Dans cette perspective, le consentement apparaît comme « un critère pathétique pour *évaluer* le sexe comme égalitaire pour un peuple libre[3] ». Dans le droit français, qui est de ce point de vue l'un des plus progressistes, la définition du viol ne fait pas mention de la notion de consentement, même si de vifs débats sont à l'œuvre pour l'inclure. Cependant, lors des procès, le questionnement tourne bel et bien autour du « consentement » au rapport, avec les quatre

1. Catharine A. MacKinnon, *Le Féminisme irréductible*, *op. cit.*, p. 91.
2. Catharine A. MacKinnon, « Rape redefined », art. cit., p. 464-465.
3. *Ibid.*, p. 465. D'autres féministes au contraire, défendent l'idée qu'il est possible de « sauver » la catégorie de consentement, en la redéfinissant en termes de consentement « explicite/affirmatif ». J'y reviendrai dans le chapitre 4.

conditions inscrites dans la loi (la violence, la contrainte, la menace ou la surprise). Les conditions sociales inégalitaires pourraient être prise en compte grâce à la « contrainte », mais dans les faits, les juges s'emparent encore rarement d'une telle interprétation.

Contre cet héritage masculiniste et hétéronormé, la redéfinition du viol doit passer, aux yeux de MacKinnon, par une conceptualisation de celui-ci comme un « crime d'inégalité de genre » et s'appuyer sur les « circonstances inégalitaires[1] » dont les agresseurs tirent profit. La justice aurait pour objectif premier d'analyser les liens entre un acte commis et les circonstances sociales qui fournissent l'opportunité pour un tel acte et lui donnent sa signification. Dans son texte « Rape redefined », elle propose que la notion de « consentement » soit remplacée par celle, difficilement traduisible, de « *welcomeness* », qui met l'accent sur le caractère « bienvenu » d'un acte sexuel – le droit canadien, lui, préfère parler d'« accord » ou de « caractère volontaire » de l'acte pour définir le consentement. Le viol, du moins, n'est ici plus uniquement considéré comme une interaction entre deux individus abstraits A et B, mais est ressaisi dans une analyse des rapports de forces en présence.

Pour éclairer ce raisonnement, MacKinnon s'appuie sur la première définition internationale du viol, élaborée à la fin des années 1990 dans le contexte du Tribunal pénal international pour le Rwanda (pour lequel elle a travaillé) mis en place après le génocide de 1994. Lors de l'affaire Akayesu, celui-ci définit le viol comme « une violation ou intrusion physique, de nature sexuelle, commise sur une personne *dans des circonstances coercitives*[2] ». Le consentement en est absent, et pour cause : en contexte génocidaire, on estime que celui-ci n'est pas supposé et il est donc inutile de le mentionner. Le jugement précise aussi que « les circonstances coercitives n'ont pas besoin d'être démontrées par l'usage de la force

1. *Ibid.*, p. 469.
2. Je souligne.

physique » : « La menace, l'intimidation, l'extorsion, et toute autre forme de contrainte qui se nourrit de la peur ou du désespoir peuvent constituer des circonstances coercitives[1]. »

C'est précisément cette différenciation quant au contexte que MacKinnon entend remettre en question. Du point de vue masculin, il est des contextes exceptionnels où la question du consentement ne se pose pas parce que l'inégalité de pouvoir est trop évidente : un rapport sexuel avec un assaillant armé chez soi, un rapport sexuel entre un SS et une personne prisonnière dans un camp de concentration. En temps de paix, on semble présupposer l'absence de contraintes collectives sur la volonté des personnes. Contre ce présupposé, MacKinnon veut que l'on prenne en compte « les contraintes d'ordre psychologique, économique, racial, et autres circonstances hiérarchiques » pour juger s'il y a eu viol ou non[2]. Le viol devrait donc être redéfini juridiquement comme « une intrusion ou violation (*physical invasion*) de nature sexuelle dans des circonstances de menace ou d'usage de la force, de fraude, de coercition, d'enlèvement, ou bien d'abus de pouvoir, de confiance, ou bien encore d'une position de dépendance ou de vulnérabilité[3] ». L'enjeu de cette redéfinition n'est pas tant de « définir plus d'actes comme des viols », mais bien de « redéfinir le crime à partir des forces qui permettent effectivement sa mise en œuvre »[4].

Cette concentration stratégique sur la redéfinition juridico-judiciaire et sa mise en œuvre est-elle une réponse suffisante en termes d'exigences de justice sociale vis-à-vis des violences sexuelles ?

1. *The Prosecutor v. Jean-Paul Akayesu (Trial Judgement)*, ICTR-96-4-T, Tribunal pénal international pour le Rwanda, 2 septembre 1998.

2. Catharine A. MacKinnon, « Rape redefined », art. cit., p. 470.

3. *Ibid.* Le terme de « *physical invasion* » ne se limite pas à la pénétration péno-vaginale selon MacKinnon.

4. *Ibid.*, p. 477.

3

La nécessité d'une approche intersectionnelle

La théorisation du genre et de la sexualité élaborée par MacKinnon soulève un certain nombre de questions quant à sa méthode (la prise de conscience d'un point de vue « des femmes »), son contenu (l'intrication du genre et de la sexualité) et son horizon de justice (évoqué essentiellement en termes de redéfinition juridique). Ces limites remettent-elles en question l'intérêt de ce cadre théorique pour éclairer la compréhension des violences sexuelles ?

La masculinité comme cause de la violence sexuelle ?

On l'a vu, MacKinnon articule étroitement le genre à la violence sexuelle. Le genre est une domination sexualisée et est uniquement relationnel : le groupe social des « femmes » n'existe que par cette relation assujettissante, et les hommes ne sont définis comme « hommes » qu'en tant qu'ils assujettissent. Il s'agit là d'un double aboutissement : les violences sexuelles conduisent à considérer, dans les sociétés sous « domination masculine », la catégorisation sociale en « hommes » et « femmes » comme hiérarchisation, et le genre comme foyer d'une polarisation normative forgée par les hommes, où tout ce qui est positif et valorisé est masculin, tout ce qui est négatif et méprisable est féminin. Quant au viol, il est « l'*acte d'un homme*, qu'il soit un homme femelle ou mâle, et qu'il soit un homme de manière permanente ou bien plus ou moins temporaire ; et *être violée est une expérience de femme*, que ce soit une femme femelle ou mâle, que celle-ci soit femme de manière permanente ou relativement temporaire[1] ». Ainsi, « le fait d'être violable, qui est une position sociale et non biologique, est ce qui définit la femme[2] ».

Dans ce cadre, il n'y a donc pas des « individus » hommes ou femmes entre lesquels il s'agit de répartir plus équitablement les charges et bénéfices dans l'espoir que le genre ne soit plus qu'une caractéristique insignifiante socialement. Il y a une hiérarchie sociale, le genre, qui se présente dans une société sexiste comme une différence à transformer et un monde, masculin, de la maîtrise et de la domination à bouleverser – soit une perspective radicale, qui rejoint celle de nombre de féministes postmarxistes, issues du *Black feminism* ou du féminisme postcolonial.

La proposition théorique de MacKinnon recèle néanmoins une ambiguïté autour de la question de l'articulation entre pouvoir social et sexe biologique. La juriste a insisté à plusieurs reprises sur l'idée que les « hommes » et les « femmes » ne sont en aucun cas des catégories fondées sur des données biologiques et anatomiques. Au contraire, les femmes sont pour elles un groupe *politique*. Ainsi affirme-t-elle que « la perspective masculine est systématique et hégémonique. Le masculin est un concept social et politique, et non un attribut biologique[3] ». Ou encore : « J'ai toujours pensé qu'il m'est égal de savoir comment quelqu'un devient un homme ou une femme. Cela n'a pas d'importance pour moi. Toute personne qui s'identifie comme une femme, qui veut être une femme, qui évolue en tant que femme, est, à mes yeux, une femme[4]. »

Cependant, certains de ses écrits ne vont pas tout à fait dans ce sens. Selon elle, les représentations pornographiques

1. Catharine A. MacKinnon, *Towards a Feminist Theory of State*, *op. cit.*, p. 178 (je souligne).

2. *Ibid.*

3. *Ibid.*, p. 114.

4. Cristan Williams, « Sex, gender and sexuality : the Transadvocate interviews Catharine A. MacKInnon », TransAdvocate.com, 7 avril 2015.

mainstream seraient le reflet exact de ce que désirent les hommes. Or le contenu le plus répandu de ces produits destinés à faire jouir les hommes présente une érotisation hétéronormée (rapports entre hommes et femmes ou entre femmes pour un tiers masculin) et androcentrée (au service de l'expérience et du regard de l'homme) de formes de violences commises par des hommes sur des femmes : « Le regard qui érotise le mépris, l'avilissement, la disponibilité, l'utilité, la servilité, l'infantilisation, la passivité, l'animalité. Voilà le contenu de la sexualité qui définit le genre féminin dans cette culture [pornographique] avec, pour méthode, la chosification visuelle[1]. » Au-delà des critiques que l'on pourrait adresser à sa conception de la pornographie (réduite à ses représentations dominantes et sans interroger le fait qu'elle est une industrie de marché), une telle interprétation est entièrement centrée sur les spectateurs « hommes » hétérosexuels cisgenres de contenu pornographique hétéronormé et semble laisser bien peu de marges de manœuvre au rapport que chacun·e entretient avec son désir ou aux réflexions sur les sexualités non hétérosexuelles. En outre, dans cette perspective, une interrogation demeure : l'érotisation de la violence est-elle une *conséquence* du pouvoir ? ou l'expression première de l'« homme » ? MacKinnon affirme en plusieurs endroits que c'est bien le pouvoir qui fait des hommes ce qu'ils sont et la seconde hypothèse ne va pas dans le sens de la dénaturalisation de la masculinité qu'elle défend. Pourtant, elle déclare également que « ce que les hommes veulent sexuellement », c'est « du pouvoir tout court, tel qu'il est défini socialement »[2]. Les hommes seraient alors caractérisés par une volonté de pouvoir (sexualisé, mais pas seulement). Quelle est la cause de la violence sexuelle ? La position de pouvoir (social et sexuel) ou l'appartenance au sexe masculin ? MacKinnon revient ici à son point de départ et la question n'est pas résolue.

1. Catharine A. MacKinnon, *Le Féminisme irréductible*, *op. cit.*, p. 63.
2. Catharine A. MacKinnon, « Sexuality », art. cit., p. 107.

D'un côté, elle affirme que la sexualité est un processus social, donc non soumis à des lois naturelles immuables, mais répondant à des rapports de pouvoir historiquement situés et dynamiques. Cependant, dans l'élucidation de cette articulation systémique entre masculinité et violence, MacKinnon avance l'hypothèse suivante, qui tend vers une détermination du désir masculin qui, si elle est sociale, est directement liée au pénis – donc selon une définition plutôt biologisante : « Peut-être que le genre doit être perpétué en tant que hiérarchie pour perpétuer l'érection des hommes ; ou peut-être qu'une partie de l'intérêt des hommes à maintenir les femmes en dessous tient à ce qu'eux, ça les aide à grimper[1]. » Rapporter ainsi la domination à « ce qui fait bander un homme » (et réduire à défaut de nuancer le propos toute sexualité masculine à de la sexualité en vue de dominer) semble renaturaliser l'homme et la masculinité, réduits à un pénis. Une autre citation de MacKinnon, issue de son ouvrage majeur *Toward a Feminist Theory of State*, va dans ce sens : « Culturellement, la sexualité est synonyme de tout ce qui peut faire frémir un pénis, et lui faire éprouver sa puissance en se raidissant[2]. » Certes, ce livre a été publié en 1989, il y a plus de trente-cinq ans, mais elle n'est pas revenue sur ce point à ma connaissance.

Chez MacKinnon, un autre élément accentue encore l'ambiguïté de la conception du genre comme hiérarchie construite par une sexualité masculine objectifiant la femme : l'attribution d'une *intention* collectivement partagée des hommes à l'égard des femmes. « Cela ne veut pas dire qu'ils veulent tous nous baiser ; ils veulent juste nous faire mal, nous dominer, nous maîtriser, et *c'est ça* nous baiser[3]. » Le viol est donc ici non seulement de la sexualité, mais aussi un acte de haine sadique. Par un renversement assez saisissant,

1. *Ibid.*, p. 124.
2. Catharine A. MacKinnon, « Sexuality », art. cit., p. 115.
3. Catharine A. MacKinnon, *Le Féminisme irréductible*, *op. cit.*, p. 95. Cette phrase vient d'une intervention prononcée en 1981.

la domination, et plus précisément le désir ou la *volonté* de voir autrui souffrir (« ils veulent nous faire mal »), *est* ce qui procure du plaisir, y compris sexuel, « aux hommes » (des individus dotés d'un pénis, ici) de manière systémique, voire systématique. Cet énoncé laisse ainsi ouverte la question : s'agit-il ici de tous les hommes par définition ? Dans cette formule pleine d'ambivalence, « nous baiser » ne serait plus tant un rapport sexuel « avec » quelqu'un que l'accomplissement de la domination de l'autre – qui en vient à constituer la femme. Interpréter la domination par le seul prisme d'une volonté collective de « faire mal », d'une intentionnalité destructive comme jouissance constitue me semble-t-il un déplacement par rapport à une interprétation plus classiquement postmarxiste des « classes de sexe », où l'analyse est centrée sur l'appropriation (par le mariage) d'une force de travail et/ou de moyens de reproduction. Ici, l'enjeu ne serait même plus de s'approprier une force de travail, un corps et une progéniture, pour soi, mais de nuire et « maîtriser pour maîtriser », comme fin en soi. Ce geste pousse à son extrême le féminisme radical, pour lequel l'oppression des femmes par les hommes n'est pas secondaire par rapport à l'appropriation de la force de travail. Il ne s'agirait plus de s'approprier un être comme un bien pour en user à sa guise et en jouir : c'est la « maîtrise » elle-même qui compterait plus que tout, à savoir la capacité à dompter ce qui résiste, à mettre « la main sur » ce qui se trouve dompté – en tous les cas, MacKinnon n'explicite pas d'autre but.

Un dernier élément enfin achève cet enchevêtrement de la sexualité, du genre, de la domination et des violences. MacKinnon poursuit la logique jusqu'à réinscrire ou relativiser le genre comme l'*une* des modalités de l'érotisation de la domination par les hommes : « Les hommes *en particulier*, sinon les hommes *uniquement*, "sexualisent" la hiérarchie ; le genre est l'*une* de ces hiérarchies[1]. » Une telle affirmation

1. Catharine A. MacKinnon, « Sexuality », art. cit., p. 102 (je souligne).

semble bien supposer que la sexualité fonde le genre, mais également que la sexualisation de la hiérarchie dépasse le genre. D'où son appel à articuler genre et érotisation du mépris racial et de l'argent[1].

Cette relativisation vient brouiller la compréhension de la femme comme objet sexuel : pourquoi dire que la femme est un objet sexuel serait-il en effet tautologique si le genre n'est qu'une forme parmi d'autres d'une sexualisation masculine de la domination ? Pour le dire autrement : si les hommes (en tant que groupe social au pouvoir, et du fait même qu'ils sont au pouvoir) possèdent ce trait de sexualiser la hiérarchie, et si le genre n'est qu'une de ces hiérarchies, quelles sont les autres hiérarchies qu'ils sexualisent et comment cela se traduit-il ? En résulte-t-il une sexualisation et objectification d'autres personnes que les « femmes » *en tant que* femmes ? Si l'argent et le mépris racial constituent deux formes de hiérarchie que l'homme en vient à érotiser, n'en résulte-t-il pas d'autres processus de sexualisation et d'objectification à l'encontre d'autres personnes que les « femmes » *en tant que* femmes ? Cela, malgré l'affirmation de MacKinnon, n'ouvre-t-il pas à la possibilité que des femmes socialisées comme femmes puissent, elles aussi, érotiser ces formes de hiérarchisation ? Dans ce cas, sachant pourtant que, pour MacKinnon, le « pouvoir féminin » est une contradiction, jusqu'où la catégorie « femme » et celle d'« objet sexuel » seraient-elles tautologiques ?

Sous cette lumière, l'interprétation et la théorisation du genre à partir des violences sexuelles par MacKinnon et, réciproquement, l'interprétation des violences sexuelles selon le genre, forment une circularité vertigineuse. Toujours déjà en position de domination (sociale), le groupe social des « hommes » (cisgenres) agirait, en tant qu'hommes – quelles que soient leurs autres assignations, raciales notamment, et identités sociales – de manière dominatrice dans la sexualité

1. Catharine A. MacKinnon, *Le Féminisme irréductible*, *op. cit.*, p. 70.

et avec l'*intention* de dominer socialement (de continuer à dominer), voire de nuire. À partir de quoi on aboutirait presque à l'idée d'une masculinité non seulement fondée sur l'érotisation de la violence, mais dont toute dimension d'éros serait puisée dans la domination[1]. Une masculinité dont la particularité serait une forme d'affirmation de soi destructrice et tragique, en ce qu'elle détruirait pour jouir et jouirait pour détruire, et qui instituerait les rapports sociaux de genre comme domination en instituant par la violence la figure de « la femme ».

La formation et l'expression de la sexualité masculine seraient pourtant, MacKinnon le rappelle à plusieurs reprises, non pas *naturelles*, non pas biologiques, non pas présociales, mais bien socialement construites. Elle insiste encore sur le fait qu'un homme qui ne viole pas « n'est pas malade » et que « donc » rien ne prédispose « naturellement » les hommes à la violence. Cela signifierait que la masculinité, comme construction sociale dont le contenu équivaudrait à la domination et à la sexualisation de la domination, serait historiquement contingente et non pas immuable ni inéluctablement rattachée aux individus socialisés comme « hommes », dotés d'un pénis.

Entre le constructionnisme que revendique MacKinnon et la tendance à l'essentialisation des hommes, assignés au pénis, à laquelle sa conceptualisation du genre peut parfois donner lieu, jusqu'où le genre détermine-t-il les comportements sexuels des individus ? Et jusqu'où cette compréhension du genre épuise-t-elle la compréhension des violences sexuelles ? Enfin, à partir d'une telle théorisation, dans quelle mesure est-il possible de concevoir une possibilité d'agir ?

Une réification des catégories de genre ?

Ce modèle théorique du genre comme domination dans et par la sexualité a fait l'objet de critiques, en particulier par

1. Catharine A. MacKinnon, « Sexuality », art. cit., p. 101.

la philosophe Judith Butler, qui pointe justement la circularité du raisonnement : « Si la hiérarchie de genre produit et consolide le genre, et si la hiérarchie de genre présuppose une notion opératoire du genre, alors c'est le genre qui est la cause du genre, et l'on aboutit à une tautologie[1]. » Elle poursuit en émettant l'hypothèse suivante : « Il est possible que MacKinnon veuille simplement tracer dans les grandes lignes le mécanisme par lequel la hiérarchie de genre se reproduit, mais ce n'est pas ce qu'elle dit[2]. »

Butler, pour sa part, entend laisser ouverte la définition du terme « femme », pour des raisons stratégico-politiques. Elle explique : « Définir une identité dans les termes culturellement disponibles revient à poser une définition qui exclut à l'avance la possibilité que de nouveaux concepts de l'identité émergent dans l'action politique[3]. » Au contraire, supposer l'incomplétude comme caractéristique fondamentale de la catégorie « femme » permet « d'en faire un site de significations toujours ouvert à la contestation[4] ». Dans le même geste, le genre, comme « phénomène complexe », n'a pas à avoir de contenu stable : « Toujours un faire », il est « en tant que totalité », toujours « différé »[5]. Conséquence d'une telle conception, il s'agit pour Butler de lutter non pas *systématiquement*, mais par des pratiques en s'engageant dans une stratégie de subversion et de déstabilisation des significations. De multiplier les contenus des catégories, plutôt que de viser une utopique élimination. Défendant le féminisme comme une démarche critique, elle identifie dans certains discours sur le genre – dont, on peut l'imaginer, ceux de MacKinnon –, une tendance « à réifier des processus sociaux variables et instables par lesquels les personnes communiquent, jouent, travaillent et luttent avec les autres par les moyens de produc-

1. Judith Butler, *Trouble dans le genre. Le féminisme et la subversion de l'identité*, Paris, La Découverte, 2006 (1990), p. 32.
2. *Ibid.*, p. 32-33.
3. *Ibid.*, p. 82.
4. *Ibid.*, p. 81-82.
5. *Ibid.*, p. 95, p. 83.

tion et d'interprétation[1] ». Butler s'élève également contre une conceptualisation de la sexualité qui en fait un processus uniquement capté par la domination masculine et occulte ainsi la pluralité de formes d'expression, de communication, de significations, de résistance et de subversion existantes ou possibles. Elle défend plutôt une compréhension de la sexualité comme « langage »[2].

Face à ces objections, il faut préciser que ce que j'appelle la « loi du genre », soit l'expropriation de la sexualité des femmes par les hommes, ne paraît universelle dans la théorie féministe radicale élaborée par MacKinnon qu'hypothétiquement : elle n'est universelle que dans le sens où « elle n'aurait jamais été absente, sous une forme ou une autre », et pour autant elle n'est « intelligible » que « dans ses formes localement spécifiques »[3].

En outre, MacKinnon estimerait sans doute que de telles objections ne permettent ni de contourner le caractère *structurel* et socialement organisé du genre, précisément comme domination, ni de bouleverser cet ordre, seule condition possible de la lutte contre les violences sexuelles, elle-même condition nécessaire à l'instauration d'une égalité sexuelle entre tous les individus. Ainsi, évoquant *Trouble dans le genre*, MacKinnon déplore en retour qu'« aucune réalité socialement organisée de l'oppression n'y [soit] analysée qui puisse conduire à la confrontation et au changement », en sorte que ce qui se voudrait subversion serait en fait voué à « maintenir le *statu quo* »[4].

De son côté Butler, prêtant à MacKinnon l'idée qu'« avoir un genre, celui d'un homme ou d'une femme, signifie

1. Iris Marion Young, « Le genre, structure sérielle : penser les femmes comme un groupe social » (1994), *Les Féminismes*, vol. 20, n° 2, 2007, p. 10.

2. Voir Éric Fassin, *Le Sexe politique. Genre et sexualité au miroir transatlantique*, Paris, Éditions de l'EHESS, 2009, p. 236.

3. Catharine A. MacKinnon, *Toward a Feminist Theory of State*, *op. cit.*, p. 105.

4. Catharine A. MacKinnon, « They haven't crushed me yet », *Sisyphe*, 6 octobre 2005.

qu'on est déjà entré·e dans une relation hétérosexuelle de subordination », lui reproche d'« assimiler à tort le genre d'une personne à la position sexuelle qu'elle occupe »[1]. Si je rejoins cette objection quand je m'interroge sur les conditions de possibilité d'action, pour les hommes, pour les femmes, pour les personnes qui ne se vivent ni comme l'un ni comme l'autre, hétérosexuel·les ou non, au sein de ce « déterminisme complexe » de la théorisation du genre, celle-ci ne rend cependant pas pleinement justice, à mon sens, à la critique sociale qu'opère MacKinnon en mettant au jour les structures sociales selon la hiérarchie de genre. Quand Butler parle d'un genre qu'on aurait comme d'une identité personnelle, MacKinnon parle du genre comme d'un rapport. De fait, cette dernière montre comment une femme est socialisée comme femme : en subissant un monde construit par le regard-pouvoir masculin. Cela ne signifie pas pour autant qu'elle ne peut qu'y être soumise – auquel cas les combats féministes seraient illusoires. La lutte contre les violences sexuelles passe par la transformation du collectif « femmes » (assigné comme tel par les hommes) en un groupe social « pour soi », conscient de lui-même, des contraintes qui le régissent, et porté par un objectif d'émancipation commun[2]. C'est bien ce que MacKinnon entend lorsqu'elle affirme que, s'il est une chose radicale que les femmes peuvent faire pour changer le monde, c'est de « s'identifier comme femmes », politiquement donc[3]. Bien plus, face à la volonté stratégique énoncée par Butler de laisser « ouverte » la signification de ce qu'est une femme, MacKinnon met en lumière, nous l'avons vu, combien la « femme » en tant que telle n'existe pas : « Il n'y a que

1. Judith Butler, *Trouble dans le genre*, *op. cit.*, p. 33.

2. Je reprends ici les termes de la philosophe Iris Marion Young qui propose de reconceptualiser les femmes non pas à partir de caractéristiques identitaires communes, mais à partir de la structure sérielle de Sartre. Voir Iris Marion Young, « Le genre, structure sérielle », art. cit.

3. Catharine A. MacKinnon, *Butterfly Politics*, Cambridge, Harvard University Press, 2017, p. 224.

des incarnations ambulantes de besoins projetés par les hommes[1]. » Il n'y a pas ici d'essence du féminin, mais bien une signification et une logique sous-jacente, selon laquelle « est féminin ce qui est sexuellement assujetti au regard et au pouvoir masculins ». Cette « genrification » de la hiérarchie sexuelle n'est ni liée à la sexualité des personnes ni à leur genre comme identité, mais à la structuration sociale du genre par le pouvoir masculin, qui dépasse l'individu et dans lequel celui-ci se trouve pris.

Butler émet une dernière critique, qui reprend celle de la juriste étatsunienne Katherine Franke : « En admettant la primauté de la *hiérarchie de genre* sur la *production du genre*, MacKinnon admet du même coup un modèle qui est implicitement hétérosexuel pour penser la sexualité[2]. » Mais il me semble que MacKinnon est explicite sur ce point et reconnaît une structuration de l'ordre social informée par une masculinité elle-même indexée sur l'hétérosexualité, comme forme dominante de la sexualité dans une société sous domination masculine. C'est en fait, peut-être, lui imputer comme une faute fatale que d'avoir trop peu porté l'accent sur l'historicité du genre dans sa formulation même, donnant par là à croire que, chez elle, l'hétérosexualité n'est pas descriptive, mais prescriptive.

La lutte contre un « ordre de genre » sexiste et hétéronormatif doit-elle alors passer par un bouleversement de la structure du pouvoir hétéro-masculin dominant (MacKinnon) ou bien, dans les interstices, par une déstabilisation de cet ordre du genre par les pratiques (Butler) ? « Masculin » et « féminin » sont-ils des qualificatifs polysémiques, évolutifs, que chacun·e, à l'échelle d'une existence, réinvente, contribuant à produire leurs significations (Butler) ou bien constituent-ils des catégories stabilisées quoique non immuables, élaborées par une domination historique

---

1. Catharine A. MacKinnon, *Towards a Feminist Theory of State*, *op. cit.*, p. 119.

2. Judith Butler, *Trouble dans le genre*, *op. cit.*, p. 33 (je souligne).

(MacKinnon) ? Reformulée ainsi, il me semble qu'une telle « opposition » conceptuelle est en réalité avant tout liée à des stratégies différenciées, et des choix d'objets qui en résultent : l'enjeu principal de Butler est de « dénaturaliser le genre », objectif né du « désir profond de contrer la violence des *normes* qui gouvernent le genre »[1]. Ici, la « violence » n'est pas celle directe, interpersonnelle, des violences sexuelles, mais celle de la normativité qui exclut certain·es de la grille d'intelligibilité par laquelle les individus sont « lisibles » et peut se traduire par des violences physiques et sexuelles « punitives ». Pour MacKinnon, on l'a vu, les violences sexuelles sont le fruit du genre dont la forme dominante de sexualité est l'hétérosexualité, qui n'a rien de « naturel ». La sexualité est une forme de pouvoir rendue réelle depuis un point de vue masculiniste, et s'appuyant sur la déshumanisation de sa cible construite comme « femme », selon une logique de domination que des déstabilisations seules ne peuvent altérer. L'une met en lumière le pouvoir des pratiques pour vivre en milieu toxique, l'autre, niant à ces initiatives la possibilité de transformer le contenu du système de genre, entend réécrire la loi ou la composition chimique du milieu.

Cette opposition qui n'en est peut-être pas une met-elle en question le modèle théorique interprétatif des violences sexuelles de MacKinnon ? C'est ce que nous verrons au fur et à mesure du déploiement des études de situation de la deuxième partie de cet ouvrage. À ce stade, il est possible de conclure que la démarche butlérienne peut indiquer des exigences, mais ne propose pas d'autre compréhension des violences sexuelles qui dépasseraient la théorisation mackinnonienne.

1. *Ibid.*

Violences sexuelles et féminisme radical : des questions

Les objections externes ne semblent suffire pour trancher quant à la pertinence de ce modèle théorique du genre pour comprendre et lutter contre les violences sexuelles. Une critique interne résiste cependant : *quid* de la contradiction entre l'historicité revendiquée de cette théorie, fondée sur un point de vue « situé », déployant une conceptualisation de la sexualité comme processus social lui-même historique, et l'ossification « anhistorique » à laquelle paraît donner lieu sa définition de « femme » et de « masculin » ? L'on pourrait formuler autrement cette objection : si l'on reste dans une perspective matérialiste, ce que la sexualité, comme « forme de pouvoir », a fait au genre (une polarisation entre soumission et domination) a été rendu possible par la structure dominante de la sexualité qu'est l'hétérosexualité, dans l'institution qu'est la famille et par la division sexuelle du travail. Mais si ces conditions matérielles changent, en toute logique, le contenu du « genre » devrait évoluer également.

En France, par exemple, les dernières années ont vu un certain nombre d'évolutions institutionnelles et légales, conquises par les mobilisations sociales en faveur des droits des minorités sexuelles et de genre : le mariage pour toustes, les recompositions – relatives – des formes de la « famille » (il est de plus en plus accepté que celle-ci puisse être constituée de divers regroupements temporaires d'unions et d'enfants associé·es à ces unions, dont ils ne sont pas nécessairement la descendance ni génétique ni légale : familles recomposées, adoptions, PMA, etc.), la loi de bioéthique de 2021 élargissant la PMA aux femmes célibataires et en couple lesbien, ouvrant l'idée que l'hétérosexualité n'est plus une condition nécessaire à la reproduction… Avec ces évolutions, il se pourrait que s'esquissent de nouvelles structurations du genre – qui se configurent par ailleurs différemment selon des lignes raciales, de classe ou d'autres formes de discriminations sociales donnant lieu à de multiples injustices reproductives, par exemple concernant l'égal accès aux techniques d'aide à la procréation[1]. La définition du genre de MacKinnon tiendrait-elle encore ?

Celle-ci semble avoir déjà répondu à l'objection qui lui reproche d'homogénéiser les vécus selon les deux catégories « femmes » et « hommes » : « Démontrer qu'une réalité n'est pas vécue de la même manière par toutes les femmes, c'est seulement prouver qu'elle n'est pas biologique et non qu'elle ne relève pas du genre[2]. » Cette critique, aux yeux de MacKinnon, ne change donc rien au sens politique (et donc genré) du fait des violences sexuelles. « Toutes les femmes seront ou non concernées par telle manifestation particulière de sa réalité, mais l'ensemble donnera au genre, en tant que catégorie sociale, son sens[3]. » Ainsi, « dire que les femmes ne sont pas seules à être concernées par un fait – dire, par exemple, que certains hommes sont violés pour en déduire que le viol ne serait pas un acte de domination masculine –, c'est seulement montrer que le statut des femmes n'est pas biologique. Les hommes aussi peuvent être féminisés par un acte de domination et ils le savent quand ils sont violés[4] ».

Cependant, ce schéma interprétatif du masculin comme domination et du féminin comme soumission, tous deux (hétéro)sexualisés et cristallisés par le viol, laisse bien ouvertes les questions suivantes : toutes les violences sexuelles sont-elles compréhensibles par la logique de la féminisation/soumission ? Dire d'un homme qu'il est féminisé lorsqu'il est violé ou le dire d'un·e enfant permet-il de véritablement comprendre la signification de tels actes ? Dans les faits, est-ce ainsi que les victimes le ressentent et, dans une perspective pragmatique, est-ce utile de se le formuler ainsi pour continuer à vivre ? Plus généralement, est-ce utile dans une perspective de

---

1. Voir le dossier « La reproduction et ses injustices », *Travail, genre et sociétés*, n° 50, novembre 2023, p. 25 ; et le colloque « (In)justice reproductive », MSH Paris Nord, 28-29 novembre 2024,.

2. Catharine A. MacKinnon, *Le Féminisme irréductible*, *op. cit.*, p. 65.

3. *Ibid.*

4. *Ibid.*

justice et d'émancipation ? Si la volonté de domination n'est ni *essentielle* ni *exclusivement* propre aux hommes, comment interpréter l'acte d'une femme qui exercerait une forme de violence sexuelle sur autrui ? Comme un acte masculin qui féminiserait sa victime ? ou bien autrement ? À l'inverse, comment s'opèrent matériellement les reproductions et/ou mutations du genre comme système, puisqu'il est social ? En outre, comment articuler un tel modèle interprétatif aux usages ordinaires des catégories de genre par les personnes qui s'identifient comme « des hommes » et « des femmes » – mais aussi hors de ces catégories (non-binaires, trans, etc.) ? Et dans cette perspective, comment reconceptualiser le genre ?

Le féminisme radical peut-il être intersectionnel ?

Dès *Toward a Feminist Theory of State*, MacKinnon affirme que « regarder la place du genre dans tout [le monde social] ne signifie pas que tout se réduit au genre », de telle sorte qu'« il est impossible par exemple de discuter la question du sexe sans prendre en compte les expériences que font les femmes noires du genre[1] ». Comme en anticipation des nombreuses critiques qui ont par la suite qualifié sa pensée de « féministe blanche[2] », MacKinnon affirme que « toutes les femmes possèdent des particularités ethniques (et d'autres) qui marquent leur féminité (*femaleness*) ; et en même temps leur féminité (*femaleness*) marque leurs particularités et constitue l'une d'entre elles ». Et de conclure : « La compréhension et la transformation des inégalités raciales sont essentielles à la compréhension et à la transformation des inégalités de sexe[3]. »

En 1989, la même année, la professeure de droit, avocate et militante pour les droits civiques, Kimberlé Crenshaw publie

1. Catharine MacKinnon, *Towards a Feminist Theory of State*, *op. cit.*, p. xi.
2. Voir notamment Angela P. Harris, « Race and essentialism in feminist legal theory », *Stanford Law Review*, vol. 42, n° 3, février 1990, p. 581-616.
3. Catharine A. MacKinnon, *Towards A Feminist Theory of State*, *op. cit.*, p. xll.

un article qui fera date : « Demarginalizing the intersection of race and sex ». La féministe africaine-américaine y conceptualise l'intersectionnalité, au sein d'une approche critique du droit dont elle est l'une des figures pionnières. L'enjeu est de montrer que, dans la lutte contre les discriminations, se concentrer sur le genre *ou* sur la race, de manière mutuellement exclusive, est insuffisant et a des effets pervers. Cela conduit à ne parler que des membres les plus privilégié·es de chacun de ces groupes et à marginaliser les personnes discriminées sur plusieurs critères : « Dans les cas de discrimination raciale, la discrimination a tendance à être formulée dans la perspective de personnes noires privilégiées par leur sexe ou leur appartenance de classe ; dans les cas de discrimination fondée sur le sexe, l'attention est portée sur des femmes de race et de classe privilégiées[1]. » Le concept d'intersectionnalité entend ainsi rendre compte de l'enchevêtrement des logiques de discrimination et d'oppression associées aux catégories sociales de l'identité (comme le genre ou la race).

Kimberlé Crenshaw s'inscrit dans le sillage de militantes et/ou universitaires qui, avant elle, avaient lutté pour faire reconnaître le droit des femmes noires à être reconnues comme femmes – notamment Sojourner Truth, dont le discours « Ain't I a woman ? » prononcé en 1851 est resté dans les mémoires, et pour défendre leur place dans le mouvement des droits civiques. L'avocat·e africain·e-américain·e Pauli Murray a ainsi permis d'articuler lutte antiraciste et lutte antisexiste, en contribuant à faire reconnaître la discrimination fondée sur le sexe dans le cadre du travail, à l'article VII du *Civil Rights Act* de 1964, qui a mis fin à la ségrégation et à la discrimination raciale et à toute forme de discrimination fondée sur la race, la couleur, la religion et l'origine nationale. Murray a également forgé l'expression « Jane Crow » afin de visibiliser le fait que les lois racistes et ségrégationnistes touchaient aussi les femmes noires en tant que femmes noires.

1. Kimberlé Crenshaw, « Demarginalizing the intersection of race and sex », art. cit., p. 140.

Pour élaborer le concept d'intersectionnalité, Crenshaw s'est appuyée sur trois cas de discrimination dans le cadre du travail ayant donné lieu à des procès : *De Graffenreid v. General Motors*, *Moore v. Hughes Helicopters* et *Payne v. Travenol*. Dans le premier, cinq femmes noires ont porté plainte contre General Motors au motif que le système d'ancienneté de l'entreprise perpétuait les effets d'une ancienne politique de discrimination institutionnalisée envers les femmes noires. Dans le deuxième, la plaignante dénonçait une discrimination fondée sur le sexe *et* sur la race dans la politique de promotion de l'entreprise Hughes Helicopters Inc. La cour lui ayant refusé de représenter l'ensemble des femmes et l'ensemble des hommes noirs de l'entreprise pour démontrer la discrimination, elle a dû se limiter aux femmes noires… et s'est retrouvée dans l'impossibilité de prouver statistiquement la discrimination, en raison du trop faible nombre de femmes noires salariées. Dans la troisième affaire, deux femmes noires ont conduit une *class action*[1] pour discrimination raciale au nom de tous les employé·es noir·es des laboratoires pharmaceutiques Travenol. La cour a refusé de reconnaître que leur requête valait aussi pour les hommes noirs de l'entreprise. S'appuyant également sur une analyse des discours répandus sur le viol, qu'elle prend comme révélateurs d'une situation sociale plus large, Crenshaw montre comment l'irréductibilité des situations que rencontrent les femmes noires, discriminées en tant que *femmes noires* (et non uniquement en tant que femmes ou en tant que noires) est « théoriquement effacée » par une approche uniquement en termes de discrimination de sexe ou de discrimination raciale[2]. Ceci a pour conséquence de « marginaliser les femmes noires, dans la pensée féministe comme dans la politique antiraciste ». Si l'on

1. Une *class action* est un recours collectif ou une action judiciaire collective qui permet de poursuivre une entreprise (ou un organisme public) au nom d'un groupe de personnes.

2. Kimberlé Crenshaw, « Demarginalizing the intersection of race and sex », art. cit., p. 151.

souhaite « démarginaliser » leur expérience – comme celle de toute personne subissant de multiples discriminations –, il ne suffit pas d'ajouter une catégorie d'analyse à une autre : il faut refondre les cadres politiques d'analyse afin de saisir *d'emblée* les interactions multiples entre ces catégories de discrimination et d'oppression.

Sur le viol spécifiquement, Crenshaw fait valoir que l'analyser « uniquement comme manifestation de la domination masculine sur la sexualité féminine tend à occulter son usage à des fins de terreur raciale[1] ». En effet, depuis le point de vue de celles qui le vivent, le viol est une attaque faite à soi *à la fois* en tant que femme et parce qu'on est une femme, et en tant que noire et parce qu'on est noire. C'est la même chose du point de vue de l'assaillant : en violant une femme noire, un homme blanc exprime à la fois une domination masculine et raciale. Les logiques raciales et sexistes peuvent se mêler à des degrés divers selon les expériences, mais lorsque les deux sont en jeu, c'est indissociablement en tant que femme *et* en tant que racisée que la personne est atteinte. Le phénomène du viol n'est donc pas justement décrit et compris s'il n'est pas décrit et compris en lien avec à la fois les rapports de domination sexuelle et les rapports de domination raciaux (dont l'intervention est variable dans les cas de viol). L'approche intersectionnelle apparaît ainsi essentielle pour décrire et comprendre le viol, mais également pour y remédier.

À partir de cette lecture, Crenshaw élabore une critique de la critique féministe des lois sur le viol, qui les interprète comme « reflétant le contrôle masculin sur la sexualité des femmes ». Selon Crenshaw, elles sont bien plutôt un outil « des hommes *blancs* pour réglementer la sexualité des femmes *blanches*[2] ». En effet, précise-t-elle, « historiquement il n'y a eu aucun effort institutionnel pour réguler la chasteté des femmes noires » aux États-Unis, contrairement à celle des

1. *Ibid.*, p. 158.
2. *Ibid.*, p. 157.

femmes blanches. En outre, un homme blanc qui violerait une femme noire s'appuie sur son pouvoir en tant qu'homme *et* en tant que blanc : ainsi, « la féminité de la femme noire la rend sexuellement vulnérable à la domination raciste », tandis que « le fait qu'elle soit noire lui retire toute protection »[1]. À cela s'ajoute un autre élément important : les accusations de violences sexuelles commises par des hommes noirs sur des femmes blanches ont été tellement mobilisées à des fins racistes historiquement que les femmes noires peuvent avoir des scrupules à dénoncer des hommes de leur communauté pour ne pas les exposer davantage au racisme et, inversement, elles peuvent ne pas être crues lorsqu'elles le font. Cela aboutit à ce que « les femmes noires se retrouvent prises dans des courants politiques et idéologiques qui d'abord créent, puis enterrent, les expériences des femmes noires[2] ». La sociologue Patricia Hill Collins, une autre grande figure du *Black feminism*, appuie cette analyse : « Développer des analyses de la sexualité qui impliquent des hommes noirs n'est pas acceptable – cela violerait les normes de solidarité raciale. [...] le viol des femmes noires par les hommes blancs du temps de l'esclavage peut être discuté, mais le viol des femmes noires par les hommes noirs aujourd'hui ne peut pas l'être[3]. »

Contre cette marginalisation des femmes noires, Crenshaw invite à se centrer sur les « vies des moins avantagées » ou du moins à faciliter cette logique de l'attention à la personne la plus défavorisée. Elle reprend ainsi à son compte les mots d'Anna Julia Cooper, grande penseuse noire étatsunienne née en esclavage au milieu du XIXe siècle : « À chaque fois qu'ils et elles entrent quelque part, nous aussi nous pouvons entrer[4]. »

Le féminisme radical est-il compatible avec une telle exigence ? Crenshaw elle-même a exploré les relations entre

---

1. *Ibid.*, p. 159.
2. *Ibid.*, p. 160.
3. Patricia Hill Collins, *Black Feminist Thought*, *op. cit.*, p. 124.
4. Kimberlé Crenshaw, « Demarginalizing the intersection of race and sex », art. cit., p. 167.

la théorisation du genre par MacKinnon – qu'elle nomme « théorie de la domination » – et l'intersectionnalité. Dans une intervention qu'elle a donnée en 2010[1], elle rappelle ainsi que l'intersectionnalité et, plus généralement, la *critical race theory* ont intégré un apport majeur de la pensée de MacKinnon : le paradoxe de l'« identité-différence » (*difference/sameness*) dans les lois anti-discrimination. Ce geste fait écho à l'article fondateur de Crenshaw, où elle expose les dommages causés par les décisions de justice qui évaluent le sort des femmes noires victimes de discrimination à l'aune des situations rencontrées *soit* par une personne noire – homme par défaut –, *soit* par une femme – blanche par défaut. De son côté, MacKinnon a plusieurs fois souligné l'importance des luttes des Africaines-Américaines et du mouvement des droits civiques pour l'égalité sociale, lequel a fourni, dit-elle, « la structure profonde, la résonance sociale et le référent premier pour l'égalité juridique[2] ». Crenshaw rappelle par ailleurs l'attention constante du féminisme radical comme du mouvement *Black power* « aux dynamiques de pouvoir », qu'elles se déploient sur des axes raciaux ou de genre, y relevant une affinité pour des analyses et compréhensions du pouvoir « en termes structurels et institutionnels ».

À partir de ce rapprochement, elle adresse à l'antiracisme et au féminisme le questionnement suivant : plutôt que de se demander si ces théories sont essentialistes, il s'agirait de savoir « dans quelle mesure l'antiracisme considère le genre comme une donnée établie, et dans quelle mesure le féminisme considère la race comme une donnée établie, renforçant les deux structures en échouant à les contester[3] ».

---

1. Kimberlé W. Crenshaw, « Close encounters of three kinds : on teaching dominance feminism and intersectionality », *Tulsa Law Review*, vol. 46, 2013, p. 151-190.

2. Catharine A. MacKinnon, « Reflections on sex equality under law », *The Yale Law Journal*, vol. 100, n° 5, mars 199, p. 1281-1328.

3. Kimberlé W. Crenshaw, « Close encounters of three kinds », art. cit., p. 163.

Crenshaw relève que de son article « Demarginalizing the intersection of race and sex », on a surtout retenu un aspect de sa critique du droit anti-discrimination, selon lequel les femmes noires ne peuvent être reconnues comme victimes de discrimination que lorsqu'il est possible d'assimiler leur situation à celle d'une femme blanche ou d'un homme noir. Mais il n'a pas été assez souligné combien sa critique portait aussi sur le tort qui était fait aux femmes noires lorsqu'on interprétait leur expérience comme « si différente de celle des hommes noirs ou des femmes blanches qu'elles en venaient à faire l'objet d'une catégorisation distincte ». Or c'est bien « dans l'exploration de ce paradoxe » que Crenshaw rejoint MacKinnon[1].

Dans les affaires *Moore v. Hughes Helicopters, Inc.* et *Payne v. Travenol*, la Cour a statué que la discrimination n'avait pas ciblé les plaignantes « en tant que femmes », mais « *seulement* en tant que femmes noires ». C'est ce lapsus qui révèle, selon Crenshaw, « l'incapacité de la Cour à considérer l'expérience intersectionnelle des femmes noires comme faisant partie de la discrimination *en tant que femmes* ». L'objectif de la métaphore de l'intersection « avait un double corollaire dont le deuxième aspect était trop oublié : argumenter contre l'élision de la différence quand celle-ci *fait* une différence, mais aussi contre la fétichisation de la différence *quand elle n'en fait aucune*[2] ». Crenshaw reprend alors Mackinnon dans son argumentation contre le duo « identité/différence », qu'elle estime parfaitement applicable à la situation des femmes noires, en formulant la question ainsi : « Pourquoi une femme noire devrait-elle être identique à une femme blanche ou à un homme noir pour pouvoir être prise en compte par la loi anti-discrimination ? » Et pourquoi, à l'inverse, un homme noir ou une femme blanche peuvent bien représenter cette femme noire ?

1. *Ibid.*, p. 164.

2. Kimberlé W. Crenshaw, « Close encounters of three kinds », art. cit., p. 165 (je souligne).

Crenshaw prolonge encore sa critique en faisant valoir le risque que l'invocation des « différences raciales » entre femmes serve les pensées antiféministes, renforçant ce qu'elle nomme une « fausse tension entre les mouvements antiracistes et féministes[1] ». En 1991, alors que la nomination de Clarence Thomas à la Cour suprême est en passe d'être votée, Anita Hill dénonce publiquement le harcèlement sexuel qu'il lui a fait subir alors qu'elle était son assistante. Elle est appelée à témoigner par la commission d'enquête sénatoriale et Thomas est finalement élu à une courte majorité. Lors de sa défense, l'accusé a qualifié l'affaire de « lynchage high-tech ». En mobilisant un tel terme, Thomas se positionne rhétoriquement dans la continuité de l'histoire du racisme structurel et meurtrier aux États-Unis, et convoque les multiples exécutions sommaires d'hommes noirs accusés du viol de femmes blanches, une image prégnante dans la mémoire collective étasunienne[2]. Par là-même, il fait d'Anita Hill la complice d'un système raciste, injuste et meurtrier. Parmi les personnes qui ont pris le parti de Thomas, le sociologue jamaïcain Orlando Patterson a reproché à Hill d'agir en « blanche » en portant plainte pour harcèlement sexuel. Sous-texte : ce qui est irrecevable pour une femme blanche ne l'est pas forcément pour une femme noire, qui, partageant les « mêmes origines » que son agresseur, peut « parfaitement comprendre le contexte psychoculturel » de ses remarques obscènes[3]. Pour Crenshaw, ces commentaires sous-entendent que « le harcèlement sexuel, tout comment le féminisme qui le désign[e], [est] une préoccupation blanche incompatible avec l'antiracisme ». Un tel exemple fait apparaître le danger de « reconduire une catégorisation polarisante où les femmes

1. Kimberlé Crenshaw, « We still haven't learned from Anita Hill's testimony », *New York Times*, 27 septembre 2018.

2. Voir Ida B. Wells, « Southern horrors. Lynch laws in all its phases », 1892.

3. Orlando Patterson, « Race, gender and liberal fallacies », *New York Times*, 20 octobre 1991.

de couleur ont été traditionnellement situées comme autre chose que des femmes »[1].

En réponse à la ligne de défense du juge Thomas et à sa nomination à la Cour suprême, le collectif de femmes afrodescendantes African American Women in Defense for Ourselves fait paraître un manifeste dans une dizaine de journaux en novembre 1991[2]. Elles y critiquent l'utilisation opportuniste de l'injustice raciale par Thomas, connu par ailleurs pour ses positions politiques individualistes et conservatrices, et dénoncent le traitement à la fois sexiste *et* raciste subi par Hill dans la remise en question de sa parole et de sa légitimé à dénoncer un comportement inapproprié dans le cadre du travail. Contre l'interprétation de l'affaire par le seul prisme de la race ou le seul prisme du genre, les auteures affirment qu'« en tant que femmes afrodescendantes, [elles] comprennent le harcèlement sexuel comme un phénomène mettant en jeu les deux à la fois », et rappellent que c'est la conjonction des deux qui a fait historiquement des femmes noires des personnes « inviolables », c'est-à-dire qui ne peuvent être reconnues comme cibles potentielles d'une atteinte sexuelle et victimes de viol. Le texte s'achève par une revendication politique et méthodologique : « Personne d'autre que nous ne parlera pour nous. »

Pour Crenshaw, l'intersectionnalité prolonge donc la théorisation du genre comme domination par MacKinnon : celle-ci a révélé le « genre de la loi » aux États-Unis, l'intersectionnalité renforce cette mise en lumière et expose aussi sa blanchité. Ces deux pensées se rejoignent ainsi dans « leur critique des conceptions dominantes de l'égalité[3] ».

---

1. Kimberlé Crenshaw, « We still haven't learned from Anita Hill's testimony », art. cit.

2. « Recognizing the signatories of the African American Women In Defense Of Ourselves proclamation », SisterTestify.com.

3. Kimberlé W. Crenshaw, « Close encounters of three kinds », art. cit., p. 169.

La phrase finale du manifeste des African American Women in Defense for Ourselves complète cette convergence en défendant qu'une position sociale au croisement des dominations octroie un privilège épistémologique. L'idée que les personnes en situation d'oppression sont celles qui sont le plus en mesure, par la lutte et l'organisation collectives, de produire un savoir critique et donc un « point de vue » épistémologiquement privilégié sur ces structures d'oppression fait écho et précise la « prise de conscience » théorisée par les mouvements féministes des années 1970, élaborée comme épistémologie féministe du point de vue[1] et reprise par MacKinnon.

Avec l'intersectionnalité, Crenshaw a fourni une méthode au féminisme. En effet, s'il veut comprendre les différentes logiques des violences sexuelles, celui-ci doit fonder ses analyses sur les vécus des personnes victimes de violences sexuelles qui sont au croisement du plus grand nombre de rapports sociaux de pouvoir.

Vers une approche féministe radicale et intersectionnelle des violences sexuelles

À partir de la mise en commun des vécus de violences sexuelles rendue possible par les mouvements féministes, MacKinnon a élaboré une conception du genre comme condition de subordination du groupe social des femmes par et depuis la sexualité. Mais l'approche intersectionnelle, comme la critique de Butler, alertent sur le risque de privilégier certaines personnes au détriment d'autres, voire de marginaliser des individus. Prenant en compte ces analyses, MacKinnon propose de

---

1. Voir notamment Nancy Hartsock pour sa conceptualisation postmarxiste du « point de vue féministe » sur la base d'une analyse de la division sexuelle du travail : Nancy Hartsock « The feminist standpoint : developing the ground for a specifically feminist historical materialism », *in* Sandra Harding et Merrill B. Hintikka (dir.), *Discovering Reality. Feminist Perspectives on Epistemology, Metaphysics, Methodology, and Philosophy of Science*, Dordrecht, D. Reidel Publishing Company, 1983.

s'appuyer sur l'« intersectionnalité comme méthode[1] ». Elle précise que le concept d'intersectionnalité permet de donner un contenu, une substance aux catégories de race et de sexe (et à toutes les autres catégories de discrimination, comme l'âge ou les situations de handicap) : la discrimination fondée sur le sexe n'est plus une abstraction, emplie par défaut de la représentation d'une femme blanche, mais est au contraire nourrie des expériences de toutes les femmes, dont des femmes noires[2]. L'intersectionnalité comme méthode, en exposant la « matrice dominante de la discrimination » où, « en substance, les hommes blancs dominent », place les femmes racisées « au centre de systèmes de subordination qui se chevauchent ». Ainsi considérée, la « race » n'est pas tant une variable, à laquelle s'ajouteraient d'autres variables ou catégories de l'identité, qu'une « position dynamique dans l'organisation hiérarchique du monde réel ». L'intersectionnalité est une méthode au sens où elle saisit les dimensions dynamiques et les lignes de force du problème qu'elle met en lumière. Une telle approche a des conséquences sur les contenus mêmes des catégories mobilisées : non seulement sont-elles amenées à grandir en nombre et en variété, mais aussi à évoluer dans leurs contenus propres, enrichis chaque fois de la matière de l'expérience des personnes concernées. MacKinnon reconnaît que, pour ce qui est du harcèlement sexuel, la race ainsi comprise « comme position dynamique dans un monde hiérarchisé [...] enflamme et transforme le concept fondé sur le sexe[3] ».

Cette compréhension, valable pour toute forme de violence sexuelle, permet de montrer comment la méthode qui a été employée dans la théorie du viol comme génocidaire, à l'élaboration de laquelle MacKinnon a activement participé, peut être qualifiée d'intersectionnelle. En effet, dans l'affaire

1. Catharine A. MacKinnon, « Intersectionnality as method : a note », *Signs*, vol. 38, n° 4, 2013, p. 1019-1030.

2. *Ibid.*, p. 1019.

3. *Ibid.*, p. 1026.

Kadic v. Karadzic (dans laquelle MacKinnon représente la plaignante S. Kadic), qui met en accusation le premier président de la République serbe de Bosnie, la reconnaissance du viol comme instrument de génocide permet à la fois de reconnaître que le viol est une discrimination de genre et raciale, et qu'il nourrit le contenu de ce que peut être un génocide[1]. En d'autres termes, les viols sont ici reconnus comme des actes de destruction des femmes ciblées et des communautés auxquelles elles appartiennent. On retrouve ici l'approche d'Angela Davis qui comprend le viol comme un instrument de terreur et d'affaiblissement, si ce n'est de destruction totale non seulement des femmes *mais aussi* de la communauté noire. Ici encore, c'est le vécu des femmes survivantes elles-mêmes qui permet cette compréhension intersectionnelle du génocide.

Ces exigences dessinent les conditions de possibilité pour une approche féministe radicale et intersectionnelle des violences sexuelles. Une fois refermée la porte d'une approche théorique idéale de la justice sociale pour problématiser les violences sexuelles, nous nous dirigeons ainsi vers celle ouverte par le féminisme radical. Mais des questions demeurent quant à sa capacité à comprendre la diversité des vécus des violences sexuelles.

---

1. Catharine A. MacKinnon, « Intersectionnality as method », art. cit., p. 1026.

Partie II

Violences sexuelles et genre : une approche empirique

4

Viol entre partenaires : l'hétérosexualité en question

> 2013. Nuit étoilée, sur le balcon. À travers les barreaux de la rambarde, l'immeuble d'en face ; en contrebas, la cour de béton, des pavillons autour. Il fait doux. Les étoiles scintillent au-dessus des toits. Il s'est assis à côté de moi, sur le canapé de cuir brun élimé, des bières à la main. « Tu sais, j'ai vu des putes. Des avions de chasse c'était. 2 000 euros la nuit. Je voulais m'offrir des meufs que je pourrais jamais avoir dans ma vie. Des meufs comme celles-là. Une blonde, une brune. Des jambes de deux mètres de long. T'imagines pas. »
> Au fond de moi quelque chose coule à pic. Et moi, je vaudrais combien ?
> Quelques mois plus tard il lançait, lors d'un apéro, à des potes, que je ne connaissais pas : « Si vous voulez je vous la prête. » Je ne les ai pas revus.
> Une autre fois. La vision trouble de billets jetés sur une table de nuit. Après coup.

Comme je l'ai rappelé, la plupart des viols sont commis par des personnes connues de la victime[1], des hommes dans plus de 90 % des cas, et se portent dans l'écrasante majorité des cas sur des femmes, en particulier lorsque la victime

1. Alice Debauche *et al.*, « Présentation de l'enquête Virage et premiers résultats sur les violences sexuelles », document de travail, n° 229, Paris, Ined, janvier 2017, p. 30.

est adulte[1]. Certains contextes font l'objet d'une prévalence plus élevée de violences sexuelles. Elles sont ainsi particulièrement nombreuses au sein des couples hétérosexuels et du cercle familial. Dans le premier cas, ce sont les conjoints ou les partenaires sexuels qui agressent leur conjointe ou leur amante ; dans le second, ce sont surtout des hommes adultes qui agressent des enfants de leur cercle familial, garçons comme filles. C'est dans ces cadres que se déroulent la plupart des violences sexuelles, alors même que dans les représentations dominantes ils se situent aux frontières du viol. Elles concernent des interactions au sein desquelles, bien souvent, le statut de sujet sexuel des victimes, leur capacité et leur droit à s'affirmer sexuellement ne sont pas reconnus, ni par l'agresseur ni par la société – voire, parfois, ni par les victimes elles-mêmes.

Si les femmes et les mineur·es sont particulièrement visé·es par les violences sexuelles, certaines vulnérabilisations sociales surexposent encore à ces violences, par exemple le fait d'être en situation de handicap physique ou psychique. Alors même que les femmes en situation de handicap sont souvent niées dans leur subjectivité sexuelle[2], une sur cinq (16 %) est violée au moins une fois dans sa vie[3]. Nous l'avons vu dans la première partie de cet ouvrage, le genre a pu être théorisé depuis une perspective féministe comme la matrice des violences sexuelles. Comment articuler cette thèse aux modalités concrètes de survenue des violences ? En effet, les femmes victimes de violences sexuelles ne semblent pas visées uniquement *en tant que femmes*, mais également *en tant que conjointes*, *en tant que prostituées*, *en tant que mineures*, *en tant que femmes racisées*, *en tant que femmes migrantes*, *en tant que femmes en situation de handicap*,

1. *Ibid.*, p. 41-43.

2. Rosemary Basson, « Sexual health of women with disabilities », *Canadian Medical Association Journal*, vol. 4, n° 159, 1998, p. 359-362.

3. Ifop, « Être une femme en situation de handicap : la double peine ? », Ladapt, novembre 2022, p. 15.

en tant que femme âgée, etc. Dans le cadre des violences sexuelles sur mineur·es, l'articulation semble encore plus délicate : elles sont en effet exercées dans une part significative sur des garçons et dans une proportion non négligeable par des femmes. Dans ce chapitre et le suivant, je vais donc mettre à l'épreuve des faits le cadre théorique selon lequel le genre, conçu comme domination sexualisée, est la matrice des violences, en analysant deux contextes de forte prévalence des violences sexuelles. Cette interrogation est à entendre en un double sens : les violences sexuelles sont-elles éclairées, voire expliquées par le genre conçu comme domination sexualisée ? Et les violences sexuelles genrent-elles les existences, au sens où elles seraient notablement hétéronormatives ?

Sexe des femmes et service sexuel

Depuis le XVIIIe siècle et les textes pionniers de l'écrivaine britannique Mary Wollstonecraft, un certain nombre de penseuses féministes ont analysé l'institution du mariage comme lieu premier de la domination masculine, dans et par la sexualité. Le mariage a ainsi pu être associé à une forme d'esclavage sexuel, sous la plume de l'anarchiste féministe Voltairine de Cleyre en 1890[1], ou à de la « prostitution légale », pour Emma Goldman, autre intellectuelle et militante anarchiste et féministe, qui considérait, à la fin du XIXe siècle, que l'épouse se prostituait « chaque heure, chaque jour de sa vie »[2]. Simone de Beauvoir, cinquante ans plus tard, a encore analysé la sexualité des femmes (conjugale par défaut) comme un « service » rendu aux hommes, en lien avec la prostitution : « Depuis les civilisations primitives jusqu'à

1. Voltairine de Cleyre, « Sex slavery », 1890, écrit à l'occasion de l'incarcération de Moses Harman, condamné pour avoir publié un texte considérant les rapports sexuels imposés dans le cadre du mariage comme du viol.

2. Emma Goldman, « Marriage », *The Firebrand*, 18 juillet 1897, cité *in* Francis Dupuis-Déri, « Les anarchistes et la prostitution : perspectives historiques », *Genre, sexualité & société*, n° 9, printemps 2013.

nos jours, on a toujours admis que le lit était pour la femme un "service", dont le mâle la remercie par des cadeaux ou en assurant son entretien. Mais servir c'est se donner un maître ; il n'y a dans ce rapport *aucune réciprocité*. La structure du mariage, comme aussi l'existence des prostituées, en est la preuve ; la femme se donne, l'homme la rémunère et la prend[1]. »

À la fin des années 1970 et dans les années 1980, les analyses féministes approfondissant l'articulation entre mariage et prostitution se multiplient. Guillaumin les désigne comme les « deux formes principales d'usage sexuel », qui, plutôt que de s'opposer, se « vérifient l'une l'autre pour exprimer l'appropriation de la classe des femmes »[2]. Pateman les conçoit comme deux modalités d'exercice du droit sexuel des hommes (« *male sex right* ») sur les corps des femmes[3]. Monique Wittig évoque le « service sexuel forcé » que « toutes les femmes, mariées ou non », « doivent effectuer »[4]. En 1987, l'anthropologue féministe Paola Tabet forge le concept de « *continuum* de l'échange économico-sexuel[5] ». Elle met en lumière le fait que, sous le « régime de l'hétérosexualité[6] » patriarcale dominante, la sexualité des femmes constitue un capital qui est échangé contre d'autres ressources, comme de l'argent, des gratifications, un toit. Ainsi, il n'y a pas rupture entre sexualité conjugale et sexualité dans un cadre prostitutionnel, mais continuité. En raison d'une structuration inégalitaire historique dans l'accès aux ressources entre « hommes » et « femmes », « l'échange économico-sexuel structure les relations sexuelles et la sexualité elle-même dans

1. Simone de Beauvoir, *Le Deuxième Sexe*, tome 2, *op. cit.*, p. 149 (je souligne).
2. Colette Guillaumin, « Pratique du pouvoir et idée de Nature (1) », art. cit., p. 13.
3. Carol Pateman, *The Sexual Contract*, *op. cit.*
4. Monique Wittig, *La Pensée straight*, Paris, Éditions Amsterdam, 2018 (2001), p. 49.
5. Paola Tabet, « Du don au tarif. Les relations sexuelles impliquant compensation », *Les Temps modernes*, n° 490, mai 1987, p. 1-53.
6. Monique Wittig, *La Pensée straight*, *op. cit.*

les rapports hétérosexuels[1] ». Dans ce cadre, la prostitution n'est que l'échange le plus explicite, la pointe émergée de rapports sociaux inégaux et injustes où le sexe des femmes est vendu et acheté. En règle générale, la transaction se fait entre hommes : entre pères et maris ou clients et proxénètes – le cadre prostitutionnel étant celui dans lequel les femmes peuvent parfois retirer pour elles-mêmes directement la contrepartie de l'échange. Le concept d'échange économico-sexuel formalise ainsi le lien entre inégalité économique et de statut, sexualité contrainte des femmes, violences sexuelles, hétérosexualité et genre.

Il faut ajouter à cela que la « prostituée » n'est pas seulement celle qui est payée (par un homme) pour avoir un rapport sexuel, elle est aussi, historiquement, une figure morale stigmatisée, agitée pour menacer l'ensemble des femmes. Sitôt accusée de déroger aux normes sexuelles de son époque, une femme bascule du côté des « putes[2] ». Dans l'Ancien Régime, une victime de viol sans témoin qui l'aurait entendue crier ni blessures visibles était vite soupçonnée (de la part de la défense notamment) de s'être livrée volontairement et d'être une prostituée car, « dès lors que la qualité de "fille de joie" était prouvée, le crime de viol n'était pas constitué et la plainte s'éteignait[3] ». Ces éléments ont permis à Tabet de formuler une définition – politique – de la prostitution, non pas selon un contenu intrinsèque, mais comme une catégorie normative « définie par une relation » de transgression : elle est la « représentation des activités sexuelles hors des règles établies » par l'échange réciproque des femmes entre les hommes. La ligne de partage entre ce qui est de la prostitution et ce qui n'en est pas ne s'exprime donc pas en termes de sexualité librement vécue ou de sexualité imposée, mais

---

1. Paola Tabet, *La Grande Arnaque. Sexualité des femmes et échange économico-sexuel*, Paris, L'Harmattan, 2005, p. 8.

2. Gail Pheterson, « The whore stigma : female dishonor and male unworthiness », *Social Text*, n° 37, hiver 1993, p. 39-64.

3. Georges Vigarello, *Histoire du viol*, *op. cit.*, p. 60.

bien plutôt selon une « scission entre une sexualité légitime (pour laquelle on nie l'existence d'un échange) et les autres relations (dites de prostitution)[1] ».

La prostitution constituerait donc un « *discours* sur le *et* du *pouvoir masculin*[2] ». L'approche féministe vient mettre en lumière et s'opposer à une telle perspective hétéromasculine, qui établit une distinction entre la « pute » et la « femme » (respectable), et que l'on retrouve dans certains discours de clients de la prostitution[3] distinguant la « femme désirante et disponible », qui « aime ça » (mais que, paradoxalement, l'on paye), des autres (qui ne sont donc concernées ni par la sexualité de plaisir ni par la sexualité vénale).

L'échange économico-sexuel permet en outre de rendre compte, dans un « contexte général de domination des hommes sur les femmes », « de l'aliénation de la sexualité féminine par le biais de son intégration aux systèmes d'échanges »[4]. Ici, c'est l'échange du sexe des femmes, ou le sexe des femmes comme objet d'échange, qui structure le genre : un échange foncièrement asymétrique où la violence est à la fois omniprésente et insaisissable : « D'une part, parce qu'on pose que la femme est toujours consentante [...], d'autre part parce que la frontière entre sexualité comme ressource d'échange et l'imposition de l'acte sexuel est fragile est ambiguë[5]. »

Cet échange économico-sexuel de Tabet, dont elle montre qu'il a été historiquement orchestré par les clans ou les familles, semble se poursuivre sous des femmes contemporaines selon des logiques de marché hétéronormées, prolon-

1. Mathieu Trachman, « La banalité de l'échange. Entretien avec Paola Tabet », *Genre, sexualité & société*, n° 2, automne 2009, p. 3.

2. Paola Tabet, *La Grande Arnaque*, *op. cit.*, p. 33.

3. Les études sont toutefois rares. Voir Saïd Bouamama, « L'homme en question. Le processus du devenir-client dans la prostitution », Mouvement du Nid, septembre 2004.

4. Paola Tabet reprenant la thèse de l'anthropologue Jill Nash in *La Grande Arnaque*, *op. cit.*, p. 42.

5. Giulia Almagioni, « La gestione sociale della fecondità in una società dell'Africa Occidentale », thèse, 1995-1996, p. 120, citée *in* Paola Tabet, *La Grande Arnaque*, *op. cit.*, p. 156.

geant le patriarcat par un capitalisme de marché qui laisse entendre aux hommes (cisgenres) que, s'ils payent, ils auront une chance de jouissance sexuelle, et aux (jeunes) femmes que se présenter comme disponibles sexuellement est en soi une ressource économiquement valorisée. On retrouve cette logique sur les plateformes en ligne, sites internet et lieux qui pratiquent une tarification genrée, par exemple les clubs échangistes, boîtes de nuit et applications de rencontres qui proposent des abonnements payants aux hommes et un accès gratuit ou à un tarif plus avantageux aux femmes. Ce ne sont alors plus les hommes mais les entreprises qui reçoivent la compensation de l'échange[1]. L'échange économico-sexuel est aussi à l'œuvre dans le cadre d'échanges organisés sous la forme de « patronages » sexualisés, ou « *sugar daddying* », c'est-à-dire lorsque des hommes (cisgenres) fournissent à des (jeunes) femmes un certain nombre de ressources, et pas uniquement de l'argent, contre des contacts sexuels, ou encore dans les services d'abonnement de plateformes en ligne (OnlyFans, MYM), qui proposent des contenus érotiques et pornographiques, et dont les utilisateurs sont en grande majorité des hommes cisgenres[2]. Ainsi, même quand une femme n'a aucune ressource, il lui reste toujours son sexe à négocier. Le fait d'être précaire, de ne pas avoir de logement et de vivre dans la rue[3] ou encore d'être isolée parce qu'on a migré dans un pays où l'on n'a pas de liens agit donc comme un « miroir grossissant des rapports sociaux de pouvoir »[4]

1. Catherine Deschamps, « Les échanges économico-sexuels à l'épreuve des plateformes et foules numériques », *Revue française de socioéconomie*, vol. 2, n° 25, 2020, p. 145-153.

2. Stacey Diane Arañez Litam, Megan Speciale et Richard S. Balkin, « Sexual attitudes and characteristics of OnlyFans users », *Archives of Sexual Behavior*, vol. 51, juillet 2022, p. 3093-3103.

3. Philippe-Benoit Côté, « Affectivité et sexualité chez les jeunes en situation de rue », *Revue du Cremis*, vol. 6, n° 2, automne 2013, p. 32 ; Kimberly A. Tyler et Katherine A. Johnson, « Trading sex : voluntary or coerced ? The experiences of homeless youth », *Journal of Sex Research*, vol. 43, n° 3, 2006, p. 208-216.

4. Françoise Guillemaut, « Mobilité internationale des femmes, échange économico-sexuel et politiques migratoires : la question du "trafic" », *Les Cahiers*

dans le cadre de cet échange économico-sexuel et surexpose à la nécessité de négocier son sexe.

Toutefois, l'organisation sociale de la conjugalité et de la sexualité a évolué substantiellement ces dernières décennies : la sexualité des femmes est beaucoup moins régulée par leurs familles (et plus particulièrement par les hommes de leurs familles), et est moins orientée vers la conjugalité maritale. Une nouvelle conception du couple, comme union sentimentale entre deux personnes à égalité, est venue recouvrir la compréhension du foyer comme un lieu d'échanges où les ressources, la stabilité financière, le toit sont fournis par les hommes en contrepartie de rapports sexuels, de soins et de gestion de la maison par les femmes. Les volontés individuelles – en particulier celles des femmes – sont désormais considérées comme primordiales dans la conception dominante du couple comme dans la sexualité. L'accès des femmes au marché du travail et le droit à disposer d'un compte en banque à son nom (depuis 1965) contribuent à leur indépendance économique. La dépénalisation et la diffusion de la contraception et de l'avortement depuis le milieu des années 1970 leur octroient une autonomie sexuelle et reproductive – même si des obstacles et menaces demeurent. Au sein des couples hétérosexuels, les hommes prennent un peu plus en charge certaines tâches domestiques et s'investissent davantage dans l'éducation des enfants – même si cette évolution reste très lente et ne décharge pas structurellement les femmes en couple hétérosexuel, quand ce travail domestique n'est pas externalisé et reporté vers des personnes employées, le plus souvent des femmes de classe sociale inférieure au foyer[1]. Malgré de nombreuses limites et une évolution très lente, ces éléments semblent

du Cedref, n° 16, 2008 ; Nasima Moujoud, « Partir seules... Heurs et malheurs des Marocaines en France », *Gradhiva*, n° 33, 2003, p. 93-101. Voir aussi Florence Lévy et Marylène Lieber, « La sexualité comme ressource migratoire », *Revue française de sociologie*, vol. 50, n° 4, 2009, p. 719-746.

1. Hélène Couprie, « Sur le terrain des tâches domestiques, l'homme est sur le banc des remplaçants », Blog.Insee.fr, 14 février 2023.

aller dans le sens d'une égalisation des conditions matérielles d'existence entre femmes et hommes, et viennent complexifier la relation d'appropriation et les conditions de l'échange économico-sexuel.

Suivant cette tendance, le « coût » de sortie des unions pour les femmes tendrait à s'abaisser à mesure que les conditions matérielles entre hommes et femmes s'égalisent et que les divorces et séparations se banalisent. Ainsi les résultats des enquêtes statistiques nationales Enveff et Virage permettent-ils d'avancer qu'il « est fort probable que les femmes restent moins en couple avec un conjoint violent que par le passé[1] ». En toute logique, ces changements devraient influencer la sexualité des couples (cis)hétérosexuels, mais aussi les violences sexuelles qui se déroulent dans ce cadre.

Le viol entre partenaires hétérosexuel·les

Les comportements sexuels restent néanmoins fortement genrés, marqués par une opposition entre « réserve féminine » et « initiative masculine ». En outre, le cadre conjugal (cis) hétérosexuel reste la forme dominante de conjugalité et constitue encore aujourd'hui un contexte majeur de violences sexuelles. Selon l'enquête Virage, elles sont dans 99 % des cas le fait d'un homme et 1 % des violences déclarées se produisent dans le cadre de relations homosexuelles. Un lien structurel semble donc bien persister entre violences sexuelles, hétérosexualité et genre.

Le viol conjugal a longtemps été considéré comme une impossible logique, non pas parce qu'il aurait été entendu que toute sexualité au sein du couple serait le fruit d'un désir mutuel ou par une disposition égalitaire à la sexualité, mais du fait même que le lien conjugal valait disponibilité indéfinie des époux – et, dans les faits, essentiellement des épouses.

1. Elizabeth Brown et Magali Mazuy, « Violences conjugales subies par les femmes », *Terrains/Théories*, n° 14, 2021, p. 9.

En France, le viol conjugal n'a été reconnu par la loi qu'en 1990 et le lien conjugal ne constitue une circonstance aggravante que depuis 2006[1]. En écho à ces évolutions juridiques récentes et « sous l'effet de la publicisation du problème des violences conjugales », liée notamment à l'Enquête nationale sur les violences faites aux femmes en France (Enveff) menée au tournant des années 2000, le Collectif féministe contre le viol (CFCV) a vu nettement croître les appels de femmes dénonçant des viols commis par des compagnons ou ex-compagnons[2]. S'il est difficile de conclure quant à l'évolution de la prévalence des violences conjugales, il est en tout cas certain que les représentations favorisent depuis récemment seulement l'énonciation et la qualification des violences subies.

Selon la sociologue Alice Debauche, ces tendances attestent en effet du dévoilement progressif et différencié des types de violences sexuelles : d'abord ont été dénoncées les violences commises sur une femme ou une jeune fille par des inconnus, puis ont émergé les viols subis dans le cercle familial/sur de jeunes enfants, dans les années 1980, et enfin les viols commis dans le cadre conjugal, qui, en 2011, « commencent tout juste à être dénoncés[3] ». Ce dévoilement met en lumière des actes qui n'étaient pas nécessairement qualifiés comme viols auparavant par celles et ceux qui ne les vivaient pas, mais aussi par celles et ceux qui les vivaient. La tolérance sociale à la violence, notamment sexuelle, diminue et celle-ci est progressivement comprise comme une atteinte individuelle à l'intégrité physique, psychique et morale, et non plus comme

1. L'article 222-22 du code pénal prévoit désormais : « Le viol et les autres agressions sexuelles sont constitués lorsqu'ils ont été imposés à la victime [...] quelle que soit la nature des relations existant entre l'agresseur et sa victime, y compris s'ils sont unis par les liens du mariage. »

2. Alice Debauche, « Viols et rapports de genre : émergence, enregistrements et contestations d'un crime contre la personne », thèse, Paris, IEP, 2011, p. 18-19, 316 et 375.

3. *Ibid.*, p. 403 et 409.

une atteinte à la pudeur et à l'honneur des hommes et des familles.

Cependant, les résistances sociales, institutionnelles et judiciaires à la reconnaissance de ces violences sont encore bien vivaces. En 2020, le CFCV publie ainsi une tribune pour dénoncer un arrêt de la Cour de cassation, confirmant une décision en première instance, qui justifie un divorce aux torts exclusifs de l'épouse pour son refus d'avoir des relations sexuelles avec son mari, quand bien même le « devoir conjugal » n'apparaît plus nulle part dans les textes. Plus généralement, les procès pour viols conjugaux restent rares et minoritaires[1], sans aucun rapport avec les dizaines de milliers de viols conjugaux estimés, même si les procédures judiciaires ont augmenté de manière saisissante depuis 2017 et les débuts du mouvement #MeToo, passant de 2 105 viols sur partenaires ou ex-partenaires enregistrés en 2016 (dont 99 % de femmes victimes) à 7 550 en 2022[2]. Les condamnations pour viol conjugal se sont elles aussi accrues, de 45 condamnations (seulement) en 2016 à 123 en 2022[3].

Pour expliquer l'écart entre le nombre (déjà très faible) de dénonciations et le nombre de condamnations pour viols conjugaux, des travaux récents ont montré le processus de déqualification par lequel passent nombre de dénonciations de ce type de violences sexuelles dès l'étape du dépôt de plainte. Si les commissariats de police sont tenus d'avertir le Parquet de tout délit ou crime dont ils auraient connaissance, lorsqu'il s'agit de « faits anciens, et surtout lorsque

1. Véronique Le Goaziou, *Le Viol, aspects sociologiques d'un crime. Une étude de viols jugés en cour d'assises*, Paris, La Documentation française, 2011. On ne peut manquer de mentionner l'affaire des viols de Mazan, dont le procès, fortement médiatisé, a eu lieu en 2024, à défaut de pouvoir à ce jour en mesurer les conséquences sur la prise en charge du viol conjugal plus généralement.

2. *La Lettre de l'Observatoire national des violences faites aux femmes*, n° 19, mars 2024, tableau 2, p. 16.

3. *La Lettre de l'Observatoire national des violences faites aux femmes*, n° 12, *loc. cit.*, p. 8, et n° 19, *loc. cit.*, tableau 3, p. 20.

l'agresseur est ou a été un partenaire intime de la déclarante, l'information immédiate d'un magistrat n'est pas systématique[1] ». L'institution policière traite généralement ces cas de manière « infra-pénale » et a longtemps incité les plaignantes à déposer des mains courantes – depuis 2014, cela « n'est possible que si la victime a expressément fait part de sa volonté de ne pas déposer plainte ». La sociologue Océane Perona montre que la qualification première des faits par les policiers « dépend de la proximité relationnelle et de la configuration des parties », ce qui peut partiellement s'expliquer par un « effet d'anticipation » des policiers sur la suite de la procédure judiciaire : la main courante leur permet « d'éviter d'ouvrir des enquêtes dont ils estiment qu'elles n'aboutiront pas à l'inculpation d'un mis en cause[2] ». Ainsi, « lorsqu'ils estiment que la réaction des déclarantes n'a pas été suffisante pour signaler leur opposition au rapport, ils incitent celles-ci à ne pas porter plainte ». L'interprétation du code pénal par les policiers, mêlant anticipation et analyse subjective, joue donc un rôle crucial dans la qualification ou non de certains faits de viol entre partenaires connus.

Pour la minorité de ceux qui franchissent cette étape, le régime de la loi française fondé sur la preuve d'une forme de contrainte, menace, violence ou surprise constitue un obstacle supplémentaire car, dans les viols au sein du couple, les formes de contrainte peuvent être particulièrement subtiles[3]. Tout ceci contribuer à freiner la reconnaissance du viol conjugal comme phénomène et comme injustice sociaux. En 2006, l'enquête Contexte de la sexualité en France (CSF) affirmait : « La violence sexuelle du conjoint ou du partenaire continue à être celle qui est la plus difficilement mentionnée[4]. » Aujourd'hui,

---

1. Océane Perona, « Déqualifier les viols : une enquête sur les mains courantes de la police judiciaire », *Droit et Société*, vol. 2, n° 99, 2018, p. 341-355.

2. *Ibid.*, p. 350.

3. « Violences sexuelles sur mineurs en institutions : pouvoir confier ses enfants en toute sécurité », Rapport d'information n° 529, Sénat, 2019.

4. Nathalie Bajos, Michel Bozon et l'équipe CSF, « Les violences sexuelles en France : quand la parole se libère », *Population et Sociétés*, n° 445, mai 2008, p. 3.

combien pensent encore qu'un rapport sexuel non désiré et contraint au sein du couple ou entre partenaires occasionnel·les n'est pas vraiment un viol ? Ces violences sexuelles sont-elles la continuation d'une organisation sociale centrée autour du sexe des femmes comme échange et service ?

Les scripts sexuels des couples hétérosexuels

Dans les années 1970, les sociologues étatsuniens William Simon et John Gagnon forgent la notion de « scripts sexuels ». Celle-ci repose sur une compréhension de la sexualité comme foncièrement sociale, fruit d'un apprentissage complexe, associant les comportements à des significations partagées, selon trois niveaux : culturel/historique, interactionnel ou social, et intrapsychique ou personnel[1]. Des travaux féministes ont ensuite complété cette approche en montrant le caractère foncièrement genré des scripts sexuels. Ainsi de la professeure étatsunienne Stevi Jackson, selon laquelle « les relations sexuelles sont construites sur des inégalités sexuelles et scénarisées (*scripted*) pour des acteurs et des actrices dont les rôles ont été prédéfinis comme subordonnés ou dominants[2] ». Dans un monde (cis)hétéronormatif et patriarcal, les hommes écrivent la plupart du temps leurs scripts sexuels et les femmes les décryptent et les ajustent comme elles peuvent. Parfois, elles coécrivent un scénario sexuel[3] ; plus rarement, l'écrivent pour deux.

Dans le cas des violences sexuelles, les scripts qui dictent l'action initiale sont ceux de l'agresseur et les personnes agressées formulent réponses et résistances. En outre, ces scripts sont non seulement « préexistants » aux interactions sexuelles, mais ils sont en constante évolution et réévaluation

1. John Gagnon et William Simon, *Sexual Conduct*, Londres, Hutchinson, 1974, p. 19.

2. Stevi Jackson, « The social context of rape. Sexual scripts and motivation », *Women's Studies International Quarterly*, vol. 1, n° 1, 1978, p. 37.

3. Catharine A. MacKinnon, « Sexuality », art. cit.

et sont enrichis par les comportements sexuels, essentiellement masculins[1]. Suivant les analyses de Stevi Jackson sur le viol, même les mots de l'agresseur renseignent sur des motifs culturels et sociaux – genrés – plutôt que seulement psychologiques et individuels. Comment les scripts sexuels organisent-ils la violence sexuelle ? Et comment peuvent-ils éclairer le lien entre genre et violences sexuelles ?

Afin de comprendre les scripts sexuels qui président aux violences entre partenaires, je m'appuie sur des observations effectuées dans le cadre du tournage de la série *JUSTICE !*, coécrite avec Marion Guégan[2]. Pour ce documentaire, nous avons passé du temps auprès de la permanence « mineurs » d'une juridiction qui reçoit et traite en temps réel les affaires de la police et de la gendarmerie, et recueilli les témoignages de trois jeunes personnes, Éliot, Anna et Jessica, qui ont partagé leur vécu de violences sexuelles et leur parcours pour obtenir justice. Sur ces deux terrains, nous avons rencontré des cas de viol au sein du couple, toujours commis par des hommes cisgenres (dans un cas non cishétérosexuel, le genre des agresseurs n'est pas précisé), la plupart du temps mineurs au moment des faits. Comme je l'ai rappelé, « la majorité des violences sexuelles se produisent dans la jeunesse et sont le fait d'une personne connue, un ami ou un petit ami[3] ». Dès l'adolescence, l'agresseur suit le script d'une sexualité hétérosexuelle apprise : il estime qu'il est normal et attendu d'avoir un rapport sexuel avec sa partenaire. Nous avons ainsi filmé l'appel reçu par une substitut du procureur, qui répète à l'oral la lecture que lui fait l'officier de police ou de gendarmerie d'un procès-verbal au bout du fil, concernant un viol entre partenaires mineur·es. Il s'agit d'un garçon de

1. Alexandre Daflon, « Sexualité juvénile et fabrique du genre en milieu rural en Suisse », *Genre, sexualité & société*, n° 14, automne 2015, p. 3 ; Hannah Frith et Celia Kitzinger, « Reformulating sexual script theory. Developing a discursive psychology of sexual negociation », *Theory and Psychology*, avril 2001.

2. Marie Chartron et Marion Guégan, *JUSTICE !*, série documentaire, Melocoton Films, France.tv, 2021.

3. *Ibid.*, p. 327.

quatorze ans qui justifie son comportement en avançant qu'il a « mal compris » les réactions de sa petite-amie de treize ans (que cette mauvaise lecture soit authentique ou non). Voici la description des faits récapitulée par le substitut du procureur : « Il l'a d'abord bloquée par le bras. Il l'a plaquée sur le lit et l'a sodomisée de force. Ensuite, ils sont restés ensemble. Elle, elle dit qu'il l'a sodomisée deux, trois fois, à quatre reprises de force et ils ont rompu en 2016. » Le mis en cause explique à la magistrate avoir entendu « la respiration de sa copine s'accélérer » et en avoir déduit qu'« elle était consentante ». Il ajoute alors : « Je me suis dit “vas-y, fonce”. Elle n'a pas émis de contestation. » Il continue en expliquant que sa petite amie lui a demandé d'arrêter car elle avait mal, mais, conclut-il : « Moi, j'étais excité, *donc* j'ai continué[1]. »

Deux éléments manifestent l'adoption par ce jeune garçon de scripts sexuels dominants : il décrit sans s'en défendre une interaction où prime sa prise d'initiative unilatérale, dans un dialogue *avec lui-même* : « Je me dis “vas-y, fonce”. » À cela s'ajoute l'absence de prise en considération de l'état d'esprit, du désir et de la volonté de sa partenaire, comme si son silence valait autorisation à aller plus loin. Une fois cette étape franchie, même la demande explicite ne suffit pas à ce qu'il s'arrête et donc à corriger ce qu'il estime être le scénario à suivre. Son excitation sexuelle est avancée comme justification suffisante (« donc j'ai continué ») pour poursuivre le rapport. S'affirme ici, au sein du jeune couple, le caractère solipsiste-agressif de la sexualité masculine : le partenaire est incapable de reconnaître l'autre dans la relation, son humanité, et à la considérer comme une fin en soi. Ils sont deux, mais *il* pense et agit comme s'il était le seul doté d'une subjectivité et d'une volonté – ou du moins le seul légitime à exprimer cette subjectivité et cette volonté[2].

1. Je souligne.

2. Sur le solipsisme sexuel, voir Rae Langton, « Sexual solipsism », *Philosophical Topics*, vol 23, n° 2, automne 1995, p. 151 ; Rae Langton, *Sexual*

En outre, ces scripts sexuels dominants jouent à un deuxième niveau : celui de la justice pénale. En effet, la qualification juridique impose, du côté matériel, qu'il y ait violence, menace, contrainte ou surprise, et, du côté moral, qu'il y ait eu une *intention* de l'auteur d'agir en outrepassant l'absence de consentement de la victime : la justice s'efforce donc d'adopter la perspective du mis en cause. Dans le cas du garçon de quatorze ans qui a sodomisé de force sa petite amie, celui-ci a reconnu avoir « déconné », laissant entendre qu'il était conscient que sa partenaire ne souhaitait pas ce rapport et qu'il y a donc eu viol. C'est lui qui nous donne accès à l'*infra* de ses actes, à sa subjectivité. Sans cet aveu – aveu qui, comme preuve laissée à la libre appréciation du juge[1], ne suffit par ailleurs pas en lui-même à qualifier l'acte de viol selon le droit français –, la qualification juridique du viol aurait été plus que délicate. D'où la demande d'un certain nombre de juristes féministes de redéfinir le viol en incluant la notion de consentement positif, explicite (Catherine Le Magueresse notamment[2]) ou au contraire de se débarrasser de la notion de consentement (comme Catharine MacKinnon) – j'y reviendrai. Dans le contexte du mouvement #MeToo, la Suède, de son côté, a redéfini en 2018 le viol sur la base du concept d'acte « volontaire[3] » et surtout créé une infraction de « viol par négligence ». Nul besoin de prouver l'intention de l'auteur : un agresseur « peut être condamné pour agression sexuelle ou viol dans le cas où *il aurait dû* se rendre compte que l'autre personne ne participait pas volontairement à l'acte sexuel[4] ». Si des recherches sur les premiers procès pour viol par négligence ont pu pointer du doigt, à nouveau, les limites d'une approche par la loi, qui même reformulée occulte

---

Solipsism. Philosophical Essays on Pornography and Objectification, Oxford, Oxford University Press, 2009.

1. Code de procédure pénale, art. 428.
2. Catherine Le Magueresse, *Les Pièges du consentement*, Donnemarie-Dontilly, iXe, 2021.
3. « Sexual violence », Aklagarmyndigheten, Swedish Prosecution Authority.
4. *Ibid.*

encore les aspects structurels des violences, les rapports de pouvoir en jeu ainsi que les normes et valeurs implicites des professionnels de la justice[1], une telle définition aurait néanmoins peut-être permis, dans le cas qui nous intéresse et si ce jeune garçon n'avait pas reconnu à demi-mot les faits, de qualifier ce viol sans avoir à se projeter dans ce que celui-ci avait bien pu penser.

L'imposition d'un acte sexuel est informée par des représentations genrées – des « scripts » hétérosexuels. Ceux-ci permettent à ce garçon de penser et d'exprimer (y compris aux autorités policières) qu'il est possible d'imposer un acte sexuel comme performance d'un acte « normal » : un rapport sexuel dans le cadre conjugal. Il se retrouve pris en étau entre des normes valorisant une sexualité virile, active, et la normativité juridico-légale du consentement. Cette apparente contradiction se redouble au sein même de l'institution judiciaire, dont les professionnel·les, chargé·es de leurs propres valeurs et préjugés concernant la sexualité et le viol, vont notamment scruter des éléments biographiques et sociaux comme s'ils pouvaient renseigner sur la probabilité que l'auteur commette ou non tel ou tel acte. De ce fait, les modalités de la condamnation judiciaire du viol ne sont pas adaptées à un phénomène social aussi massif, qui touche les « suspects sociaux » comme de jeunes hommes considérés comme « bien intégrés », mettant par là en crise le rôle que se fixe la justice pénale dans la régulation et la répression punitive de la déviance.

Ce décalage entre criminalisation du viol et invisibilisation des viols fait écho avec le témoignage d'Éliot, qui lui n'a pas eu les moyens de mettre le mot « viol » sur les actes subis avant sa socialisation féministe : « On t'apprend pas ça, quand t'es ado, que ton consentement tu peux le prendre et le retirer au sein d'une même soirée, au sein d'une même heure,

1. Lisa Wallin, Sara Uhnoo, Åsa Wettergren et Moa Bladini, « Capricious credibility. Legal assessments of voluntariness in Swedish negligent rape judgements », *Nordic Journal of Criminology*, vol. 22, n° 1, 2021, p. 3-22.

d'une même minute. » Cette définition est sans nul doute applicable à la scène décrite plus haut, mais la loi française ne permet pas en l'état de le garantir. Pris dans les rouages de l'institution judiciaire, le jeune agresseur bascule néanmoins dans la catégorie de ceux qui sont accusés d'avoir commis un crime, et l'un des plus sévèrement punis. Cette situation correspond bien à l'analyse de MacKinnon selon laquelle, dans la perspective de l'homme qui viole, du banal ou criminel, il n'y a bien souvent qu'un pas : le « pas de chance ».

Le *continuum* des viols masculins hétérosexuels

Les viols conjugaux peuvent également répondre à d'autres logiques, notamment lorsque les partenaires ont rompu ou sont sur le point de se séparer. L'acte sexuel est alors imposé dans un contexte où s'expriment la jalousie, la colère, la peur de la rupture ou la vengeance[1].

Dans une synthèse du CFCV publiée en 2013, on peut relever deux logiques distinctes des viols conjugaux. La première est l'appropriation « traditionnelle » de la sexualité des femmes, que le mariage légitimerait – une femme explique ainsi que lorsque son mari lui impose des rapports et qu'elle résiste, celui-ci lui assène : « Tu es ma femme[2]. » La seconde est, au contraire, l'avilissement des femmes par la sexualité, afin de les rejeter hors de la catégorie des femmes respectables – dans ce cas, les partenaires violents ont souvent recours aux insultes genrées, qui renvoient précisément à l'« autre de la femme convenable » : « salope », « t'es ma p'tite pute », qui vient ironiquement signer l'appropriation individuelle de la femme par le stigmate de celle qui n'appartient à aucun homme en particulier.

Les échanges économico-sexuels sont présents dans les couples « installés » en ménage, mais également pour les

1. « Bulletin 2013. Statistiques 2008, 2009, 2010, 2011 », Collectif féministe contre le viol, p. 31 *sq*.

2. *Ibid.*

ex-conjoint·es qui ont des biens en commun ou doivent continuer à être en contact, formant une économie avec ses fonctionnements et asymétries propres. Ce sont sur ces inégalités que s'appuient les violences conjugales, notamment sexuelles. Poussant le curseur de ces inégalités, certains partenaires les organisent jusqu'à établir une relation de domination sur leur conjointe, selon des stratégies de contrôle bien connues des associations féministes qui accompagnent les victimes de violences conjugales. Les appels pour viols conjugaux reçus par la permanence Viols Femmes Informations du CFCV mettent en lumière des stratégies élaborées par les hommes en vue d'extorquer des rapports sexuels et d'assurer le silence des victimes en les faisant chanter. Ainsi de l'organisation méthodique de la dépendance économique de cette femme par son mari, qui lui interdit d'exercer un travail et dont il fait « sa secrétaire particulière », selon les termes de la victime lors de son appel au CFCV, avant de lui imposer « tous ses fantasmes sexuels (*peep-shows*, échangismes, objets sexuels) » et de la violer durant plusieurs années[1]. Ou de celui-ci qui confisque à sa compagne les clés du domicile et de la boîte aux lettres et lui interdit d'accéder à leur compte en banque. Le chantage aux enfants fait aussi partie des stratégies de contrôle : la violence sexuelle est parfois exercée dans le même espace qu'eux, ce qui paradoxalement contraint la femme au silence afin de ne pas les alerter, tout en les impliquant dans la violence[2].

Enfin, les abus commis par un conjoint violent peuvent apparaître dans les discours des victimes comme la cause d'une entrée en prostitution[3]. Parfois, c'est le compagnon qui force sa compagne à se prostituer. D'autres récits font état de violences par un petit ami qui connaît les activités

1. *Ibid.*

2. *Ibid.*, p. 31-39.

3. Pilar Rodríguez Martínez, « Intersectional analysis of intimate partner violence and workplace violence among womeng working in prostitution », *Reis*, n° 151, juillet-septembre 2015, p. 129.

prostitutionnelles de sa compagne (dans certains cas, il a d'abord été son client) et estime *par conséquent* avoir tous les droits sur elle[1]. Enfin, lorsque le partenaire occasionnel ou le compagnon « prête » sa femme à des connaissances, pour un viol collectif ou des viols successifs, alors la boucle est bouclée et le piège se referme en une abjecte double « arnaque », selon le terme qu'emploie Tabet pour qualifier l'échange économico-sexuel[2].

Viols performant une sexualité virile, viols d'appropriation, punitifs ou de réappropriation, viols érotisant la domination : la diversité des situations abordées ici rend compte de toute une palette entre le viol ressemblant terriblement à une interaction hétérosexuelle « banale » et un comportement explicitement et consciemment sadique. Dans toute cette diversité, ces comportements donnent à voir l'unidirectionnalité du viol dans les interactions hétérosexuelles (de l'homme sur la femme) et la mise en acte, dans le viol, de la masculinité. Les racines des formes les plus enfouies du viol conjugal restent encore à être déterrées[3]. Des formes de violences encore moins judiciarisées, ne passant pas nécessairement par le recours à la force physique, peuvent s'exprimer dans l'imposition d'actes qui n'ont pas fait l'objet d'un choix partagé[4]. En 1985, les sociologues David Finkelhor et Kersti Yllo posaient la question suivante – qui, au demeurant, place la responsabilité de l'acte sur les épaules de la victime : « Est-ce un viol quand une femme a un rapport sexuel afin de "préserver la paix dans le foyer" ? » Leur réponse était teintée d'inquiétude : « D'un côté, appeler cela un viol met en lumière combien le sexe est oppressif et coercitif dans ces circonstances. Mais, de l'autre, appeler cela un viol implique d'étendre substantiellement – tout en diluant dans le même temps – la signification du mot

1. *Ibid.*, p. 130.
2. Paola Tabet, *La Grande Arnaque*, *op. cit.*
3. Alice Debauche, « Viols et rapports de genre », *loc. cit.*
4. *Ibid.*, p. 384.

"viol"[1]. » Ils en venaient alors à distinguer plusieurs types de contraintes sexuelle, sociale, interpersonnelle, physique et sous la menace de la contrainte physique, et réservaient le terme de « viol » aux deux dernières. J'adopte une tout autre position, portée par la question suivante : si aucun rapport sexuel contraint n'est justifiable et si la plupart d'entre eux ont lieu sans violence physique ou menace de violence physique, comment définir le viol afin de faire reconnaître toutes les formes de sexualité contrainte entre partenaires, y compris les moins visibles ?

Faire reconnaître ces violences, à soi-même et aux autres, semble impliquer d'accorder une importance *inconditionnelle* à son propre ressenti et à son désir comme à celui de son ou sa partenaire. Ce désir ne saurait être tordu afin de répondre aux demandes de l'autre, que ce soit par peur qu'il s'en aille, qu'il ne m'aime plus, qu'il aille voir ailleurs, qu'il me laisse dans une situation économique instable ou pour avoir la paix – autant d'arguments que l'on retrouve souvent et de manière très genrée chez les femmes qui déclarent avoir eu des rapports qu'elles ne souhaitaient pas avec leur partenaire[2]. Loin de la « dilution » crainte par Finkelhor et Yllo en 1985, une telle reconnaissance du viol dans le couple hétérosexuel, mêlée d'affect, dissimulée derrière la porte de la « vie privée » et non nécessairement accompagnée de coups, constitue au contraire, comme les groupes de conscience féministes des années 1970 ont permis de le faire émerger, un enjeu crucial de lutte pour l'émancipation, l'égalité et l'autodétermination sexuelles. Face à la persistance d'une sexualité dont les femmes ne se sentent pas sujets en contexte hétérosexuel, on pourrait vouloir définir politiquement le viol comme « tout acte sexuel non désiré ». Une telle définition est-elle pertinente, et doit-elle conduire à constituer le désir comme critère de l'injustice qu'est le viol ?

1. David Finkelhor et Kersti Yllo, *License to Rape. Sexual Abuse of Wives*, New York, Henry Holt & Co, 1985.
2. *Ibid.*

Échanges économico-sexuels décidés et viols

Certaines personnes revendiquent le droit de pratiquer des actes sexuels sans pour autant les désirer. Comment les violences sexuelles sont-elles perçues par les femmes qui en sont victimes dans ces contextes ? Les personnes en situation de prostitution et les travailleuses du sexe[1] sont couramment dessaisies de leur sexualité par les discours qui sont portés sur elles : dans les représentations dominantes comme dans les pratiques judiciaires, dès lors qu'elles ont accepté une contrepartie financière à l'accès à leur corps, elles sont souvent réputées consentantes à tout ou bien jugées non crédibles lorsqu'elles dénoncent des violences sexuelles[2]. Selon certaines approches féministes, elles sont au contraire considérées comme victimes de viol systématique. Ainsi, pour MacKinnon, si l'objectification sexuelle est la « méthode » du genre comme domination masculine, la prostitution est la « pierre angulaire » de l'« inégalité institutionnalisée des sexes »[3]. Selon elle, « dans ces transactions, l'argent contraint

1. L'emploi de l'une ou de l'autre de ces expressions, parmi d'autres, pour désigner les personnes qui sont engagées dans des pratiques prostitutionnelles situe d'emblée la locutrice ou le locuteur dans un débat vif, ancien et complexe. Pour résumer, nous dirons que parler de « personne en situation de prostitution » est davantage descriptif que « travailleuse du sexe » ou « TdS », qui sont préférés par les personnes concernées et nombre de mouvements féministes qui souhaitent insister sur le fait que cette activité est un travail et réclament des droits sur cette base. À l'inverse, les mouvements abolitionnistes, qui considèrent que la prostitution ne peut en aucun cas être choisie et est toujours une violence envers les femmes, parlent de « victimes de la traite », de « survivantes de la prostitution » ou de « personnes prostituées ». Pour une analyse linguistique, on peut lire Dominique Lagorgette, *Pute. Histoire d'un mot et d'un stigmate*, Paris, La Découverte, 2024, p. 213-245.

2. Sur les difficultés rencontrées par les femmes migrantes, transgenres et travailleuses du sexe en France lorsqu'elles portent plainte pour violences sexuelles, voir « Rentrez chez vous, ça va passer... Porter plainte pour violences sexuelles : l'épreuve des femmes migrantes, transgenres et travailleuses du sexe en France », Amnesty International, 2024.

3. Catharine A. MacKinnon, *Traite, Prostitution, Inégalité*, M Éditeur, Montréal, 2014, p. 17. Cette position de MacKinnon, ainsi que celle qu'elle a défendue dans les années 1980 en faveur d'une redéfinition et d'une interdiction de la pornographie lui valent de nombreuses critiques et expliquent largement

le sexe, plutôt que d'en garantir le consentement », ce qui fait de la prostitution une « pratique de viols en série »[1]. S'inscrivant dans cette conception, en France, la loi du 13 avril 2016 pénalise les clients de la prostitution, mais la prostitution elle-même n'est pas illégale.

La prostitution est un marché à la fois local, national et global, foncièrement genré, qui s'appuie sur des logiques objectifiantes, notamment raciales, et des inégalités socio-économiques, où une part significative des prostituées sont en situation de migration[2], et la quasi-totalité des clients sont des hommes (cis). Les personnes qui pratiquent la prostitution, très majoritairement des femmes, cis et trans[3], constituent une population gravement exposée à toutes formes de violences, et plus particulièrement aux agressions sexuelles et aux viols. Cependant, le seul fait que de nombreuses personnes se prostituant déclarent des viols et agressions sexuelles impose, précisément, de mettre en suspens l'affirmation selon laquelle « toute passe est un viol » : elles font visiblement très bien la différence entre une passe qui est un viol et une passe qui n'en est pas un. Prises en étau, même à l'heure du mouvement #MeToo, les travailleuses du sexe déplorent que leur parole ne parvienne toujours pas être à entendue[4].

---

pourquoi ses autres travaux, pourtant importants comme nous l'avons vu, sont délaissés par une partie des féministes aujourd'hui.

1. *Ibid.*, p. 18.

2. Des difficultés font obstacle à une évaluation statistique précise. Concernant la prostitution de rue, selon les rapports d'activité de l'association Grisélidis basée à Toulouse, 98 % des personnes rencontrées durant les maraudes de nuit en 2016 sont migrant·es, venues essentiellement d'Afrique subsaharienne (Nigéria) et dans une moindre mesure d'Europe de l'Est. Le jour, l'association rencontre une plus grande proportion de Françaises, plus âgées, qui restent cependant une minorité. Grisélidis, « Rapport d'activité 2016 ».

3. *Ibid.*, p. 20-22.

4. Samantha Cooney, « "They don't want to include women like me." Sex workers say they're being left out of the #MeToo movement », Time.com, 13 février 2018 ; Cara Curtis, « Erika Lust : #MeToo left sex workers behind », TheNextWeb.com, 8 juillet 2019 ; Clyde Marlo Plumauzille, « À quand un #MeToo des travailleuses du sexe ? », Libération.fr, 20 novembre 2016.

Il existe très peu de données en France sur les violences sexuelles dans le cadre de transactions sexuelles tarifées – y compris lorsque celles-ci sont déclarées comme volontaires ou « décidées ». Cette lacune s'explique notamment par la difficulté à recueillir la parole de populations marginalisées et vulnérabilisées, en proie à la peur du stigmate et à la crainte que celui-ci soit redoublé si elles révèlent des violences. Concernant les personnes qui déclarent proposer des services sexuels volontairement, le sociologue Lilian Mathieu préfère, à l'expression « prostitution choisie », parler de « consentement » à la prostitution car elle permet d'englober des situations diverses, allant de la « résignation devant l'absence d'alternative » au choix fait « entre plusieurs options possibles ». Une autre formulation, en termes de « décision », permet de représenter la personne concernée comme auteure de son action : je peux être contraint·e par différents paramètres dans ma décision, néanmoins je décide. Le psychologue clinicien Ting Chen parle ainsi de « décision » de se prostituer plutôt que de « choix » ou de « consentement », pour désigner un acte effectué « en conscience » quoiqu'il n'y ait pas beaucoup d'alternatives.

Il existe d'innombrables situations d'exploitation sexuelle, à l'échelle globale, dans lesquelles des personnes, des femmes dans leur écrasante majorité, prises dans d'autres rapports de pouvoir[1], sont contraintes, quasi systématiquement par des hommes, à accomplir des actes sexuels contre rémunération. Aucune équivoque ici : chaque fois qu'un acte sexuel a lieu dans ce cadre, il s'agit d'un viol. Mais même dans les cas où la personne ne se dit pas contrainte par un tiers à se prostituer, la prévalence des violences sexuelles est particulièrement élevée. Le Lotus Bus, un programme de Médecins

1. Au niveau mondial, les places de tourisme sexuel les plus florissantes sont souvent des pays anciennement colonisés (Thaïlande, Cambodge, Indonésie) et dans lesquels le marché prostitutionnel est la prolongation d'un rapport de pouvoir inégal entre nations, à quoi se mêlent des rapports de domination à la fois interpersonnels et structurels liés au genre, à l'âge, et racialisants, par le motif de l'« exotisme ».

du Monde promouvant la santé et les droits des travailleuses du sexe chinoises à Paris, dans une étude réalisée entre 2010 et 2012 auprès de quatre-vingt-six d'entre elles, a montré que 55 % d'entre elles avaient subi des violences physiques et 38 % des viols dans le cadre de leur travail[1]. Plus de la moitié d'entre elles ont subi une situation de *stealthing*, un retrait du préservatif non consenti.

En 2018, j'ai réalisé un entretien avec Ting Chen, qui a conduit une enquête auprès de ces femmes mettant en lumière un certain nombre de caractéristiques de ces violences[2]. Il distingue deux cas de figure, qui correspondraient à deux profils d'agresseurs différents : ceux qui viennent avec l'intention d'agresser, de violenter et souvent aussi de voler, et ceux qui tentent de négocier la transaction et modifient les conditions du contrat sans l'accord de leur interlocutrice. Dans le premier cas, les viols ont lieu dans un contexte de violence physique (étranglement, coups) et sous la menace d'armes, de couteaux particulièrement, que Chen analyse comme « le prolongement du pénis utilisé comme arme ». Ces hommes, qu'il nomme les « prédateurs », agressent souvent plusieurs fois et semblent être, d'après les témoignages des femmes qui en sont victimes, mus par un désir de destruction et de jouissance dans la violence. Selon son analyse, ils cherchent l'occasion pour basculer « dans leur scène à eux » de violence. Leur regard est « rempli d'autre chose ». Pour ces prédateurs, les personnes prostituées sont d'autant plus une cible qu'elles sont en situation de grande précarité, n'ont pas d'existence administrative, ne maîtrisent pas la langue française et sont peu susceptibles de déposer plainte. Ceux-ci font pourtant parfois l'objet de dénonciations collectives auprès de la police, pour éviter qu'ils ne recommencent. Auprès des femmes,

1. « Travailleuses du sexe chinoises à Paris face aux violences », Médecins du Monde, 17 décembre 2012, cité *in* « Entretien avec Hélène Le Bail, Lotus Bus », *Rhizome. Bulletin national santé mentale et précarité*, n° 60, juin 2016, p. 17.

2. Entretien avec Ting Chen, 21 juin 2018. Il est l'auteur de l'ouvrage *Exister comme sujet, malgré tout. Approche socio-clinique du vécu de femmes chinoises se prostituant en France*, Paris, L'Harmattan, 2023.

ces hommes perdent leur statut d'interlocuteur potentiel dans la transaction : « Ceux-là, ce ne sont pas des clients. » Concernant la deuxième catégorie d'agresseurs, la rupture du contrat peut être occasionnée par le refus de paiement avant l'acte, par le vol après l'acte, par le fait d'enlever le préservatif sans le dire ou encore par la réalisation de tout acte non discuté. Dans toutes ces situations, « le non est formulé », explique Chen, même quand il n'est pas énoncé explicitement. Ces analyses font écho à l'affirmation énoncée par la chercheuse féministe Gail Pheterson au début des années 1990 : « Chaque fois qu'un client prend du sexe sans le négocier, il est coupable de viol[1] ! »

Le processus qui permet à une personne de qualifier un acte de « viol » dans le cadre d'un rapport sexuel tarifié n'est cependant pas sans complexité. Selon Chen, certaines expériences ne sont pas encodées comme « viol » par les personnes en situation de prostitution qu'il reçoit en entretien, même lorsque les faits évoqués correspondent sans ambiguïté à la définition légale du viol. Les analyses que font ces femmes de leurs propres expériences sont, comme pour toute personne, informées par les représentations dominantes, stéréotypiques, du viol. Chen précise que le mot même de viol, « très chargé d'émotions et de représentations », est « peu utilisé » par ces travailleuses du sexe chinoises et reste, comme ailleurs, entaché d'un tabou et de la peur du jugement des paires, d'autant plus pesante dans de petites communautés. Lorsqu'il est mobilisé, c'est dans une « démarche administrative de justice » : porter plainte, parfois collectivement, pour que cessent les comportements de tel ou tel agresseur. Dans ces contextes le mot est revendiqué et permet à la victime de « transformer son vécu en bien communautaire ».

Lorsqu'un acte est extorqué sans agression violente, il est souvent seulement qualifié par les personnes qui le subissent

1. Gail Pheterson, « The whore stigma », art. cit., p. 44.

de « passe gratuite ». Dans un contexte où les travailleuses du sexe, comme les femmes et les autres personnes potentiellement victimes de violences sexuelles en général, ne sont pas toujours outillées pour analyser leur vécu selon une lecture féministe, la banalisation de dénominations telles que « passe gratuite » peut s'avérer « très délicate[1] » car elle laisse autant de marges de manœuvre aux clients pour abuser d'elles. Ces lignes de démarcation sont d'autant plus difficiles à identifier qu'il est complexe de faire condamner, sous la loi française actuelle, un viol subi par une personne en situation de prostitution comme viol. Ainsi, au début des années 2000, quatre policiers auraient à plusieurs reprises exercé un chantage à l'encontre de prostituées[2], les menaçant de les emmener en garde à vue pour leur imposer des actes sexuels. Accusés de viols durant leur service (avec l'uniforme pour l'une des plaignantes), et alors même que l'abus de leur position d'autorité aurait dû constituer une circonstance aggravante, trois d'entre eux ont finalement été condamnés à de la prison avec sursis pour « corruption passive » et le dernier a été acquitté[3]. Aucun d'entre eux n'a donc été condamné pour viol. Lorsqu'un homme est condamné pour le viol d'une personne prostituée, ce qui est très rare[4], c'est presque systématiquement qu'il existe des traces de violences physiques autres que sexuelles (bleus, traces de coups ou étranglement...).

Les violences dont les travailleuses du sexe transgenres et racisées sont victimes éclairent encore les logiques qui soustendent les viols commis par les hommes hétérosexuels. Si les violences sexuelles à l'encontre des travailleuses du sexe sont « courantes », des données attestent qu'elles sont parti-

1. Entretien avec Ting Chen, *loc. cit.*

2. Haydée Sabéran, « À Douai, des policiers jugés pour viols », Libération.fr, 19 décembre 2006.

3. « Sursis pour 3 policiers "corrompus" par une prostituée », NouvelObs.com, 22 décembre 2006.

4. Claudine Legardinier, « 12 ans pour le viol d'une femme prostituée : un nouveau regard de la justice ? », MouvementDuNid.org, 16 avril 2019.

culièrement élevées chez les femmes transgenres racisées[1]. Selon une enquête conduite en Australie et centrée sur les expériences vécues de violences sexuelles par les femmes trans racisées, adoptant une approche féministe intersectionnelle, celles qui exercent un travail du sexe font part de violences sexuelles importantes[2]. En outre, dans et hors de l'exercice de la prostitution, les nombreuses violences sexuelles subies par ces femmes trans racisées sont liées, selon leur propre perception et analyse, à la stigmatisation supplémentaire dont elles font l'objet *en tant que* femmes trans racisées. Pour nombre d'entre elles, les agressions sexuelles sont le reflet de la « fétichisation » et de la stigmatisation dont elles font l'objet, qui viendraient justifier aux yeux de leurs agresseurs à la fois l'objectification et l'agression[3].

Un autre élément notoire de cette étude est celui du *continuum* de violences sexuelles subies par ces femmes au long de leur vie et la manière dont il s'articule avec leur identification de genre, en tant que femmes et en tant que femmes trans. Différentes configurations de violences sexuelles sont identifiées : dans l'enfance, lors de la transition et/ou de l'affirmation de leur identité de genre, dans les relations intimes, et dans le cadre du travail du sexe, qu'un certain nombre des femmes interrogées exercent. Dans tous ces contextes, « les hommes hétérosexuels sont les principaux agresseurs » et, pour la majorité de ces femmes, les premières violences sexuelles ont lieu à l'âge adulte, au moment de leurs premiers *dates* en tant que femmes. L'une d'entre elles, qui s'identifiait auparavant comme un homme gay, déclare avoir dû

---

1. Kathleen N. Deering *et al.*, « A systematic review of the correlates of violence against sex workers », *American Journal of Public Health*, vol. 104, n° 5, e42-e54 ; Tor Fletcher, « Trans sex workers : negotiating sex, gender, and non-normative desire », *in* Emily van der Meulen, Elya M. Durisin et Victoria Love (dir.), *Selling Sex. Experience, Advocacy, and Research on Sex Work in Canada*, Vancouver, University of British Columbia Press, 2013, p. 65-73.

2. Jane M. Ussher *et al.*, « Crossing boundaries and fetishization: experiences of sexual violence for trans women of colour », *Journal of Interpersonal Violence*, vol. 37, n° 5-6, 2020, p. 9.

3. *Ibid.*, p. 13.

apprendre à dire non après avoir appris « à dire oui à tout », comme part de sa socialisation en tant qu'homosexuel. Ce témoignage soulève la question d'un rapport différencié aux limites légitimes qu'on impose à l'autre selon certaines pratiques, cultures ou scripts sexuels. Chez plusieurs participantes revient par exemple l'idée marquante selon laquelle « la violence sexuelle subie affirme leur statut de femme[1] ».

À côté de cette violence associée au genre féminin, les femmes trans interrogées identifient deux menaces spécifiques dans leurs interactions sexuelles avec des hommes cisgenres hétérosexuels. La première concerne des hommes qui, considérant ces femmes comme des « hommes endossant un rôle féminin », estiment qu'elles commettent une « trahison de genre » et adoptent alors un comportement violent, qu'on peut analyser comme une forme de sexisme, de misogynie et de transphobie. La seconde est le fait d'hommes qui, apprenant l'identité de genre à laquelle ces femmes étaient auparavant assignées, peuvent interpréter leurs interactions sexuelles et non sexuelles comme chargées d'homosexualité et ainsi réagir violemment, ce qui correspond à une forme d'homophobie mêlée de transphobie. Dans les deux cas, les violences sexuelles sont analysées, en lien direct avec la sensation de mise en danger d'une masculinité hétérosexuelle, comme « *gender policing*[2] » ou « maintien de l'ordre du genre » cishétéronormatif. Dans ce cadre contraignant, les femmes interrogées ressentent une très forte injonction à « passer » pour des femmes cisgenres. Elles s'efforcent par conséquent de ne pas apparaître comme des femmes trans, en correspondant le plus possible aux attendus stéréotypiques de personnes « hétéro-féminines », caractérisés par des normes de beauté irréalistes et souvent blanches. Cela passe par un travail de soi incluant maquil-

1. *Ibid.*, p. 20.
2. Liana Sayer et Jill Yavorsky, « Doing fear : the influence of hetero-feminity on (trans)women's fears of victimization », *The Sociological Quarterly*, n° 54, 2013, p. 514, cité in *ibid.*, p. 21.

lage, vêtement et traitements hormonaux, non pas tant pour correspondre à l'image qu'elles se font d'elles-mêmes que parce qu'« une femme trans qui a un *passing* [qui "passe" pour une femme cis] est beaucoup mieux traitée ». Il ressort de ces témoignages et analyses que les femmes trans racisées subissent un *continuum* de violences sexuelles transmisogynes (qui mêlent à la fois misogynie, transphobie et homophobie) et racistes (où le mépris se mêle à l'exotisation), du mégenrage[1] au viol. L'enjeu de la fétichisation des femmes trans et racisées est particulièrement prégnant dans le travail du sexe, redoublant le risque de discrimination et de violences sexuelles. Le *continuum* des violences sexuelles hors *et* dans l'échange économico-sexuel apparaît clairement ici, sous-tendu par un sentiment légitimé socialement de droit sexuel sur l'*autre* : une logique de domination qui se déploie corrélativement aux rapports sociaux de pouvoir, ciblant de manière particulièrement saillante les personnes à l'intersection de discriminations raciales, sociales, sexuelles et genrées, dans un monde où la norme de genre dominante est cishétéronormative.

Ces données sur les violences sexuelles vécues par les travailleuses du sexe confirment la compréhension du viol comme genré, tout en venant remettre en cause la thèse selon laquelle tout rapport sexuel rémunéré est un viol. Ici, c'est précisément la rupture des termes de l'échange qui constitue le viol et les agresseurs se sentent d'autant plus légitimes à rompre ce contrat que la victime est vulnérable. On a systématiquement observé une logique d'« *entitlement* » sous-jacente à cette rupture : ils s'arrogent un droit sexuel sur l'autre, se sentent autorisés à agir au-delà des termes de l'échange, ciblant de manière particulièrement saillante les personnes à l'intersection de discriminations raciales, sociales, sexuelles et genrées, qui sont également

1. Le mégenrage désigne le fait de ne pas genrer correctement une personne, par exemple en employant des pronoms qui ne correspondent pas à son identité de genre.

les moins protégées et les moins susceptibles de dénoncer les violences.

Une telle logique renvoie à une lecture structurelle des violences sexuelles masculines sur les femmes *en tant* que femmes, *en tant* que prostituées, *en tant* que femmes racisées, *en tant* que femmes trans. Cette logique d'*entitlement*, ce « sentiment de droit sur », sexuelle et genrée, motive le viol comme appropriation ciblée, à la fois collective et physique, des corps en fonction de rapports sociaux de race et de genre, ainsi que de situations sociales vulnérabilisantes[1].

Quelle compréhension, quels critères ?

L'attention portée sur les violences sexuelles dans le cadre conjugal puis dans le cadre de transactions sexuelles décidées confirme le rôle central du genre conçu comme domination sexualisée. Dans le second cas, les viols sont définis par les personnes qui les subissent comme une rupture du contrat de l'échange par le client. Dans le premier, les violences sexuelles peuvent être éclairées par une compréhension de la relation hétérosexuelle comme lieu d'une appropriation sexuelle masculine persistante où, par défaut, la femme se sent *redevable* d'un service sexuel que l'homme se sent en droit de réclamer, ce qu'on pourrait dénommer le « *continuum* de l'échange affectivo-sexuel ». Sur ce *continuum*, le partenaire violent peut user de sa supériorité économique, administrative, statutaire... comme levier de chantage sexuel, ce qui participe à la renforcer. Cependant, et comme Tabet l'avait évoqué sans le développer, les relations affectives hétérosexuelles ont évolué de telle manière que certaines se font sans échange patent : « Dans les sociétés occidentales industrialisées où les femmes trouvent plus de moyens

1. Jules Falquet, « Le capitalisme néolibéral, allié des femmes ? Perspectives féministes matérialistes et imbricationnistes », *in* Christine Verschuur, Isabelle Guérin et Hélène Guétat-Bernard (dir.), *Sous le développement, le genre*, Marseille, IRD Éditions, 2015, p. 365-387.

pour gagner leur vie, même si c'est des emplois moins intéressants, avec un accès au travail plus précaire que les hommes, sans doute il y a des situations sans échanges[1]. » De jeunes personnes qui découvrent la sexualité et les relations amoureuses ne s'inscrivent pas nécessairement dans ce type d'échanges (lorsqu'elles ne vivent pas ensemble, qu'elles sont toujours au domicile de leurs parents, qu'il n'y a pas de rapports financiers entre elles...). Pour autant, des violences sexuelles peuvent s'y dérouler : il persisterait donc, en deçà de l'échange économico-sexuel, une appropriation sexuelle des femmes selon des scripts sexuels hétéro-masculins inégalitaires et solipsistes (où l'autre n'existe pas en tant que personne), sans contrepartie, en tension avec les représentations contemporaines d'une sexualité romantique égalitaire.

Aux deux extrêmes de l'échange économico-sexuel (de sa présence explicite à son absence), les violences sexuelles apparaissent sous-tendues par des logiques d'appropriation et d'érotisation de la domination masculine ciblant des femmes, ce qui vient confirmer une compréhension du genre telle que la propose le féminisme radical. Par rapport au modèle de MacKinnon cependant, où la violence et l'objectification sexuelle fondent le genre et le constituent, l'intentionnalité mauvaise, sadique, n'est pas apparue comme systématique dans les contextes étudiés : la violence sexuelle peut aussi s'exercer sans violence manifeste autre et sans signe apparent d'une volonté de « faire mal » (quoique les rouages de la conscience de l'agresseur nous restent inatteignables), suivant alors plutôt une logique d'*entitlement*, de droit de jouir *aux dépens de l'autre* – l'humiliation comme le mal en étant de toute façon les conséquences.

À la lumière de ce qui précède, deux critères distincts semblent se dessiner pour qualifier le viol : le désir ou la volonté. Dans le cadre des relations hétérosexuelles affectivo-sexuelles, respecter le désir de chacune des personnes

1. Mathieu Trachman, « La banalité de l'échange », art. cit., p. 25.

en relation s'avère une condition nécessaire, en particulier pour les femmes, historiquement réputées consentantes dès lors qu'elles sont liées institutionnellement à un homme. L'appropriation de la partenaire conduit à bien des violences sexuelles au sein du couple et entre partenaires hétérosexuel·les non nécessairement en couple. Dans cette perspective, l'émancipation sexuelle des femmes passe par le refus d'une quelconque appropriation mais aussi de *tout échange* : « Mon sexe est non négociable. Sexuellement, je ne te dois rien. » Domitille Raveau, coprésidente de l'association Consentis, parle ainsi de s'émanciper de la « dette sexuelle », soit du « sentiment que notre sexualité est un dû pour l'autre, et [du] sentiment d'une obligation à avoir une activité sexuelle alors que l'envie n'est pas là »[1]. Cette « dette sexuelle », disposition morale d'être redevable en raison de scripts (hétéro)sexuels dominants partagés par les partenaires d'une interaction, peut par exemple naître à la suite d'une soirée passée avec un homme, où le passage à l'acte sexuel est considéré, implicitement, comme une suite logique, ou au sein d'un couple, lorsque le partenaire est en demande et le fait sentir à sa compagne. L'émancipation de la dette sexuelle impliquerait une sortie individuelle et collective (car genrée) de l'échange économico-sexuel au sens le plus large, incluant l'échange affectivo-sexuel, tout en le dépassant puisque ce sentiment d'être redevable sexuellement peut affleurer sans même qu'il y ait eu quelque contrepartie ou promesse de contrepartie, matérielle ou morale, que ce soit. Du côté des partenaires hommes, cela se traduirait par une éthique et une politique du *disentitlement*, un renoncement à ce droit sexuel sur l'autre, et donc à ce pouvoir, au profit de l'écoute, du désir de l'autre et de l'explicitation et du respect de son désir propre. Dans le cadre de rapports sexuels tarifés, c'est le critère de la volonté qui prime : il s'agit alors de respecter les termes de l'échange, fixés par la personne qui propose ses

1. Consentis, « Dette sexuelle : en finir avec le sentiment de redevabilité », Trax Magazine, 18 février 2021, YouTube.

services sexuels. Si celle-ci ne *désire* pas nécessairement l'interaction sexuelle, elle peut malgré tout *décider* de s'y engager, afin d'en retirer un salaire. Ces deux critères, la volonté et le désir, peuvent sembler opposés et appartenir à deux compréhensions contradictoires d'une justice sexuelle visant l'égalité. Il s'agirait en effet, du côté d'une compréhension centrée sur le désir, d'écouter et respecter le désir ou l'absence de désir chez l'autre (pour le partenaire homme), d'apprendre à cultiver et faire entendre son désir ou son absence de désir (chez la partenaire) ; tandis que, de l'autre, il s'agirait plutôt d'exprimer et de respecter un accord, au sein d'une sexualité régie par la volonté, qui elle peut aller à l'encontre du désir.

Cependant, sur le *continuum* qui s'étend de la sexualité tarifée à la sexualité conjugale, apparaissent deux éléments qui permettent de cerner les contours de ce qu'on peut considérer politiquement comme une injustice sexuelle : un principe d'auto-détermination sexuelle et le primat accordé à la perspective de la victime. En premier lieu, puisqu'il est injustifiable qu'une personne se fasse imposer un acte sexuel dans quelque contexte que ce soit (sous la torture, par l'intimidation, le chantage, l'insistance...), alors toute personne a le droit de décider souverainement de ce qu'elle fait et de ce qu'on lui fait sexuellement, et a le droit d'être garantie contre toute forme de contrainte sexuelle. Ce principe d'auto-détermination sexuelle a des implications politiques mais aussi juridico-judiciaires : dans une perspective d'égalité, lorsqu'une personne dénonce une agression sexuelle ou un viol, tous les éléments situationnels ou structurels qui peuvent constituer une inégalité doivent être examinés. Le genre des protagonistes en est un majeur et systématique, mais il peut s'agir aussi de l'âge, de la relation de hiérarchie, de la situation économique ou de toute autre position qui aurait été utilisée comme levier pour contraindre à un acte sexuel. Cette perspective peut être éclairée par la notion de « non-domination » forgée par le philosophe Philip Pettit : une situation de non-domination est une situation dans laquelle la personne « n'a pas à souffrir d'interférences arbitraires dans ses actions, c'est-à-dire que les autres personnes ne sont pas en mesure d'influer de la sorte sur ses actions[1] ».

Par ailleurs, dans cette tentative de cerner les contours des violences sexuelles comme injustices, un autre élément apparaît primordial : c'est à la personne concernée qu'il revient de juger en premier lieu si on lui porte atteinte ou non. Ce deuxième principe pose sans nul doute de substantielles questions quant aux conditions de possibilité de ce jugement, en particulier lorsque le discernement est altéré ou lorsqu'une personne n'a pas la capacité d'exprimer sa volonté. Citons l'exemple d'une jeune fille de quatorze ans qui a fait une fellation à un camarade de classe qui lui avait dérobé son téléphone : pour des raisons qui lui appartiennent, elle a bien expliqué aux autorités judiciaires ne pas avoir été contrainte puisque l'acte a fait l'objet d'une négociation afin qu'elle récupère son portable. Ici, on peut considérer qu'il s'agit bien d'un viol puisque la jeune fille s'est trouvée dans une situation de chantage, ce qui contrevient au principe d'auto-détermination sexuelle que nous avons évoqué. Pourtant, ce n'est pas ce qu'elle énonce. Se pose alors la question de son âge, des contraintes invisibles qui entourent potentiellement sa parole (pression de son camarade, de ses pair·es, etc.) et de sa capacité conséquente à évaluer puis dénoncer le tort qu'on lui porte. En outre, le rapport subjectif à la violence vécue peut évoluer avec le temps et reconnaître les actes subis comme des violences peut parfois prendre de nombreuses années, en raison d'une amnésie traumatique ou parce que les définitions disponibles et les représentations du viol empêchent de qualifier le viol comme tel. Si ce type de situations, liées en particulier à l'âge, impose une réflexion approfondie et spécifique quant aux conditions de détermination d'un jugement qui soit valide, elles ne doivent pas pour autant remettre en question le primat de la personne concernée pour juger de ce qui lui a été fait.

1. Philip Pettit, *Républicanisme*, Paris, Gallimard, 2003 (1997), p. 45.

Reconnaître qu'il est injustifiable d'imposer un acte sexuel et affirmer que c'est à la personne concernée de juger si on lui porte atteinte : ces deux principes juxtaposés rejoignent la définition féministe et politique du viol ressaisie par Mackinnon comme « ce qu'une femme ressent comme une atteinte », mais en la prenant au sérieux jusque dans les actes sexuels négociés. Ils sont une application du slogan « Mon corps, mon choix », qui revendique une souveraineté de soi sur son propre corps. Ils n'impliquent pas une définition substantielle de la sexualité comme rapport désiré mutuellement et peuvent donc inclure les rapports tarifés, qui ne sont pas désirés par les deux parties, qui seraient revendiqués comme non réciproques, mais qui ne sont pas pour autant des viols pour celles qui les vivent.

Cette définition a pour corrélat qu'il est du ressort du (ou de la) partenaire de s'assurer que le rapport sexuel est voulu. Les conditions de l'expression de la volonté auprès du partenaire et l'évolution de la perception de la situation avec le temps doivent également être prises en compte si l'on définit le viol comme « ce qu'une personne ressent comme une atteinte sexuelle ». La loi canadienne va dans ce sens. Si elle a toujours recours au « consentement », à défaut de mieux, elle se fonde sur l'« accord volontaire », qui exige un « consentement réel et actif à chaque étape de l'activité sexuelle[1] ». L'accord volontaire donne le primat à la *volonté* sur le *désir* et confère une exigence d'égalité, au moins dans l'expression des volontés. Une exigence que la notion de « consentement », comme MacKinnon le démontre, ne permet pas puisque « consentir à un acte sexuel n'est pas la même chose que le fait de le *vouloir*[2] ». Une approche du viol par le critère de l'égalité « exigerait que le sexe soit *voulu* pour ne pas constituer une agression[3] ».

1. R. c. J. A., 2011 CSC 28 [2011], § 66, cité *in* Catherine Le Magueresse, « Viol et consentement en droit pénal français », *Archives de politique criminelle*, vol. 11, n° 34, 2012, p. 234.

2. Catharine MacKinnon, *Women's Lives, Men's Laws*, *op. cit.*, p. 244.

3. *Ibid.*

Cependant, si l'on prête attention à la reformulation ci-dessus, il me semble indispensable d'opérer un déplacement par rapport à la définition politique du viol par MacKinnon en « dégenrant » la victime : le viol serait alors tout acte qu'« une *personne* ressent comme une atteinte *sexuelle* ». Parler de « personne » me conduit à préciser « atteinte *sexuelle* » puisque, dans la définition initiale, cette dimension sexuelle reposait entièrement sur la formulation – genrée – qu'il s'agissait de violences commises par des hommes sur des femmes. On passe donc d'une définition de la violence sexuelle en termes uniquement genrés à une proposition de définition plus ouverte qui seule permet d'intégrer en son sein toute victime de violence sexuelle, quelle que soit son identité de genre, et que j'éprouverai dans le chapitre suivant.

Parmi les rapports sociaux et contextes qui surexposent aux violences sexuelles, l'un d'entre eux me semble en effet mériter une attention particulière à cet égard : le rapport d'âge, et le cadre intra et parafamilial où ont lieu la majorité des premières expériences de violences sexuelles. Comment s'articulent ces violences avec le genre, dans un contexte où l'âge est mobilisé comme levier de pouvoir et à une période de la vie où les identités sont en formation ? C'est à présent depuis les frontières de la sexualité selon l'âge, conçues juridiquement et socialement en termes de seuils et d'écarts d'âge (donc relatifs et contextuels), que je vais examiner les violences sexuelles subies précocement et infligées par des proches.

5

Violences sexuelles intra et parafamiliales sur mineur·es : l'œil du cyclone

> Au bord du vide. Impossibilité de me situer face à l'œil du cyclone.
> J'aborde ses rives en mon centre incertaine.

Malgré les difficultés à chiffrer les violences sexuelles à l'encontre des mineur·es[1], il est aujourd'hui admis que la majorité des personnes victimes de violences sexuelles ont subi les premiers viols ou agressions avant leurs dix-huit ans, et ce dans toutes les classes sociales[2]. Selon l'enquête Virage, parmi les femmes qui ont subi des viols et tentatives de viol, 40 % ont vécu les premières violences avant 15 ans et 16 % entre 15 et 18 ans, soit 56 % avant 18 ans. Pour les hommes, ce sont « les trois quarts des viols et tentatives de viols » qui ont été subis avant 18 ans[3]. Selon le rapport de la Ciivise publié en novembre 2023, « une personne sur dix a été victime de violences sexuelles dans son enfance », soit 5,4 millions d'adultes, et 165 000 enfants sont victimes chaque année[4].

1. Véronique Le Goaziou, *Le Viol, aspects sociologiques d'un crime*, *op. cit.*
2. Nathalie Bajos et Michel Bozon (dir.), *Enquête sur la sexualité en France*, Paris, La Découverte, 2008. Voir Nathalie Bajos, Michel Bozon et l'équipe CSF, « Les violences sexuelles en France », art. cit., p. 1 ; « Impact des violences sexuelles de l'enfance à l'âge adulte. Déni de protection, de reconnaissance et de prise en charge. Enquête nationale auprès des victimes », Association Mémoire traumatique et victimologie, mars 2015, p. 29.
3. Christelle Hamel *et al.*, « Viols et agressions sexuelles en France », art. cit.
4. « Violences sexuelles faites aux enfants. "On vous croit"», rapport, Ciivise, novembre 2023, p. 197.

Les victimes sont des filles dans 83 % des cas et les enfants en situation de handicap sont particulièrement vulnérables puisqu'ils et elles ont un risque 2,9 fois plus élevé que les autres d'êtres victimes de violences sexuelles[1]. Ces violences subies par les enfants handicapé·es faisant l'objet d'une sursilenciation en raison du déni plus fort encore qui les entoure, il est fort probable que les statistiques dont nous disposons minorent le phénomène.

Ces violences sexuelles sur mineur·es sont exercées en grande partie par des personnes de « leur entourage », famille ou proche (pédagogue, garde d'enfants, ami de la famille) – quoique le rapport de la Ciivise attire aussi l'attention sur la cyberpédocriminalité, qui est en croissance. Dans la majorité des cas, les agressions ont lieu dans un cadre intrafamilial – on parle alors d'inceste[2]. L'ouverture de la permanence téléphonique Viols Femmes Informations en 1986 a permis de dévoiler l'ampleur des violences sexuelles intrafamiliales, appuyée par la médiatisation croissante de l'enfance maltraitée depuis les années 1980. Entre 1986 et 2006, elles représentaient ainsi 32,4 % des appels.

En outre, les victimes le sont souvent de façon répétée, la proximité entre auteur et victime facilitant la réitération. La Ciivise, relevant que « dans la famille, les violences sexuelles se sont produites plusieurs fois dans 62 % des cas », conclut que « plus l'agresseur est proche de la victime, plus les violences durent longtemps »[3]. Enfin, en dépit des variations d'une étude à l'autre, on constate que l'écart est systématiquement moins grand entre garçons et filles victimes de violences sexuelles qu'entre hommes et femmes adultes[4]. Quant aux agresseurs, s'il n'y a pas de statistiques précises les concernant, pour reprendre les termes de l'anthropologue Dorothée Dussy

1. *Ibid.*, p. 201 et 242.
2. *Ibid.*, p. 555.
3. « Violences sexuelles faites aux enfants. "On vous croit" », *loc. cit.*, p. 204.
4. Elizabeth Brown, Alice Debauche, Christelle Hamel et Magali Mazuy (dir.), *Violences et rapports de genre*, *op. cit.*, p. 28.

au moment où elle publie son ouvrage en 2013, « s'il y a trois millions de victimes [et *a fortiori* si elles sont plus de cinq millions], on peut estimer que les incesteurs se comptent donc aussi en millions ! »[1].

Ces quelques chiffres donnent une idée de l'ampleur des violences sexuelles sur les mineur·es.

Enfants/mineur·es

Le périmètre de ces violences n'est pourtant pas aussi évident qu'il y paraît : sous leur apparente équivalence, l'expression de « violences sexuelles faites aux enfants », utilisée notamment par les politiques publiques, n'a pas la même connotation que celle de « violences sexuelles contre les mineur·es ». La première peut laisser entendre que les agresseurs sont nécessairement des adultes, qui s'en prennent donc sexuellement à une catégorie particulière de la population, associée à l'innocence et à l'ignorance sexuelles. Or « un tiers environ des abus sexuels intrafamiliaux sont commis par des collatéraux – frères, sœurs, cousins[2] » et les grandes enquêtes menées ces dernières années font le constat d'une croissance des mises en cause de mineur·es pour agressions sexuelles sur mineur·es[3]. En 2020, sur 27 900 personnes mises en cause pour des crimes ou délits sexuels (dont 97 % sont des hommes), un présumé sur quatre était âgé de moins de dix-huit ans[4]. La part des mineurs à l'origine d'agressions sexuelles et de viols sur d'autres mineur·es est donc loin d'être négligeable. Cette question, insuffisamment documentée[5], est pourtant cruciale

1. Dorothée Dussy, *Le Berceau des dominations. Livre 1 : Anthropologie de l'inceste*, Marseille, La Discussion, 2013, p. 30.

2. *Ibid.*, p. 45.

3. Juliette Rabaux, « Les mineurs délinquants sexuels », *Journal du droit des jeunes*, vol. 5, n° 265, 2007, p. 15-21.

4. « Insécurité et délinquance en 2020 », *loc. cit.*, p. 100.

5. Voir notamment la thèse en cours de Corentin Legras : « Des familles à l'épreuve de l'inceste : trajectoires institutionnelles des mineurs auteurs d'inceste et reconfigurations des liens familiaux », Paris, EHESS.

car elle interroge les « seuils » de développement de la sexualité et ceux de la responsabilité et de la prise en charge des auteurs.

L'enfance, cette catégorie sociale, morale et politique[1] aux contours flous, englobe une diversité d'âges généralement situés avant la puberté, mais est parfois utilisée pour désigner toute personne mineure. Des sous-catégorisations de cette catégorie d'« enfant » ont cependant été élaborées. En droit criminel français, l'« infans » (du latin *infans*, « qui ne peut pas parler ») désignait jusqu'à 1984 l'enfant de moins de six-sept ans, considéré comme n'étant pas encore « assez formé à l'usage de la raison » pour pouvoir faire l'objet d'un jugement et d'une condamnation pour ses actes. L'approche juridique de l'enfance, telle qu'on la retrouve dans la Convention internationale des droits de l'enfant notamment, est paradoxale car elle fait tenir ensemble la reconnaissance des spécificités des enfants et leur droit au respect en tant que personnes, comme pour tout être humain[2].

Le terme de « mineur », lui, renvoie à un statut social et juridique qui prive de liberté et de droits et en accorde d'autres, au nom d'une vulnérabilité dite naturelle. Il désigne ainsi des personnes placées sous l'autorité d'un tiers adulte (la plupart du temps les parents), responsable juridiquement et matériellement. Cette mise sous tutelle est pour le moins paradoxale quand on sait que nombre des violences sexuelles sur mineur·es sont exercées par des membres de la famille. Ce paradoxe a été souligné par le philosophe Tal Piterbraut-Merx dans son analyse critique des mesures de « protection de l'enfance » qui, naturalisant l'enfant comme intrinsèquement vulnérable entre zéro et dix-huit ans, justifient l'autorité parentale au nom de l'« intérêt de l'enfant » et peuvent faire intervenir, ponctuellement, l'État au sein de la famille au nom de la protection de celui-ci, tout en maintenant l'organi-

1. Voir Yves Bonnardel, *La Domination adulte*, Breuillet, Myriadis, 2015.

2. Voir la préface de François de Singly à Pierre Verdrager, *L'Enfant interdit*, Paris, Armand Colin, 2013, p. 8.

sation sociale et juridique qui est à l'origine de la vulnérabilité de l'enfant, complètement dépendant de sa famille et donc en proie aux violences en son sein[1]...

J'utiliserai les termes de mineur·e et d'enfant, préférant pour ma part restreindre l'usage du second à la personne prépubère (et suivant en cela les stades de développement psychosexuels), mais en respectant son emploi lorsqu'il est mobilisé par des tiers (ainsi de la Ciivise). Les premières années de la vie correspondent à la fois à la formation des identités (par une socialisation différenciée selon qu'il s'agit de garçons ou de filles) et à une forte prévalence des agressions et des viols, qu'ils soient subis ou exercés sur d'autres mineur·es. Là, dans ces violences intra et parafamiliales qui commencent dès le plus jeune âge pourrait se trouver un nœud déterminant pour la compréhension des violences sexuelles et de leur articulation avec le genre.

Comment comprendre les « violences sexuelles faites aux enfants », qui font l'objet d'une catégorisation statistique, d'un regard social et de politiques spécifiques ? Sachant que garçons (quoiqu'en de moindres proportions) comme filles en font l'objet et que des femmes (quoiqu'en bien moindres proportions et souvent en tant que complices) comme des hommes sont mis·es en cause pour de tels actes, les violences sexuelles sur mineur·es confirment-elles l'hypothèse selon laquelle les violences sexuelles s'inscrivent dans la dynamique du genre comme domination ? Ou appellent-elles une autre grille interprétative ?

Avant de tenter de répondre à ces interrogations, il est nécessaire de les resituer dans le contexte du dévoilement progressif des violences sexuelles sur mineur·es comme phénomène social.

---

1. Tal Piterbraut-Merx, « Doit-on protéger les enfants ? Les voies de la domination adulte », *Revue du Crieur*, n° 15, 2020, p. 106-113.

Violences sur les enfants : un dévoilement progressif

Selon Georges Vigarello, auteur d'un ouvrage de référence sur l'histoire du viol, le code révolutionnaire de 1791 marque une première « révision des mœurs » concernant les violences sexuelles, en particulier sur mineur·es. Il abandonne en effet « toute référence religieuse dans le jugement du crime », dont les victimes étaient souvent rendues coupables, et pose le principe de la propriété de soi (pour les hommes) : « Tout homme est seul propriétaire de sa personne ; et cette propriété est inaliénable[1]. » Enfin, s'appuyant sur l'autonomie et l'individualité, le nouveau raisonnement juridique « a aiguisé la recherche de seuils de conscience et d'imputabilité » des actes. Les enfants, « auparavant jugés libertins ou débauchés » et parfois condamnés à de très jeunes âges pour des violences qu'ils auraient provoquées ne peuvent plus être incriminés[2].

La révision du code pénal de 1832 marque une nouvelle évolution : la violence physique et l'usage de la « force matérielle et armée » n'ont plus à être démontrés pour que le viol soit reconnu et le critère de l'âge est mobilisé de manière inédite afin de fixer un seuil (onze ans) en deçà duquel l'attentat à la pudeur, « quelle que soit sa forme », est reconnu comme violent[3]. Comme le relève Vigarello, c'est la « faiblesse » liée à l'âge qui sous-tend cette transposition de gestes imposés aux enfants en « violence », mais « cette transposition n'a pas d'effet immédiat sur l'analyse du viol d'une femme adulte »[4]. Il est important de souligner combien cette évolution est liée à la « volonté [politique] de supprimer au sein de la famille tout îlot de non-droit » – combien donc, « il faut un déplacement de l'image du père et de l'autorité pour que la possibilité de juger le viol soit elle-même accrue »[5]. Ainsi, dans le contexte postrévolutionnaire et avec l'évolution

1. Georges Vigarello, *Histoire du viol*, *op. cit.*, p. 113.
2. *Ibid.*, p. 116.
3. *Ibid.*, p. 158 et 160.
4. *Ibid.*
5. *Ibid.*, p. 162.

de la famille comme institution, les violences sexuelles sur les enfants viennent à être reconnues comme des violences spécifiques, qui méritent une protection particulière.

L'émergence de la psychanalyse à la fin du XIXe siècle s'accompagne de la découverte de la fréquence des violences sexuelles subies par les enfants et commises par l'entourage (un père, un frère aîné, une nourrice). Freud et ses proches commencent alors à appréhender l'ampleur des dégâts que ces actes causent sur la construction de la personnalité[1]. Dans un article paru en 1896, Freud désigne ainsi comme « cause spécifique » des « névroses » (l'hystérie et l'obsession ainsi que de certains cas de paranoïa) les violences sexuelles subies dans l'enfance – même si elles ne sont pas encore nommées de cette façon : « Expérience de passivité sexuelle avant la puberté : telle est donc l'étiologie spécifique de l'hystérie. [...] J'ai pu pratiquer la psychoanalyse complète en treize cas d'hystérie [...]. Dans aucun de ces cas ne manquait l'événement caractérisé là-haut ; il était représenté ou par un attentat brutal commis par une personne adulte ou par une séduction moins rapide, et moins repoussante, mais aboutissant à la même fin[2]. » Freud a ensuite partiellement abandonné cette thèse au profit d'une interprétation en termes de fantasmes construisant la personnalité de l'enfant[3]. Son contemporain, le psychanalyste hongrois Sándor Ferenczi, continue au contraire de reconnaître la réalité des actes traumatisants subis par le ou la patient·e, mais cette conception reste minoritaire. Une telle mise sous silence par le fondateur de la psychanalyse, qui fut aussi l'un de ses théoriciens les plus influents, a fortement retardé la prise en considération des violences sexuelles précoces comme un problème social en lien avec la santé mentale. Les conséquences de cette occultation sont encore présentes, comme peut en témoigner

1. *Ibid.*, p. 237-238.

2. Sigmund Freud, « L'hérédité et l'étiologie des névroses », *Revue neurologique*, vol. 4, n° 6, 1896, p. 161-169.

3. Voir notamment Jeffrey Moussaief Masson, *Le Réel escamoté*, Paris, Aubier, 1984.

l'absence de dépistage systématique des violences sexuelles dans les établissements et services psychiatriques, et il faudra bien un jour affronter cette question.

Si les révélations de cas de violences sexuelles sur enfants croissent tout au long des XVIIIe et XIXe siècles, la pédocriminalité, entre « objet de santé publique » et de politique pénale[1], n'émerge véritablement dans le débat public que dans les années 1980. Dans la décennie précédente en effet, la question de la sexualité des mineur·es ou avec des mineur·es est confondue, au sein des débats axés sur l'émancipation des normes sexuelles oppressives, avec les « perversités sexuelles », au premier rang desquelles l'homosexualité[2].

Un certain nombre d'intellectuels se prononcent alors publiquement *contre* l'idée d'un seuil minimum légal du consentement, au motif de la reconnaissance de la sexualité des enfants. Ainsi, lors d'une émission radiophonique en 1978, l'avocat Jean Danet affirme-t-il que l'« attentat à la pudeur sans violence [sur mineur·e] » est « totalement différent du problème du viol » et est, « il faut bien dire », la « traduction répressive et juridique du plaisir consenti », tandis que Michel Foucault dénonce : « Aller supposer que du moment qu'il est un enfant on ne peut pas expliquer ce qu'il en est, que du moment qu'il est un enfant il ne peut pas être consentant : il y a là deux abus qui sont intolérables, inacceptables[3]. » Éric Fassin a bien mis en lumière l'oubli

1. Florence Magnen et Marie-Paule Martin-Blachais, « La prévention collective des abus sexuels : une voie hasardeuse ? », *in* Nicole Horassius et Philippe Mazet (dir.), *Conséquences des maltraitances sexuelles. Reconnaître, soigner, prévenir*, Paris/Montrouge, Fédération française de psychiatrie/Éditions John Libbey Eurotext, 2004, p. 319-332.

2. Les appels à la réforme de la loi qui se font entendre dans les années 1970 s'en prennent notamment aux dispositions discriminatoires et homophobes héritées du régime de Pétain, qui condamnaient à l'emprisonnement les personnes se livrant à des actes « impudiques et contre nature » avec des hommes de moins de vingt et un ans, tandis que, pour les actes hétérosexuels, cet âge était fixé à treize ans.

3. Voir Éric Fassin, « Somnolence de Foucault, violence sexuelle, consentement et pouvoir », *Prochoix*, n° 21, 2002, p. 106-111.

du pouvoir auquel semble donner lieu une telle prise de position[1]. Dénoncer de tels présupposés suppose en retour non seulement qu'un enfant est bien capable (intrinsèquement, mais aussi en fonction du contexte) de dire oui ou non à un rapport sexuel avec un adulte, que ce oui ou que ce non soit entendu, et enfin de savoir *à quoi* il dit oui ou non. Si ces personnes entendent dénoncer l'instrumentalisation de la protection des enfants par le pouvoir médical, qui se serait substitué à l'ancien pouvoir moral, au nom de la capacité de l'enfant à se dire lui-même, ils ne font jamais, ironiquement, état des témoignages d'enfants ayant été victimes d'abus sexuels « sans violence ». Pourtant, c'est bien la reconnaissance d'un « préjudice » subi qui est l'argument central de l'interdiction de tout acte sexuel avec les enfants et s'impose à partir du milieu des années 1980.

La loi du 17 juin 1998 renforce ainsi la prévention et la répression des infractions sexuelles ainsi que la protection des mineur·es face à ce type d'atteintes. À présent, l'idée d'une sexualité infantile, distincte de la sexualité pubère puis adulte, fait l'objet d'un consensus dans les milieux psychosociaux. Cependant, la loi et la pratique de la justice naviguent encore entre deux eaux, tournant et retournant la question de savoir ce qu'est la « maturité sexuelle » qui permet un « consentement éclairé ». Les demandes d'un certain nombre d'associations et de militant·es féministes visant l'inscription dans la loi d'un âge minimum en dessous duquel le consentement ne peut être présumé ont suivi la logique qui reconnaît les spécificités liées au développement sexuel et psychophysiologique de l'enfant. Elles se sont pour cela appuyées sur certaines décisions de justice, qui sont autant de leviers de revendication. Ainsi de l'affaire de Pontoise, lors de laquelle un homme de vingt-huit ans a eu des rapports sexuels avec une jeune fille âgée de onze ans qui a déclaré ne pas avoir « osé dire non » et a porté plainte pour viol juste

1. *Ibid.*

après les faits. Lui assure qu'il ignorait l'âge de la jeune fille, ce qu'elle conteste. Après une requalification pour atteinte sexuelle sur mineure, le parquet avait finalement ouvert une information judiciaire pour viol. En novembre 2022, l'accusé est condamné pour viol, la cour estimant que « les actes ont été commis par contrainte morale et par surprise » et que la victime « ne présentait pas la maturité suffisante ni le discernement pour consentir à la relation sexuelle ». Cette affaire a pesé dans le vote de la loi du 21 avril 2021, qui pose l'impossibilité pour un·e majeur·e de se prévaloir du consentement sexuel d'un·e mineur·e de quinze ans, sauf lorsque les protagonistes ont moins de cinq ans d'écart. En cas d'inceste, l'âge seuil est fixé à dix-huit ans et la clause d'écart d'âge n'est pas valable.

Face à cette évolution, des critiques ont dénoncé le caractère oppressif et arbitraire de ce seuil et de cet écart d'âge, qui déterminent les actes sexuels permis ou interdits *a priori*, sans interroger les états d'esprit des protagonistes et les conditions particulières de telle ou telle situation[1]. D'autres au contraire, portées notamment par MacKinnon, craignent que ce type de disposition législative ne trace une ligne de partage de la sexualité des femmes au cours de leur vie : un jour elles ne peuvent pas dire oui ; le lendemain elles ne peuvent plus dire non. L'accent mis sur ces seuils d'âge occulterait en effet les autres critères de contrainte sexuelle : « La vulnérabilité que les filles partagent avec les garçons – l'âge – se dissipe avec le temps. La vulnérabilité que les filles partagent avec les femmes – le genre –, non[2]. » Que faire alors ? Ce raisonnement aboutit à deux perspectives, plus exigeantes que le seuil d'âge minimum du consentement. Celle défendue par MacKinnon, consiste

1. Voir notamment : « Observations du Syndicat de la magistrature devant le groupe de travail du Sénat sur les violences sexuelles », Paris, 20 décembre 2017, p. 5.

2. Catharine A. MacKinnon, *Towards a Feminist Theory of State*, *op. cit.*, p. 175-176.

à identifier tous les leviers de pouvoir potentiellement utilisés pour obtenir un acte sexuel[1]. L'autre, formulée par la juriste Catherine Le Magueresse, propose plutôt de ne jamais présumer le consentement de qui que ce soit et de toujours avoir à le prouver[2]. Si la loi du 21 avril 2021 a inscrit l'impossibilité d'un consentement sexuel avec un·e majeur·e en dessous de quinze ans, les contours des définitions des violences sexuelles sur mineur·es, leur prise en charge sociale et politique (en particulier lorsque les auteurs sont des membres de la famille) et les implications pour les viols sur majeur·es n'ont pas fini de susciter le débat.

L'inceste réel

Afin de comprendre les violences sexuelles qui ont lieu dès le plus jeune âge[3], il aurait été envisageable d'esquisser une typologie des contextes de violences sur mineur·es : famille et entourage, institutions religieuses, autres cercles de socialisation, enlèvements et agressions sexuelles ou viols par un inconnu... Selon le rapport de la Ciase, la famille est le milieu de socialisation comportant la plus forte prévalence de violences sexuelles sur mineur·es, soit un tiers des cas. On peut y ajouter les ami·es de la famille et des mineur·es. Ces agressions commises par l'entourage proche représentent au total 70 % des cas de violences sexuelles sur mineur·es. L'Église catholique constitue quant à elle « la première des institutions concernées », en dehors de la famille, devant les colonies de vacances, l'école publique et les clubs de sport[4]. J'ai cependant préféré m'appuyer sur l'enquête ethnographique menée par l'anthropologue Dorothée Dussy à partir

1. Catharine A. MacKinnon, « Rape redefined », art. cit., p. 474.
2. Catherine Le Magueresse, *Les Pièges du consentement*, *op. cit.*
3. Selon la présidente du CFCV Emmanuelle Piet, un cas a été recensé d'un viol d'un nouveau-né de deux jours par son père, à la maternité.
4. Voir Rapport de la Commission indépendante sur les abus sexuels dans l'Église, « Les violences sexuelles dans l'Église catholique, France 1950-2020 », octobre 2021, p. 233.

d'entretiens en prison auprès d'hommes condamnés pour viol ou agression sexuelle sur un ou plusieurs membres de leur famille[1]. Ses analyses de l'« inceste réel » se fondent également sur les procès auxquels elle a assisté ainsi que sur les centaines de témoignages collectés durant ses années de bénévolat au sein de l'association d'entraide Arevi, qu'elle a cofondée, où elle a échangé avec des victimes d'inceste et parfois aussi des incesteurs. À rebours des modèles théoriques et travaux consacrés à l'« interdit de l'inceste », à l'instar de ceux de Lévi-Strauss, l'anthropologue s'est centrée sur la « dimension cachée du réel », sur les pratiques, à savoir « que des petites filles et des petits garçons sont sommés de satisfaire les envies sexuelles de leurs proches de façon courante, et que les adultes de leur famille ou des autres familles l'ont fait eux-mêmes quand ils étaient petits »[2]. Si une telle enquête ne peut prétendre saisir la totalité d'un phénomène social par le petit nombre de personnes observées, sa matière est faite de la texture du « microsocial », composée des raisons que les personnes se fournissent à elles-mêmes et fournissent aux autres pour expliquer leurs actes. Ces propos sont comparés et analysés afin d'en faire surgir des structures qui permettent de comprendre leur existence dans la société où nous vivons. Ainsi, aucun des actes sexuels évoqués ne se trouve déconnecté du regard social, des représentations et des rapports de pouvoir qui les sous-tendent, les informent et les entourent. Une telle approche rend possible la considération des violences comme des actes politiques, non « naturels », donc comme des injustices sociales, et ouvre la voie à la revendication et l'exercice même d'une justice.

S'appuyant sur des travaux concernant les agresseurs sexuels[3], Dussy reprend l'idée que les incesteurs ne « consti-

1. Dorothée Dussy, *Le Berceau des dominations*, *op. cit.*

2. *Ibid.*, p. 255.

3. Voir par exemple Véronique Muschang, « Données récentes sur les ressemblances entre abuseurs intrafamiliaux et extrafamiliaux. Retombées sur la pratique clinique en délinquance sexuelle », première journée scientifique de psychologie, université de Montréal, 2005.

tuent pas un groupe clinique[1] » et que la frontière tracée entre agresseurs « dans » et « hors » de la famille n'est pas toujours pertinente[2] : le fait même que la majorité des violences sexuelles sur mineur·es sont commises par l'entourage proche (cercle familial et ami·es de la famille) lui permet de soutenir que « les résultats d'études sur les agresseurs d'enfants portent en réalité sur des agressions incestueuses au sens large ». Il est à noter que pour plus d'une fille sur deux l'agresseur est un membre de la famille proche (dans l'ordre : oncles, pères, frères et demi-frères, et enfin grands-pères). Si les garçons sont d'abord victimes d'un oncle, d'un frère ou d'un demi-frère, un tiers d'entre eux sont agressés par quelqu'un de leur entourage (« autres hommes proches de la famille », « autres hommes », « voisins bien connus »[3]). Les logiques et dispositifs identifiés dans l'anthropologie de l'inceste se voient confirmés dans les travaux plus récents[4].

La thèse de l'enquête de Dussy sur les incestes réels vient percuter directement mon questionnement relatif à l'articulation entre violences sexuelles et genre : cette dernière défend que « ce n'est pas le genre qui fonde les rapports de domination[5] ». L'inceste constituerait-il alors une aporie pour l'interprétation des violences sexuelles en termes de domination genrée ? Nous atteignons ici ce que j'appelle l'« œil du cyclone » de l'articulation entre genre, violence sexuelle et domination.

1. Jean-Michel Darves-Bornoz, « Existe-t-il des caractéristiques cliniques et psychopathologiques des adultes auteurs d'agressions sexuelles intrafamiliales ? », *Psychopathologie et traitements actuels des auteurs d'agression sexuelle*, Paris/Montrouge, Fédération française de psychiatrie/Éditions John Libbey Eurotext, 2001.

2. Dorothée Dussy, *Le Berceau des dominations*, *op. cit.*, p. 43. Voir aussi Christophe Adam, « Les classifications psychologiques d'auteurs d'infractions à caractère sexuel : une approche critique de la littérature », *Déviance et Société*, vol. 30, n° 2, 2006, p. 233-261.

3. Elizabeth Brown, Alice Debauche, Christelle Hamel et Magali Mazuy (dir.), *Violences et rapports de genre*, *op. cit.*, p. 167.

4. « Les violences sexuelles dans l'Église catholique », *loc. cit.* ; « Violences sexuelles faites aux enfants. "On vous croit" », *loc. cit.*, p. 201-202.

5. Dorothée Dussy, *Le Berceau des dominations*, *op. cit.*, p. 18.

L'étude de l'inceste réel conduit Dussy à affirmer que la théorie de l'interdit de l'inceste comme gage de civilisation, qui a travaillé l'ensemble de l'anthropologie, a occulté la pratique de l'inceste et par là perpétué durablement l'incompréhension de ces actes. Selon Dussy, l'inceste joue un rôle « structurant de l'ordre social » en tant qu'« outil primal de formation à l'exploitation et à la domination de genre et de classe »[1]. Dans cette perspective, l'inceste précède la construction de genre. Les violences sexuelles dans l'enfance, en particulier intrafamiliales, constitueraient ainsi le « berceau des dominations ».

Pour soutenir cette thèse, Dussy s'appuie sur deux aspects de l'inceste. Premièrement, les logiques qui président aux agressions intrafamiliales ne seraient pas fondées sur le genre car les passages à l'acte suivent essentiellement un schéma opportuniste (et non genré), mais également car les femmes aussi incestent (or ces agressions féminines ne seraient en rien spécifiques). Deuxièmement, l'inceste comme phénomène social ne pourrait être compris que selon une « pédagogie de l'écrasement érotisé[2] » qui y préside et qui s'appuie sur l'accord tacite de l'environnement familial des protagonistes comme de la société où ces actes s'inscrivent.

Les motivations des agresseurs : des logiques non genrées ?

À partir de ses observations et des témoignages recueillis lors de son enquête ethnographique, Dorothée Dussy affirme qu'on devient incesteur (ou violeur d'enfant) « par facilité, par mimétisme, par opportunisme, ou encore par identification ». Cette étiologie synthétique appuie l'idée que l'« objet » de l'agression sexuelle n'est pas un facteur déterminant par lui-même. Cette hypothèse est étayée par la variabilité des cibles des personnes interrogées. Différentes

1. *Ibid.*, p. 12.
2. *Ibid.*

études montrent également que seule une petite minorité d'agresseurs de mineur·es ont une « orientation préférentielle pour les enfants ou les jeunes adolescents[1] ». L'idée d'une « orientation sexuelle » guidant le ciblage de la victime est en outre invalidée chez les auteurs mineurs, par les contradictions entre les représentations qu'ils se font d'eux-mêmes et leurs actes. Dans la recherche conduite en anthropologie par Corentin Legras, les garçons incesteurs font valoir leur hétérosexualité en tant qu'adultes, et ce même s'ils ont agressé d'autres garçons quand ils étaient mineurs.

Par ailleurs, le passage à l'acte est parfois porté par des motivations genrées. Dorothée Dussy mentionne par exemple le cas d'André, qui se revendique « homme à femmes » et considère que les filles qu'il agresse sont pubères[2]. Corentin Legras évoque cet autre agresseur, mineur, qui affirme qu'il était très important de « le faire avec un corps féminin » – bien qu'il ait par ailleurs également incesté un garçon[3]. Désormais adulte, il ajoute être « 100 % hétérosexuel » et assure ne toujours pas comprendre « comment ça a pu arriver ». Ces actes sont parfois justifiés dans les mots des agresseurs par une quête existentielle (qu'une lecture psychanalytique pourrait interpréter comme immaturité sexuelle), par exemple chez cet incesteur qui qualifie son évolution vers des garçons de plus en plus jeunes « comme un retour à la naissance ». Ils peuvent encore, selon des discours imprégnés d'homophobie intériorisée, être associés à une « manière » d'extérioriser une homosexualité non assumée, ce que font trois des hommes rencontrés par Dussy en prison. Ainsi de cette relecture *a posteriori* d'une personne en détention, rompue aux discours attendus par ses différents interlocuteurs

1. Une enquête sur les abus sexuels commis par des prêtres catholiques aux États-Unis conclut par exemple qu'ils représentent 10 % des agresseurs. Voir « The nature and scope of sexual abuse of minors by catholic priests and deacons in the United States 1950-2002 », New York, John Jay College, 2004, cité *in* « Les violences sexuelles dans l'Église catholique », *loc. cit.*, p. 213.

2. Dorothée Dussy, *Le Berceau des dominations*, *op. cit.*, p. 235.

3. Entretien avec Corentin Legras, 22 juin 2023.

au fur et à mesure de son parcours judiciaire : « Je ne me sens pas pédophile, mais je le serais devenu si on ne m'avait pas arrêté. Parce que j'étais dans un délire qui m'empêchait de faire un *coming-out* normal. Et j'allais vers des enfants de plus en plus jeunes, je régressais. Donc, maintenant, avec le recul, je trouve ça même atroce de ma part, ça ne correspond pas du tout à ma personnalité. Je pense que la névrose dont j'étais atteint sans le savoir m'a complètement retourné la cervelle[1]. »

L'incesteur choisit en tout cas ce qui est « à disposition » : « Les viols incestueux sont des viols d'aubaine, [...] et c'est l'extrême facilité avec laquelle on peut forcer un enfant au rapport sexuel qui facilite les occasions[2]. » Ici, la « facilité » est due à l'influençabilité d'un enfant, à sa « suggestibilité » (sa capacité à être influencé par une suggestion), à son silence, qui lui-même peut être causé par l'incompréhension, par le sentiment d'un devoir de loyauté, par la culpabilité ou la peur, ainsi qu'à la complicité plus ou moins consciente de l'entourage. Cette logique d'« aubaine » s'appuie sur une asymétrie de pouvoir structurelle entre adultes et enfants.

Cependant, l'enquête de Corentin Legras sur les violences sexuelles commises par des mineurs fait valoir que cette logique s'appuie aussi sur les autres asymétries de pouvoir en présence, et en particulier le genre, dès le plus jeune âge, ce qui éclaire le fait que les filles restent plus victimes de violences sexuelles intrafamiliales que les garçons. Les violences sexuelles sur ces dernières seraient en effet « encouragées » par un contexte familial de valorisation d'un « rapport viril à l'hétérosexualité », selon les témoignages d'enquêté·es interrogé·es par Legras, et de minorisation, d'infériorisation et d'altérisation des femmes et des filles, par des comportements sexistes. Tout cela incite l'incesteur, majeur ou mineur, à se porter sur des cibles dont l'agression sera moins susceptible de donner lieu à des représailles. L'altérisation genrée et sexuelle

1. Dorothée Dussy, *Le Berceau des dominations*, *op. cit.*, p. 241.
2. *Ibid.*, p. 228.

des filles se double d'une « minorisation relationnelle » par l'âge, qui se traduit notamment par la plus forte exposition des cadettes aux violences sexuelles de leurs aînés dans les adelphies[1] et le traitement négatif dont elles font l'objet une fois les violences exposées au grand jour, au profit bien souvent de leur incesteur masculin[2]. Ainsi, si l'orientation sexuelle n'est pas une catégorie signifiante pour expliquer le passage à l'acte incestueux, en revanche l'hétéronormativité masculiniste et les représentations et comportements patriarcaux et sexistes au sein de la famille permettent d'expliquer la plus forte prévalence des filles parmi les victimes[3].

La « logique d'aubaine » permet également de comprendre pourquoi, au sein de l'Église, les garçons sont davantage victimes de violences sexuelles que les filles : selon des chercheurs et chercheuses de l'Inserm, l'inversion du ratio de genre entre l'institution familiale et l'institution ecclésiale est en grande partie un « effet d'opportunité[4] », quoiqu'on ne puisse pas totalement exclure la plus grande présence, parmi les membres du clergé, de personnes ayant développé des dispositions pour des enfants de sexe masculin et qui auraient précisément orienté leurs choix de carrière en fonction de ces dispositions. Cet effet d'opportunité est là aussi sous-tendu et façonné par des « logiques sociales » : la socialisation en non-mixité des victimes (scouts, internats de garçons), la socialisation en non-mixité des agresseurs (transmission vocationnelle non mixte) et un certain apprentissage d'une peur de la figure féminine. Une telle explication renforce, là encore, l'hypothèse d'une structuration des comportements sexuels par la

1. Ce terme, employé par Corentin Legras, désigne les frères et sœurs d'une même famille. Contrairement à « fratrie », il n'est pas genré.

2. Corentin Legras, « Incestes commis par des mineurs : penser la minorisation des cadettes dans les violences de genre intrafamiliales », communication, journée d'études « Violences de genre subies par les populations minoritaires et minorisées. Études empiriques, perspectives théoriques », Paris, Réseau Visage, juin 2023.

3. Entretien avec Corentin Legras, 22 juin 2023.

4. « Les violences sexuelles dans l'Église catholique », *loc. cit.*, p. 237.

socialisation. Cette socialisation est régie par l'hétéronormativité dominante dans la société en général, mais peut être modulée selon certains contextes. On retrouve également, dans ce contexte, un ciblage des victimes en fonction des rapports de pouvoir en présence, la personne plus âgée ayant autorité ciblant les plus jeunes placés sous sa tutelle.

L'« opportunisme » qui caractérise la logique de l'agresseur pour Dussy qualifie me semble-t-il à la fois une situation qui est favorable – en termes de rapport de forces – au passage à l'acte, mais aussi l'évaluation de moindre risque en termes de rapports de pouvoir structurels. Cela permet à une personne de former le projet d'assouvir un « désir » ou un projet sexuel en assujettissant une autre personne, identifiée comme plus vulnérable ou subalterne, « à disposition », selon une relation de pouvoir asymétrique. Ces deux dimensions, situationnelle et structurelle, donnent lieu à un calcul coût/bénéfice du passage à l'acte tout à fait rationnel, qui participe de ce qui a pu être identifié comme une « stratégie de l'agresseur » – laquelle n'est pas spécifique aux violences sexuelles sur mineur·es. À la lumière des témoignages reçus par la permanence téléphonique Viols Femmes Informations, celle-ci a été modélisée comme schéma d'action récurrent chez les agresseurs. Selon le CFCV, l'agresseur sélectionne sa victime puis « organise l'agression [...] en fonction de cinq priorités principales » : isoler la victime (géographiquement, socialement, professionnellement) ; la dévaloriser, la traiter comme un objet (ce qui aura pour conséquences qu'elle ne répliquera pas et perdra l'estime d'elle-même) ; inverser la culpabilité (transférer la responsabilité de la violence à la victime) ; instaurer un climat de peur et d'insécurité ; agir en mettant en place les moyens d'assurer son impunité et de verrouiller le secret[1]. La logique de l'opportunisme constitue le prolongement, dans l'acte, de la disposition de personnes en position de pouvoir à se sentir autorisées à user de l'autre

1. « Éléments spécifiques de la stratégie des auteurs de violences sexistes », CFCV.

sexuellement, à avoir un « droit sur ». Se dessine ici une condition de possibilité des violences sexuelles quel que soit le genre ou l'orientation sexuelle de l'agresseur comme de la victime. Bien que les hommes comme groupe social soient placés en situation de pouvoir, la même dynamique serait ainsi à l'œuvre pour les agresseurs et la minorité d'agresseures.

De la même manière que pour les viols de majeur·es sur majeur·es, et en particulier des hommes sur les femmes, la mise en lumière d'un ciblage rationnel (plus ou moins conscient) en fonction des rapports de pouvoir situationnels et structurels désamorce la « fameuse théorie des pulsions [...] puisque, au contraire, tous les violeurs prennent soin de ne pas se faire pincer[1] », explique Dussy. Cette discrétion atteste que l'agresseur sait très bien que son acte est illégal. Bien plus, la théorisation de ces actes comme « pulsions irrépressibles », mobilisée par les psychiatres comme les juges, vient, selon l'anthropologue, « troubler la réflexion que les incesteurs peuvent avoir sur eux-mêmes »[2]. Une justification naturalisante et genrée, construite et transmise par les institutions médico-judiciaires publiques, offerte sur un plateau par la société, qu'il reviendrait aux incesteurs d'admettre comme plus valide que leurs propres récits sur eux-mêmes puisque ce sont les personnes mêmes qui conçoivent ces « cases » qui « autoriseront [leur] remise en liberté »[3]. Un autre signe de la maîtrise relative de l'agresseur est l'arrêt des violences : des signes envoyés par le garçon ou la fille victime (elle ne « se laissait plus faire », il criait...) font courir le risque que la manœuvre apparaisse au grand jour et cela peut suffire à ce que l'incesteur cesse ses actes avec une personne, en les transposant parfois sur une autre.

Pour autant, d'un agresseur à l'autre, cette rationalité prudente alterne avec la posture de celui qui, jusqu'au bout, est persuadé – ou se persuade – que son acte ne rentre pas

1. Dorothée Dussy, *Le Berceau des dominations*, *op. cit.*, p. 80.
2. *Ibid.*
3. *Ibid.*

dans les catégories de ce qui n'est pas légal et « pas bien » moralement. Il s'agit tantôt de « mauvaise foi » (au sens ordinaire du terme), tantôt d'une justification aveugle, nourrie par l'environnement de l'agresseur ou ses expériences passées. Se brouillent alors les frontières entre licite et illicite, entre sexualité violente et sexualité consensuelle, « normale », acceptée. Enfin, un certain nombre d'agresseurs banalisent les faits et ne laissent paraître aucune conscience de la gravité de leurs actes pour les personnes qui les subissent : « Le décalage entre la place que prend l'inceste dans leur discours et dans leur vie, et la place qu'il prend pour les victimes, était pour moi franchement troublant[1] », reconnaît Dussy.

Ainsi la rationalité de type opportuniste est complétée par une absence d'empathie, si l'on entend par là la capacité de se mettre « à la place de l'autre » – que l'on a déjà rencontrée au chapitre précédent dans le cadre d'actes hétérosexuels entre majeur·es.

Femmes incesteuses

Des femmes aussi incestent et agressent sexuellement des mineur·es. Peu de données sont disponibles, notamment car ces violences sont encore moins judiciarisées que celles commises par les hommes. Elles sont surtout identifiées dans les circuits de l'aide sociale à l'enfance. Si elles ciblent des garçons comme des filles, elles sont plus difficiles encore à faire reconnaître lorsque des garçons en sont victimes car cette réalité vient se heurter à la conception de la violence sexuelle comme étant propre au masculin.

L'immense majorité des violences sexuelles sont effectivement commises par des hommes. Reconnaître que les femmes peuvent elles aussi, quand elles se retrouvent en situation de pouvoir, en venir à agresser sexuellement ne remet pas en cause l'asymétrie de pouvoir structurelle entre hommes et femmes adultes. Mais comment penser ces violences sexuelles

1. *Ibid.*, p. 62.

féminines ? Sont-elles simplement la preuve que les violences sexuelles en général ne sont pas le fait d'une nature, d'une essence masculine ?

Lors de son enquête, Dussy a rencontré cinq femmes et trois hommes ayant été incesté·es par des femmes de leur famille (mère, grand-mère, sœur, tante). L'un des incesteurs condamnés avec lesquels elle s'est entretenue a lui-même été victime d'agressions, à onze ans, par la fille de sa famille d'accueil et quatre des femmes incestées ont reproduit les gestes sexuels qu'on avait posés sur elles. La très grande majorité des agresseures affirment avoir été victimes de violences sexuelles par un proche dans leurs jeunes années[1].

Selon Dussy, et alors même qu'elle reconnaît le caractère « masculiniste » de la société de son enquête comme cadre de socialisation ainsi que l'importance des « questions de genre dans l'organisation des relations dans la sphère familiale[2] », il n'existe pas de « spécificité » des violences commises par les femmes incesteuses, qui « ne sont pas moins violentes, graves et intrusives que celles commises par les hommes[3] ». Le passage à l'acte incestueux serait alors, bien plus que du genre, « le résultat d'une pédagogie familiale dont chacun, *garçon ou fille* de la famille, est récipiendaire et qu'il intériorise[4] ». D'après les témoignages d'incestes commis par des mères, grandes sœurs, cousines, etc., sur leurs fils, petits-fils, cousins, etc., les incesteuses, pas plus que les incesteurs, ne « féminisent » le garçon ; au contraire, elles se centrent souvent sur le phallus de leurs petites victimes. La violence est dans ce cas bien genrée (en ce qu'elle porte une attention sexualisante discriminante sur le phallus d'un enfant), mais

1. *Ibid.*, p. 45. Cette tendance se retrouve dans l'enquête de Corentin Legras sur les agressions commises par des mineur·es : sur les trois filles mineures auteures rencontrées, toutes ont été agressées sexuellement par un proche masculin, majeur ou mineur (entretien, 22 juin 2023).

2. *Ibid.*, p. 18.

3. Jacqui Saradjan, *Women Who Sexually Abuse Children. From Research to Practice*, New York, John Wiley, 1996, cité in *ibid.*, p. 44.

4. Dorothée Dussy, *Le Berceau des dominations*, *op. cit.*, p. 249 (je souligne).

elle ne peut être comprise comme une *féminisation* par la violence sexuelle de la part de l'agresseure. Ainsi du témoignage d'une mère qui ne comprenait pas pourquoi les fellations sur son bébé étaient problématiques, constituaient une violence et étaient illégales : « C'est *à moi* tout ça », disait-elle[1]. Cela confirme, en renversant la dynamique de genre principale où la domination masculine objectifie et constitue le féminin, la logique d'appropriation du corps de l'autre, plus vulnérable que soi, qui préside aux violences sexuelles. Dans cet exemple, la domination familialiste se substitue à la domination de genre.

Pour autant, par-delà cette logique d'objectification instrumentale et sexuelle que l'on retrouve dans tous les cas, un certain nombre d'études s'efforcent de mettre en lumière les conditions particulières de ces contextes « favorables » au passage à l'acte des femmes. Or ces contextes diffèrent de ceux qui sont incitatifs pour les hommes : en raison de la plus grande proximité des femmes, notamment des mères, avec les jeunes enfants, celles-ci sont plus souvent portées à agir sur des enfants très jeunes[2]. Les mères seraient ainsi à l'origine de 95 % des cas d'abus sexuels sur un garçon par une femme[3]. En outre, le verrouillage par le silence est rendu d'autant plus fort que leurs gestes, à l'encontre des schémas correspondant à une initiative de la part des hommes, sont plus facilement interprétés comme une « marque d'affection inadéquate ». Enfin, pour ce qui est de la judiciarisation de ces cas, ceux qui sont portés à la connaissance de la justice font plus souvent l'objet d'une prise en charge médicale

1. Propos rapportés par Emmanuelle Piet lors d'une formation de prévention sur les violences sexuelles sur les enfants dispensée en 2018.

2. Jean-Luc Senninger, Francis Boquel et Adèle Senninger, « Inceste mère-fils : étude actualisée des aspects juridiques, criminologiques et psychopathologiques », *L'Information psychiatrique*, vol. 89, n° 9, novembre 2013, p. 729.

3. Voir Hannah Ford, *Women Who Sexually Abuse Children*, Chichester/Hoboken, Wiley, 2006 ; et Theresa A. Gannon et Franca Cortoni, *Female Sexual Offenders. Theory, Assessment and Treatment*, Chichester, Wiley, 2010, p. 728, cité in *ibid.*

que judiciaire et lorsqu'ils arrivent tout de même devant la justice, les peines sont moins sévères que pour les hommes, tout cela visant à « protéger une certaine conception du rôle maternel[1] ».

Au reste, pour ce qui est des logiques du passage à l'acte et des actes eux-mêmes, des chercheurs et chercheuses ont mis en lumière une planification des actes selon trois modalités : « implicite » (en passant par des manipulations inconscientes), « directe » (notamment avec un plan préparé avec un homme coauteur) et « explicite » (un plan conscient de l'infraction par la femme)[2]. Les actes commis par les femmes ne sont pas significativement différents, même si elles utilisent « plus d'objets » et ont recours à « plus de masturbation ». Comme pour les hommes, l'alcool est un facteur fréquent associé au passage à l'acte. Une autre typologie, citée par Dussy, distingue la « *teacher-lover* », qui « agit seule et abuse d'enfants pubères ou d'adolescents », la « femme prédisposée à l'abus intergénérationnel » et la « femme dépendante et contrainte par un partenaire » (la plus fréquente parmi les profils des femmes incarcérées)[3]. Enfin, on retrouve le même mécanisme d'(auto-)justification rétrospective : « c'est une marque d'affection », « ça lui a fait du bien », « ça l'a aidé »[4]... On peut cependant noter que ces deux typologies présentent des logiques de passage à l'acte sous contrainte de ou avec des hommes, ce qui n'est pas le cas du côté des agresseurs.

Ces éléments semblent confirmer que, dans des circonstances « favorables » et en position de pouvoir, les « femmes », *bien que socialisées comme femmes* – encouragées à la douceur,

1. Monique Tardif et Bernadette Lamoureux, « Les femmes responsables d'abus sexuels : refus d'une certaine réalité », *Forensic*, janvier 1999, p. 26.

2. Jean-Luc Senninger, Francis Boquel et Adèle Senninger, « Inceste mère-fils », art. cit., p. 729.

3. Ruth Mathews, Jane Kinder Matthews et Kathleen Speltz, *Female Sexual Offenders. An Exploratory Study*, Orwell, Safer Society Press, 1989, cité *in* Dorothée Dussy, *Le Berceau des dominations*, *op. cit.*, p. 44.

4. Voir Theresa A. Gannon et Franca Cortoni, *Female Sexual Offenders*, *op. cit.*, cité *in* Jean-Luc Senninger, Francis Boquel et Adèle Senninger, « Inceste mère-fils », art. cit., p. 729.

la retenue, l'empathie ou encore la passivité –, sont des agresseurs comme les autres, qui s'appuient sur d'autres logiques de pouvoir situationnel et structurel que le genre.

Des violences subies aux violences perpétrées

Des analyses de Dussy se dégage l'idée que l'inceste n'est pas fondé sur le genre et que ce n'est pas le genre qui fonde la domination, mais bien le « système inceste ». Les violences sexuelles intrafamiliales sur mineures sont néanmoins bien prises dans des représentations et rapports de pouvoir genrés et hétéronormatifs. Ceux-ci subalternisent sexuellement les fillettes, comme l'atteste la disproportion genrée qui se manifeste non seulement par la plus grande part d'hommes incesteurs, mais aussi la plus grande proportion d'anciennes victimes parmi les femmes agresseures. Selon Dussy, « si rien n'est systématique dans les situations d'inceste, en revanche, l'enquête [...] donne à voir une donnée récurrente, incontournable et troublante : l'inceste arrive dans un contexte où il est déjà là[1] ».

L'hypothèse d'un lien éventuel entre violence sexuelle subie précocement et violence exercée, ou « transmission intergénérationnelle » de la violence[2], a été étudiée depuis plusieurs décennies mais il n'existe pas de consensus à cet égard. Il est simplement possible de dire qu'une « partie[3] » des agresseur·es a été victime de violences, qu'elles soient sexuelles ou non, qu'elles soient directes ou qu'ils et elles en aient été témoins. Dans 32 % des cas d'agressions de mineur·es étudiés par la Ciase, les agresseurs témoignent avoir subi des agressions sexuelles dans l'enfance[4].

---

1. Dorothée Dussy, *Le Berceau des dominations*, *op. cit.*, p. 137.
2. Delphine Collin-Vézina et Mirelle Cyr, « La transmission de la violence sexuelle : description du phénomène et pistes de compréhension », *Child Abuse & Neglect*, n° 27, 2003, p. 489-507.
3. Voir Karl Hanson et Sheila Slater, « Sexual victimization in the history of child sexual abusers : a review », *Annals of Sex Research*, n° 1, 1988, p. 485-499.
4. « Les violences sexuelles dans l'Église catholique », *loc. cit.*, p. 207.

Le fait que « les incestés ne deviennent pas fatalement des incesteurs et [que] les incesteurs n'[aient] pas forcément eux-mêmes été incestés[1] » exclut une approche purement déterministe. En revanche, avoir été victime constitue l'un des motifs identifiés comme « facilitant » le recours à la violence[2]. Les incesteurs-incestés que Dorothée Dussy a interrogés nient que les violences subies les aient traumatisés, ce que l'on peut comprendre comme une justification pour se dédouaner de la gravité de leurs actes, ainsi que l'avance l'anthropologue. On peut aussi y voir une réaction face à l'incohérence de la justice, qui n'a pas puni leurs agresseurs alors qu'ils ont commis les mêmes actes que ceux qui les ont amenés à être incarcérés, les confortant ainsi dans la banalisation de la norme inculquée par le foyer. Diverses études relèvent des passages à l'acte dans un contexte où les violences sont présentes dans l'environnement proche, par imitation (la reproduction d'actes vus dans son entourage) ou par identification (l'ancienne victime s'identifiant à son agresseur)[3]. Dans les années 1980, Finkelhor développe le « modèle des quatre préconditions » pour éclairer la diversité des agresseurs sexuels d'enfants. À côté de « la congruence émotionnelle, le blocage et la désinhibition », il mentionne la « prédisposition », soit le « conditionnement social et familial à entretenir une activité sexuelle avec des enfants »[4]. Si cette interprétation en termes d'imitation, d'identification ou de conditionnement peut aussi être mobilisée afin de comprendre des violences sexuelles commises entre pair·es et en dehors

1. Dorothée Dussy, *Le Berceau des dominations*, *op. cit.*, p. 135.

2. Voir « Global status report on violence prevention 2014 », Genève, World Health Organization, 2014, p. 24.

3. Voir notamment Monique Tardif et Bernadette Lamoureux, « Les femmes responsables d'abus sexuels », art. cit., p. 27.

4. David Finkelhor, Carlos A. Cuevas et Dara Drawbridge, « The four preconditions model. An assessment », *in* Douglas P. Boer *et al.* (dir.), *The Wiley Handbook on the Theories, Assessment, and Treatment of Sexual Offending*, vol. 1, Chichester/Malden, Wiley Balckwell, 2016, p. 25-51. D'autres analyses démentent ce lien causal, par exemple Delphine Collin-Vézina et Mirelle Cyr, « La transmission de la violence sexuelle », art. cit.

du cercle familial, elle ne concerne qu'une minorité de celles exercées sur des mineur·es (environ un tiers). Ni condition nécessaire ni condition suffisante, le taux vraisemblablement plus élevé de victimation sexuelle précoce chez les agresseurs pose cependant la question du *continuum* des violences vécues et exercées, sexuelles et non sexuelles.

L'imitation « structurelle » se redouble d'imitations beaucoup plus singulières. Certains agresseurs cherchent à revivre des expériences subies en reconduisant des scénarios spécifiques. Cela constitue un élément clé de la stratégie de l'agresseur. Lors d'une formation dispensée par le CFCV en 2018, l'intervenante évoque ainsi un jeune homme qui a violé une dame âgée. En tant qu'il se porte sur une personne « indésirable » selon la norme, l'acte peut apparaître comme incompréhensible et comble de la cruauté gratuite. Mais il est éclairé par le récit du jeune homme qui rapporte des « siestes crapuleuses » avec sa grand-mère durant son enfance. « Crapuleuse » : il s'agit là du terme employé par la justice, ce qui en dit long sur la manière dont une personne peut elle-même réfléchir aux conséquences de ses actes. En effet, lorsqu'un acte similaire subi dans l'enfance est négligé par la justice jusque dans les mots, comment prendre la mesure de ses effets destructeurs et déstructurants, des effets profonds et durables qui peuvent ne se révéler que des années après ?

Il est important de souligner que parmi les victimes d'agressions sexuelles dans l'enfance, seule une infime minorité passe ensuite elle-même à l'acte. Par ailleurs, cette transmission tacite de la violence est elle-même genrée. Autrement dit, lorsque l'on a été victime dans son enfance, la prévalence du passage à l'acte à l'âge adulte n'est pas la même selon que l'on a été socialisé comme homme ou comme femme : « La socialisation des femmes dans notre société entraînerait une tendance chez celles-ci à s'identifier au rôle de la victime et non à celui de l'agresseur, ce qui expliquerait la forte représentation de victimes de violences sexuelles chez les mères d'enfants agressés sexuellement et leur faible proportion chez les agresseurs[1]. » D'autres études expliquent encore : « La socialisation des hommes est en partie responsable de leur forte représentation chez les agresseurs sexuels, notamment lorsqu'ils ont été eux-mêmes victimes d'agressions sexuelles[2]. »

La pédagogie de l'écrasement érotisé

La méthode incestuelle concerne non seulement la jeune victime et l'agresseur, mais aussi l'ensemble de l'environnement : elle est qualifiée par Dussy de « pédagogie de l'écrasement érotisé ». Ce modèle explicatif vaut également pour les agresseurs de l'entourage proche, qui ne font pas partie de la famille : prêtres, animateurs, professeurs, amis des parents... C'est en fait la relation statutaire entre adulte et enfant, comme relation pédagogique en général, qui est en cause. Cette pédagogie de l'écrasement érotisé comprend un apprentissage de la résignation, renforcé par l'assentiment de l'entourage – de par son inaction.

On peut mettre en relation cette pédagogie de l'écrasement avec les différentes logiques de l'« abus sexuel » identifiées par la Ciase au sein de l'Église : abus paroissial (« incarné par le prêtre tout-puissant »), abus scolaire et éducatif (« incarné par l'aumônier ou l'éducateur, initiateur qui détient la sagesse »), abus familial (lorsque le prêtre « s'invite » dans les familles), abus thérapeutique (incarné par le prêtre thérapeute) et abus prophétique (« incarné par le prophète, soit le fondateur au charisme exacerbé ou le père aux airs de

1. Jane F. Gilgun, « Resilience and the intergenerational transmission of child sexual abuse », *in* Michael Q. Patton (dir.), *Family Sexual Abuse. Frontline Research and Evaluation*, Thousand Oaks, Sage Publications, 1991, p. 93-105 ; Delphine Collin-Vézina et Mirelle Cyr, « La transmission de la violence sexuelle », art. cit., p. 491.

2. David Lisak, « Male gender socialization and the perpetration of sexual abuse », *in* Ronald F. Levant et Gary R. Brooks (dir.), *Men and Sex. New Psychological Perspectives*, New York, Wiley, 1997, p. 156-177, cité *in* Delphine Collin-Vézina et Mirelle Cyr, « La transmission de la violence sexuelle », art. cit., p. 491.

gourou d'une communauté nouvelle »)[1]. Outre la dimension de l'« initiation[2] » fortement présente ici et qui est au cœur de la pédagogie de l'écrasement érotisé, les abus scolaires, éducatifs et familiaux se rapportent bien à l'autorité et la confiance placée dans l'éducateur par les enfants, mais également par leurs parents. L'abus paroissial ressort plutôt d'une autre logique : il indique qu'à ce statut d'éducateur social spirituel vient s'ajouter l'autorité de celui qui est à la fois un notable et un sachant de la communauté, et dont la personne est sacralisée en tant qu'intermédiaire entre Dieu et les hommes. Sa parole et son comportement acquièrent donc facilement un caractère « ultime », incontestable.

Je m'arrête un instant sur le terme de « pédagogie » choisi par Dussy afin de désigner le processus de domination spécifique à la violence sexuelle sur mineur·e, qui met l'accent sur la relation d'apprentissage qui lie l'enfant à l'adulte. Ainsi la pédagogie de l'écrasement mêlerait-elle relation affective, apprentissage de connaissances, de valeurs, de comportements, et violence – y compris sexualisée : elle est sous-tendue par une conception de la jeune personne comme poreuse et, dans le cas des violences répétées durant l'enfance, comme « formée » par un apprentissage de normes morales (le bien, le mal) associées à de la sexualité imposée. Selon cette « pédagogie », l'inceste est une forme de violence et d'injustice due, non pas au genre, mais à l'enfance comme catégorie sociale vulnérable. Et c'est pourquoi Dussy parle de l'inceste comme du creuset des dominations. Je me demande si cette violence de la pédagogie, liée à la hiérarchie entre apprenant et enseignant, n'est pas la trace de la pédagogie par initiation/effraction étudiée par l'ethnologue et anthropologue Pierre Clastres dans les années 1970. Ainsi écrit-il, à partir de son observation des rituels d'initiation, en particulier mandan

1. « Les violences sexuelles dans l'Église catholique », *loc. cit.*, p. 86.

2. Le terme d'« initiation » est encore souvent utilisé de manière acritique pour désigner des actes sexuels imposés par un·e majeur·e ou un·e aîné·e à un·e mineur·e.

et guayaki : « Dans le rituel initiatique, *la société imprime sa marque sur le corps* des jeunes gens[1]. » Il précise que « dans les sociétés primitives, la torture est l'essence du rituel d'initiation », en vue d'assurer l'« appartenance au groupe », et que ces rites passent souvent par l'atteinte à l'intégrité physique, y compris sexuelle[2]. Lui aussi évoque les rituels initiatiques en termes de « pédagogie » : « Pédagogie d'affirmation et non dialogue : aussi les initiés doivent-ils rester silencieux sous la torture. Qui ne dit mot consent. À quoi consentent les jeunes gens ? Ils consentent à s'accepter pour ce qu'ils sont désormais : des membres à part entière de la communauté. Rien de moins, rien de plus[3]. »

Dans l'inceste contemporain, la « pédagogie de la domination » met aussi en place, au lieu d'un apprentissage de l'autonomie, un apprentissage de l'hétéronomie, de la soumission à la loi de l'autre, par l'action conjointe de l'effraction physique et d'une signification morale paradoxale associée à cette effraction, pratiquée comme normale mais devant demeurer secrète.

Ces dernières années, l'accroissement et la visibilisation de savoirs relatifs aux conséquences à long terme des violences sexuelles subies précocement et les témoignages de victimes devenues adultes ne font que confirmer les thèses de la pédagogie de l'écrasement érotisé et de la « confusion de langues » formulée par Ferenczi pour désigner l'écart entre la quête d'affection de l'enfant et la réponse sexualisée de l'adulte qu'il reçoit en retour[4]. Ainsi des prises de parole de

1. Pierre Clastres, « De la torture dans les sociétés primitives », *L'Homme*, vol. 13, n° 3, 1973, p. 118.

2. Un certain nombre de rites de passage ou initiatiques connus sont d'ailleurs sexualisés : ainsi du rapt de l'éromène par l'éraste dans les cités crétoises antiques, de l'excision et de la circoncision, du rituel de « transmission de la semence », symbole du pouvoir, entre hommes, chez les Baruyas de Nouvelle-Guinée, etc.

3. Pierre Clastres, « De la torture dans les sociétés primitives », art. cit., p. 119.

4. Sándor Ferenczi, « Confusion de langue entre les adultes et l'enfant. Le langage de la tendresse et de la passion » (1933), *Psychanalyse IV. Œuvres complètes : 1927-1933*, Paris, Payot, 1982, p. 125-135.

Vanessa Springora puis Francesca Gee, qui, adolescentes, ont toutes deux été en relation avec l'écrivain Gabriel Matzneff, déjà adulte. Alors qu'elles considéraient sur le moment que cette relation était « consentie », elle leur est progressivement apparue comme une manipulation[1] – non pas qu'elles nient avoir été attirées par un majeur ou toute possibilité d'un quelconque érotisme infantile, mais parce qu'elles ont mis précisément en lumière l'impossibilité de se reconnaître en tant que victime quand on a désiré. Dans cette perspective, c'est bien le passage à l'acte du majeur et la complaisance de l'entourage et des institutions qui sont problématiques. Matzneff, qui ciblait également des jeunes garçons, sans pour autant renoncer aux relations avec les femmes, ne dissimulait pas son goût pour l'extrême jeunesse, qu'il assimilait à un « troisième sexe ». Ce classement sexuel du monde en dit long sur le rapport de domination sexualisée qu'il entretenait avec celui-ci. Vanessa Springora affirme ainsi : « Ce n'est pas mon attirance à moi qu'il fallait interroger, mais la sienne[2]. » Et nous retrouvons à nouveau l'asymétrie de pouvoir et de savoir entre la personne en situation de pouvoir (l'adulte) et sa victime, la jeune fille qui ne sait pas à quoi elle se livre.

Si la position de Foucault décrite plus haut, soutenue par nombre d'intellectuel·les, entend faire valoir la subjectivité et la parole de l'enfant, la « symétrisation adulte/enfant[3] » à laquelle elle donne lieu est problématique. Elle ne permet pas de rendre compte des contraintes pesant sur les enfants, de l'asymétrie d'expériences, de connaissances, d'autorité entre enfants et adultes, qui forment un contexte d'asymétrie de pouvoirs générale. L'accumulation des témoignages d'enfants victimes devenu·es adultes met en relief un certain nombre de caractéristiques communes, dont le traumatisme à long

1. Vanessa Springora, *Le Consentement*, Paris, Le Livre de Poche, 2021 (2020).

2. *Ibid.*, p. 133.

3. Pierre Verdrager, *L'Enfant interdit*, *op. cit.*, p. 83.

terme, et invalide rétrospectivement la crainte de Foucault, Danet et d'autres qu'une « manipulation du consentement » des enfants pourrait entraîner une surcondamnation et des condamnations abusives. Une telle crainte apparaît en complet décalage vis-à-vis du vécu des mineur·es abusé·es sexuellement par des adultes, dont la préoccupation principale est celle de la protection effective des enfants. Depuis la perspective des mineur·es violenté·es devenu·es adultes, le problème est à ce jour bien plutôt celui de la protection effective de personnes contraintes et manipulées par des volontés et vers des objectifs qui leur sont étrangers.

La pédagogie de l'écrasement renvoie au processus par lequel l'adulte abuse de son pouvoir de référence normative et de son pouvoir psychologique et physique à faire taire, sans même avoir à le demander explicitement, puisque les enfants considèrent l'adulte et ses aîné·es en général comme des modèles et sa famille comme « le monde ». Jusqu'à six ans, durant la phase de socialisation primaire, les enfants jugent « normal » ce que leur famille produit, celle-ci étant la source principale de la norme[1]. Les agressions sexuelles qui peuvent s'y dérouler très tôt participent donc à la construction d'une norme, laquelle est fondée sur des règles que l'enfant ne comprend pas et qui sont celles (du plaisir) de l'adulte. Cet apprentissage littéralement pervers, au sens où il vise ici la soumission au désir, à la volonté et la loi de l'autre, se double d'un apprentissage précoce du silence et de l'interdit.

En outre, les représentations ordinaires de l'« incesteur » et de l'« agresseur d'enfants » ne correspondent souvent pas à la réalité vécue par l'enfant et peuvent l'empêcher d'identifier l'agression : l'oncle ou le beau-père ne ressemblent pas au « pédophile psychopathe ». Il en va de même pour l'écart entre les stéréotypes sur le viol et sa réalité puisqu'il se fait bien souvent sans « violence » physique manifeste, en particulier lorsqu'il vise des mineur·es. Il en résulte une impos-

1. Peter Berger et Thomas Luckmann, *La Construction sociale de la réalité*, Paris, Armand Colin, 2006 (1966), p. 228.

sibilité de dire les violences sexuelles subies. Ainsi, l'un des incesteurs-incestés interrogés par Dorothée Dussy ne parvient pas à dire qu'il a été violé quand il avait sept ans car l'agresseure était une jeune fille.

Ainsi que le souligne Legras, « dans les subjectivités » des mineur·es qui commettent des violences sexuelles intrafamiliales comme de leur entourage, « l'inceste se situe en dehors de la sexualité parce que les "partenaires" de ces pratiques sexuelles ne seraient pas "légitimes"[1] ». L'inceste, « au moment où il advient, [...] n'est pas partagé, discuté ou questionné » et se trouve exclu par les auteurs eux-mêmes, comme par leurs proches, hors de leurs trajectoires et biographies sexuelles[2]. Cette impossibilité de nommer et de qualifier renforce d'autant la solitude de la personne victime et sécurise le silence.

À l'inverse, quand les incesté·es signifient d'une manière ou d'une autre qu'ils et elles ne veulent plus subir une violence – ce qui arrive bien souvent –, c'est l'ensemble du contexte de violence qu'ils et elles rejettent et leur attitude n'est pas toujours comprise par leur entourage. Ainsi du refus de petit-déjeuner au lit par exemple, parce que cela induit un moment de solitude avec le père incestueux pendant que la mère est en cuisine. Cette dernière, ne voyant pas là le signe d'une situation problématique, le prend comme un caprice incompréhensible. De cette manière, et contrairement à l'idée d'une capacité pleinement déployée de l'enfant à se dire (dans les termes de l'adulte) avancée par Foucault, « la pratique de l'inceste est-elle protégée par l'absence de mots pour le décrire ». L'expression par l'enfant d'un malaise face à des actes imposés s'avère donc souvent inefficace, ce qui contribue à enseigner précocement l'« inutilité de la révolte ». Dussy situe dans cette résignation première au silence l'origine d'un comportement de résignation de la personne devenue adulte dans d'autres situations non bénéfiques pour elle : les

1. Entretien avec Corentin Legras, 22 juin 2023.
2. Corentin Legras, « Incestes commis par des mineurs », *loc. cit.*

fondements d'un manque d'estime de soi sont posés parce que ce qui est ressenti n'est pas écouté. Ainsi « priver les enfants d'informations réelles et précises sur l'inceste est un moyen de les empêcher de nommer, par identification, les violences qui leur sont faites[1] ». Ce mécanisme du silence et le décalage entre le vécu et le représenté socialement font écho à l'isolement moral des victimes de viol adultes. Ils sont cependant redoutablement renforcés par l'incapacité de l'enfant de trouver les ressources pour infirmer ce qui lui est présenté comme la norme.

Ce processus ne s'ancrerait pas dans la jeune victime sans l'assentiment, ou au minimum l'indifférence, de l'entourage. La force de cette norme sociale « de proximité » qui joue contre les victimes est en outre suffisamment puissante pour que les relations entre membres de la famille restent souvent à peu près identiques même après la dénonciation par l'enfant, voire après un jugement condamnant l'agresseur. La victime, elle, se retrouve isolée[2]. Pour ce qui est des violences sexuelles exercées par des garçons sur leurs sœurs cadettes, analysées par Corentin Legras, ce retour à la stabilité de l'institution familiale au profit de l'incesteur masculin et au détriment de la fillette reconduit la hiérarchie de genre[3]. Dans la plupart des cas, et malgré l'interdit de l'inceste, la victime en ressort à la fois abîmée et plus isolée que l'agresseur. La famille se referme sur cette plaie, ce que la personne qui en a fait les frais ne peut supporter : s'éloignant de son agresseur, bien souvent elle en vient à s'éloigner aussi du reste de sa famille.

La pédagogie de l'écrasement érotisé fait donc de l'inceste une forme de socialisation, d'apprentissage paradoxal de la norme, clivant ou divisant la personne qui en est la victime directe entre son ressenti et ce qui doit être accepté. Le comportement de l'agresseur devient ainsi la norme pour l'enfant concerné s'il n'est pas contrebalancé par un autre

1. Dorothée Dussy, *Le Berceau des dominations*, *op. cit.*, p. 111.
2. *Ibid.*, p. 94.
3. Corentin Legras, « Incestes commis par des mineurs », *loc. cit.*

discours suivi d'actes (notamment l'écoute de l'enfant et sa mise à l'abri). L'agresseur, lui, se sent souvent confirmé dans son acte par le silence qui l'accompagne ou par le scandale et l'incrédulité suscités dans l'entourage par la parole qui dénonce, verrouillée par un « interdit ». Cet interdit, en constituant l'impossibilité de qualifier d'inceste ce qui en est (puisque l'inceste est impossible), s'avère performatif : pour celleux qui en sont victimes, il est interdit de faire exister l'inceste comme tel.

Dans ces conditions, une sortie de la situation d'écrasement devrait donc non seulement inclure une reconnaissance de la violence subie comme une injustice (au sens où elle est politique et non naturelle, évitable et non inéluctable, et où la solution est elle aussi politique), juridiquement qualifiée comme un crime, mais aussi impliquer de lutter contre l'assentiment social et le comportement de l'entourage. Sortir de l'écrasement implique alors une contestation de l'ordre social environnant, qui peut se manifester de diverses manières selon l'âge de la personne mineure concernée, par exemple par un repli sur un soi clivé ou une fuite vers un refuge à identifier ou à se ménager. Si l'on prend au sérieux la minorité comme catégorie sociale, politique et juridique, se pose la question de savoir dans quelle mesure cette contestation pourrait prendre la forme d'une politisation des mineur·es victimes et de la famille. Selon le point de vue féministe radical postmarxiste, les enfants ou mineur·es ne devraient-ils pas être amenés à se constituer en quelque sorte comme classe ou comme groupe social « pour-soi », par la conscience d'une commune condition de subalternisation et de domination sexualisée, avec leurs particularités en fonction de l'âge ? Et qu'en est-il de la place du collectif dans cette politisation, où la surveillance constante des enfants/jeunes/mineur·es par les adultes ne semble pas permettre la protection ? Comment devrait s'opérer une compréhension politique de ces violences sexuelles, le type de maltraitance considéré « habituellement comme le plus extrême et donc le plus dévastateur pour le développement de la jeune victime[1] » ? Le statut de minorité légale et la plus ou moins grande jeunesse des victimes constituent autant d'enjeux spécifiques à une telle politisation.

En l'état actuel des choses, la sortie de la situation peut être occasionnée par une personne de l'entourage plus attentive au ressenti de l'enfant et à ses signes, qui manifeste une réaction différant des représentations communes et agit pour protéger l'enfant, y compris contre son intérêt propre au sein de la communauté. L'importance du comportement de l'entourage durant et après les violences dans la signification accordée aux actes et dans le vécu de la jeune personne incite fortement à penser que la prise en charge sociale des violences devrait excéder la seule considération des agresseur·es et des victimes. Ajoutons à ceci le fait que, quand bien même un membre de l'entourage de l'enfant alerte sur de probables violences, les décisions judiciaires sont encore trop souvent prises au détriment du principe de précaution, ce qui joue un rôle crucial dans la perpétuation des violences sexuelles intrafamiliales. En témoigne le nombre d'affaires se concluant tragiquement par la mise en cause de mères qui ont voulu protéger leur enfant au profit de pères accusés de violences sexuelles à l'encontre de leurs enfants[2].

Ainsi, si le genre comme domination permet de perpétuer les violences sexuelles envers la catégorie sociale des femmes et simultanément la construit en tant que telle, la pédagogie de l'écrasement permettrait quant à elle à l'inceste de « se transmettre avec tant de régularité et de facilité à travers les âges et les sociétés[3] », tout en structurant l'ordre social.

---

1. Stefano Cirillo, « L'enfant abusé devient adulte : réflexions à partir de plusieurs situations traitées », *Cahiers critiques de thérapie familiale et de pratiques de réseaux*, vol. 1 n° 46, 2011, p. 139-163.

2. « À propos des mères en lutte. Inceste : protéger les enfants », avis, Ciivise, 27 octobre 2021 ; « Justice pour mes enfants », *Les Pieds sur terre*, Radio France, 11 octobre 2023.

3. Dorothée Dussy, *Le Berceau des dominations*, *op. cit.*, p. 12.

Quelle approche féministe de l'inceste ?

Alors même que l'approche anthropologique privilégiée jusqu'ici dans la compréhension de l'inceste prend ses distances avec la logique du genre, le caractère genré des violences sexuelles intrafamiliales apparaît en filigrane tout au long de cette analyse, tant pour ce qui est des victimes que des incesteurs et incesteuses. Ce constat ouvre à la possibilité d'une critique sociale féministe de l'inceste. Au moins deux points importants me paraissent pouvoir être ressaisis dans une perspective féministe sur l'inceste : participant d'une société masculiniste, cet ordre incestueux s'adosse à une conception dominante de la sexualité, hétéronormative, patriarcale et sexiste, où, d'une part, sexualité et violence se trouvent souvent confondues dans les discours et où, d'autre part, la justice est élaborée et pratiquée du point de vue des hommes, et plus particulièrement des pères. Ces deux aspects sont au cœur de la compréhension du genre comme domination et ils pourraient être enrichis à la lumière de cette « anthropologie de l'inceste ». À quoi s'ajoute que les violences sexuelles qui ne correspondent pas aux représentations hétéronormatives habituelles semblent être l'objet d'une occultation particulière.

Il faut insister sur le *continuum* de fait entre des violences considérées socialement comme telles et d'autres qui sont niées, y compris lorsque l'écart d'âge est flagrant et au sein d'une même famille. Ce *continuum* peut lui-même être mis en lumière selon deux modalités : l'une se trouve dans le discours de l'agresseur sur ses actes, qu'il ne décrit jamais de lui-même comme des viols ou des agressions (parfois parce qu'il les « découvre » comme tels au moment de la judiciarisation[1]), l'autre dans le discours de la justice. L'anthropologie de l'inceste élaborée par Dussy révèle en effet la facilité avec laquelle, dans ce monde fabriqué à partir du point de vue des hommes, les agresseurs, qui sont

1. Dorothée Dussy, *Le Berceau des dominations*, *op. cit.*, p. 71.

presque systématiquement des hommes, ont la possibilité de ne pas voir la violence qu'ils exercent et, derrière elle, de ne pas voir l'Autre, qu'il soit une fille ou un garçon. Ce refus de voir la violence procède en partie d'une conception du viol comme un rapport hétérosexuel avec une pénétration péno-vaginale et manifestant de la haine. Comme le dit encore Dussy : « Dans le monde de l'incesteur, la haine et le pénis sont deux ingrédients indispensables du viol[1]. » Par conséquent, toute agression ne correspondant pas à ce schéma peut être considérée par l'agresseur comme n'étant pas un viol, comme un rapport ni illicite ni illégal et donc autorisé. On retrouve cette interprétation sous une forme particulière pour le cas de l'Église. Le rapport de la Ciase relève en effet que l'éducation à la peur des femmes, considérées comme des « tentatrices », et l'idéalisation de la figure de l'enfant « pur », pratiquées par les institutions catholiques peuvent inciter les prêtres à rejeter les premières et pourrait être un des facteurs expliquant le grand nombre de garçons parmi les victimes. Paradoxalement, les agresseurs religieux jugeraient moins immorales les pratiques abusives envers des enfants que les relations sexuelles avec des femmes. Ainsi certains prêtres interrogés réservent-ils le qualificatif de « péché » pour ces dernières[2].

Le solipsisme agressif des agresseurs est donc nourri de représentations courantes et erronées (ne serait-ce qu'eu égard à sa définition juridique) quant à ce qui est du viol et ce qui n'en est pas. Ce solipsisme se manifeste par l'absence de prise en compte de l'état d'esprit de la victime sur le moment et par l'absence de remords et de honte *a posteriori*[3]. Ainsi du cas rapporté par Dorothée Dussy du « Diable », comme le surnomme l'anthropologue, et de la « jeune fille », onze ans au moment des faits, vingt et un ans au moment de l'instruction, qui s'est suicidée quelques jours avant le procès : « Je

1. *Ibid.*, p. 73.
2. « Les violences sexuelles dans l'Église catholique », *loc. cit.*, p. 207.
3. Dorothée Dussy, *Le Berceau des dominations*, *op. cit.*, p. 93.

n'ai pas compris, dit-il, que j'abîmais son image de soi. C'est une leçon que je ne pouvais pas ne pas apprendre, elle s'est suicidée, c'est que son image de soi était totalement anéantie. Je me laissais convaincre – je sais très bien que c'était faux et qu'il y a un rapport de force – mais je me laissais convaincre que cette petite était amoureuse de moi[1]. » Le déni systématique des agresseurs est donc double : déni de la violence infligée et déni de son acte à soi comme correspondant à la définition juridique du viol.

En outre, ce déni est encore facilité par les circonstances dans lesquelles s'opèrent les actes sexuels imposés aux enfants. Ici, la confusion entre sexualité et violence, déjà repérée par MacKinnon comme caractéristique de la sexualité dominante (masculine et hétérosexuelle), « autorise » d'autant plus le passage à l'acte que bien souvent les actes commis dans le cadre intrafamilial et sur des mineur·es ont lieu sans violence physique manifeste. La contrainte morale seule suffit, s'appuyant sur la différence d'âge, la confiance, le chantage, la menace[2], sous couvert de « tendresse » ou d'une « marque d'affection », ce que montre par exemple l'emploi fréquent du terme « caresse » par les agresseurs[3]. Citons cet échange entre le Diable et Dussy : « Je n'ai jamais pensé ni eu envie de la pénétrer, ça m'aurait pas fait plaisir. Pénétrer le sexe d'une petite fille, c'est horrible ! Ça paraît physiologiquement difficile, je pense. Et puis d'une fillette prépubère, ça paraît difficile. Alors que, effectivement, j'avais du plaisir à la caresser[4]. » Pour l'enfant, fille ou garçon, cela entraîne une confusion, imprimée par l'adulte, entre expression de tendresse et rapport sexualisé à l'autre. Ceci confirme, plus généralement, la distinction entre érotisme « adulte » et érotisme infantile tout en enrichis-

1. *Ibid.*, p. 92.

2. Alice Debauche *et al.*, « Présentation de l'enquête Virage et premiers résultats sur les violences sexuelles », *loc. cit.*, p. 46.

3. Dorothée Dussy, *Le Berceau des dominations*, *op. cit.*, p. 234.

4. *Ibid.*, p. 92.

sant la compréhension féministe radicale des rapports liant sexualité, violence et domination, puisque ici, ce n'est pas seulement le rôle sexuel de « femme » qui est appris dans la sexualité hétéronormative, mais bien la soumission sexuelle comme indissociable de la tendresse, de l'affection, de l'attention accordée à soi.

Qui plus est, et c'est un deuxième apport au modèle théorique mackinnonien, il semblerait bien que, à partir de l'exemple du « Diable » de Dussy, la subjectivité de la personne agressée se trouve ignorée, non pas tant parce qu'elle est objectifiée sexuellement comme une « femme », mais en fonction de ce que l'agresseur, lui, estime adapté à l'âge de la victime et acceptable selon ses propres critères moraux. Au solipsisme sensible s'exprimant dans l'acte s'ajoute un solipsisme moral, qui compose un délicat raisonnement permettant de se justifier vis-à-vis de soi-même. Ainsi l'agresseur peut-il par exemple juger adaptées des « caresses », mais certainement pas une pénétration vaginale. Le désir, la disposition, la volonté, la capacité de répondre, bref, la subjectivité de la jeune personne sont totalement absents de ces calculs « casuistiques » à géométrie variable. Mais cette absence n'est pas tant fondée sur une féminisation de l'autre que sur un pouvoir absolument souverain et une structure de l'action solipsiste, rendus possibles par l'asymétrie due à l'âge. Ainsi, d'une part, l'agresseur organise la désorientation morale de la jeune victime par une inculcation de normes sexuelles et, de l'autre, il ajuste en permanence ses jugements normatifs à ses actes, tout en relisant ceux-ci à l'aune des premiers afin de pouvoir justifier ses agissements, à ses yeux et aux yeux des autres.

En outre, le motif de l'« amour romantique » est souvent employé, selon Corentin Legras, dans les discours de ses jeunes enquêté·es dans le but de manipuler spécifiquement leurs cadettes. Celui-ci s'appuie sur des représentations de l'hétérosexualité confondant sexualité et viol, et vient à son tour nourrir la confusion chez les victimes. Corentin Legras observe ainsi que la mobilisation consciente et stratégique de ce répertoire amoureux pour faire chanter les fillettes et les menacer (« si tu fais ça, c'est que tu ne m'aimes pas ») semble spécifique des violences exercées par les garçons (y compris mineurs) sur les filles. Cette récurrence montre selon lui que ce type d'inceste constitue bien une violence de genre, qui s'appuie, dans les mots du chercheur et thérapeute Juliet Drouar, « sur l'hétéronormativité et sur la socialisation des filles aux représentations majoritaires selon lesquelles "l'amour" implique un garçon actif dans la séduction et une fille passive, ainsi que sur la persistance culturelle sexiste d'un "*non-apprentissage de l'édification des limites de son corps*" et de la notion de consentement[1] ».

Cette justification solipsiste, masculiniste et hétéronormative dans la bouche de l'agresseur se voit confirmée au moment de la révélation des actes à l'entourage puis dans les institutions judiciaires – ce qui pourrait paraître paradoxal, si l'on n'aperçoit pas leur fond normatif commun. Citons par exemple la stratégie, fréquemment mobilisée par les avocat·es de la défense, qui consiste à rabattre des actes de viol sous le registre du « rapport sexuel » : l'efficacité rhétorique de cette mise en mots est à nouveau révélatrice de la confusion entre sexualité et viol, ancrée et entretenue jusque dans la loi, les représentations et les discours des représentants des institutions judiciaires. La « conception masculiniste des rapports sociaux[2] », qui informe la loi et les pratiques judiciaires, ne peut qu'avoir des effets contre-productifs pour rendre justice et perpétue les rouages structurels qui rendent l'inceste possible.

La marque de la logique masculiniste se retrouve encore dans l'évaluation de la gravité des actes, dans les représentations dominantes comme dans la loi, laquelle n'est pas dictée par le tort infligé aux personnes qui les subissent, mais par

---

1. Juliet Drouar, « L'inceste dans les règles du patriarcat », *in* Iris Brey et Juliet Drouart (dir.), *La Culture de l'inceste*, Paris, Seuil, 2022, cité *in* Corentin Legras, « Incestes commis par des mineurs », *loc. cit.*

2. Dorothée Dussy, *Le Berceau des dominations*, *op. cit.*, p. 233.

un système de représentations *a priori*, indexé sur un régime de valeurs. Les pratiques de justice elles-mêmes s'inscrivent aussi dans cette logique. Citons à titre d'exemple les débats, qui ont parfois lieu au cours de procès, sur la profondeur de la pénétration pour déterminer s'il y a eu viol ou non. Dussy rapporte un cas édifiant. Interrogé à ce sujet, la réponse d'un père accusé de viol sur sa fille de onze ans permet à son avocat de conclure : « Un centimètre... mais même si on déteste monsieur C., et on aurait toutes les raisons de le détester, on ne peut pas *raisonnablement* parler de pénétration, on ne peut que s'en tenir aux faits[1]. » Certes, la matérialité des preuves est essentielle pour restituer « les faits », afin de garantir une justice qui ne condamne pas un innocent. En revanche le contexte juridique, qui impose un questionnaire, en présence de la victime, sur le degré de pénétration afin de déterminer la gravité des actes répétés d'un père sur sa fille de onze ans pose question (pour le dire sobrement). Et le contexte social, qui permet à l'avocat de la défense de glisser d'une pénétration de « un centimètre » à l'absence de pénétration, en invoquant de surcroît le critère du « raisonnable », est quant à lui injustifiable.

Il faut néanmoins préciser que les textes de loi ont évolué depuis la publication du *Berceau des dominations* en 2013, en particulier sur cette question de la pénétration comme constitutive du viol. Un amendement déposé par la sénatrice Esther Benbassa à la loi du 21 avril 2021 a ainsi permis d'étendre le champ du viol aux actes bucco-génitaux. Il n'en reste pas moins que l'expérience des victimes de violences sexuelles, en particulier lorsqu'elles sont mineur·es au moment des faits, diffère largement de la hiérarchisation de la gravité des faits établie par le droit. Les dommages causés par les sexualisations prématurées, qu'il s'agisse de viols, d'agressions sexuelles ou d'érotisation mise en place par un « climat incestueux », ne peuvent être évalués sur une échelle de gravité objective

1. *Ibid.*, p. 232 (je souligne).

et systématique en fonction d'un type d'acte, allant de la pénétration anale à la porte de la chambre des parents laissée ouverte pendant des rapports[1]. Comme l'avait déjà relevé Ferenczi, le traumatisme sexuel est causé par la confusion de langues entre l'enfant et l'adulte, quelle que soit la nature des actes en question[2].

Vers une approche intersectionnelle âge-genre des violences sexuelles ?

La perspective à laquelle je parviens au terme de cette traversée incite à complexifier la thèse féministe radicale explorée en première partie. Celle-ci, en effet, ne permet pas de rendre compte des violences sexuelles exercées sur des mineur·es, et notamment par des personnes pourtant socialisées comme femmes. Pour autant, la compréhension des violences sexuelles comme procédant d'une asymétrie de pouvoir, sous-tendue par un vécu solipsiste de la sexualité qui objectifie l'autre, est ici confirmée. Dans les agressions entre partenaires hétérosexuel·les qui se connaissent comme dans les cas d'inceste ou de violences sur mineur·es, l'agresseur·e se sent « autorisé·e » à sexualiser, jusqu'à l'acte imposé, une autre personne, selon une logique de domination le portant vers des êtres qu'il estime « à disposition ». L'étude de cette seconde situation montre toutefois que cette logique de domination n'est pas épuisée par une explication suivant la seule logique du genre.

Enfin, le constat du rôle actif de l'entourage proche dans la signification attribuée aux actes pourrait bien venir complexifier encore l'articulation entre âge et genre dans les violences sexuelles. En effet, l'efficace de l'inceste n'est pas dû à une « terrorisation » ou à une appropriation/expropriation[3]

1. Dorothée Dussy, *Le Berceau des dominations, op. cit.*, p. 231.

2. Sándor Ferenczi, « Confusion de langue entre les adultes et l'enfant », art. cit.

3. « Appropriation » est le terme utilisé par Nicole-Claude Mathieu, « expropriation » par Catharine A. MacKinnon.

sexuelle à la fois individuelle et collective, comme c'est le cas pour le viol des femmes dans les théorisations féministes radicales et matérialistes. L'approche par la « famille », et plus généralement par le tissu social de la « socialisation primaire », fait apparaître une autre logique structurelle : non pas « masculiniste », mais « familialiste »[1]. Celle-ci met en lumière l'appropriation des enfants par leurs tuteurs légaux et par celles et ceux qui détiennent une autorité sur eux, sous la forme de discours du type : « C'est le mien, j'en fais ce que je veux. » Cette appropriation se fait sous le regard parfois désemparé et honteux, le plus souvent passif et incrédule par conséquent complice, des autres membres de la famille. Plus largement, l'étude de cette logique « familialiste » fait ressortir la capacité du système familial, hiérarchique et patriarcal, à se maintenir en dépit des contraintes externes s'exerçant sur lui – et notamment par le système judiciaire –, qui jusqu'ici échouent à le transformer. Le terme d'« homéostasie » désigne cette tendance à l'inertie conservatrice d'une famille, plus forte que les vécus traumatiques qui peuvent être connus ou soupçonnés en son sein et, éventuellement, ciblés de l'extérieur.

Cette approche peut s'élargir à diverses institutions pédagogiques régulièrement mises en cause pour de telles violences, comme l'école ou l'Église. Selon la Ciase le caractère patriarcal de la famille et de l'Église serait précisément l'une des raisons pour lesquelles nombre de violences sexuelles s'y déroulent. La volonté d'éviter un scandale éclaboussant l'institution, ses responsables et ses membres ainsi que la préservation des (fortes) hiérarchies et de l'organisation de l'institution et de son propre pouvoir personnel prennent alors le pas sur la nécessité de mettre à l'écart des adultes violents envers les enfants. Le rapport pointe également le rôle spécifique que joue, au sein de cette institution, la relation qu'entretiennent l'évêque et les prêtres, le premier protégeant les seconds.

1. Dorothée Dussy, *Le Berceau des dominations*, *op. cit.*, p. 225.

Dans le contexte des violences sexuelles intrafamiliales, la famille apparaît comme une gangue dont la normativité a cette particularité de se déployer à travers des processus « cachés », hors de toute signification sociale : cette normativité n'est en aucun cas indexée sur des représentations sociales qui objectifieraient sexuellement les enfants aussi ouvertement que c'est le cas dans l'objectification des femmes. Comme l'a montré Corentin Legras, certaines violences ne sont pas considérées comme sexuelles par les auteurs et leur entourage, en particulier lorsqu'elles ne correspondent pas aux représentations hétéronormatives. Ainsi des violences sexuelles commises sur cette jeune fille par son frère aîné que le père, fervent catholique, occulte totalement quand il condamne en revanche le désir de sa fille de s'installer avec son petit copain sous prétexte que la cohabitation « rendra[it] visible une sexualité hors mariage ». Ces violences semblent ainsi souvent perçues par l'entourage (adulte) comme « un fait social autonome, plutôt qu'un processus de socialisation aux rapports de pouvoir qui jalonnent les trajectoires sexuelles ». Si l'inceste et plus largement les violences sexuelles sur mineur·es sont souvent rejetés hors du champ des violences sexuelles, c'est bien qu'ils ne correspondent pas à l'approche qui les pense uniquement comme une domination sexualisée des hommes sur les femmes.

Les violences sexuelles intrafamiliales apparaissent alors comme paradoxales : crime des crimes lorsqu'elles sont sues, elles se déroulent comme si elles étaient autorisées tant qu'elles restent cachées. À ce jeu, toutes les instances participent activement, de la cellule familiale à l'État. Les violences sexuelles sur mineur·es ne sont donc pas tant une « initiation », au sens d'un accomplissement social par la soumission ponctuelle à la loi de l'autre, qu'une soumission sexualisée, tacite et « insensée », sans transformation vers aucune catégorie signifiante. Dans les violences subies par les enfants, il n'y a nulles retrouvailles avec une subjectivation par la communauté : la violence sexuelle imposée dans le silence écrit le destin d'un enfant dans le plaisir sexuel d'autrui, sans transcendance ni métamorphose par une quelconque reconnaissance sociale *a posteriori* d'un nouveau statut acquis. Cette dynamique d'*initiation insensée à la soumission* a toutefois une signification profondément politique, qui s'inscrit en totale opposition à l'idée d'autonomie, mais aussi à celle de démocratie, qui en dépend.

L'attention portée à la violence sexuelle intrafamiliale et parafamiliale, comme violence qui a cette capacité de se masquer derrière la tendresse ou le jeu, ouvrirait alors sur la conviction selon laquelle la famille est non plus seulement le pivot des injustices de genre, mais aussi celui de l'injustice, de la domination et de l'exploitation *en général*[1]. Selon Dussy en effet, s'il y a bien un *continuum* des violences « à différentes échelles et dans différents registres, [...] ce n'est pas dans un sens descendant depuis l'État vers les acteurs sociaux mais dans un sens ascendant, depuis le foyer où sont élevés le législateur et l'électeur, jusqu'aux institutions qu'ils produisent ou subissent, fort des expériences acquises à la maison depuis l'enfance et qui les constituent[2] ». Autrement dit, c'est au cœur des foyers, dans l'intimité des premiers liens sociaux, que se fait la rencontre avec la violence (sexuelle ou non). Ces violences y apparaissent en outre comme autant d'injustices tues par l'entourage. En somme, un apprentissage tacite et intime de la « loi du plus fort ».

Faut-il en conclure que le système inceste est l'origine ultime et unique, l'« outil primal » des dominations ? Que la violence soit comprise selon une logique « descendante », de l'État vers les individus, ou ascendante (les violences intrafamiliales et vécues à l'échelle individuelle détermineraient la violence sociale), les premières expériences de soi et du monde au sein du foyer sont dans tous les cas indissociables du monde social dans lequel on vit et qui les interprète. L'enfant se forge une représentation du monde et

1. *Ibid.*, p. 14.
2. *Ibid.*, p. 13.

de lui-même ou d'elle-même toujours déjà informée par les violences symboliques et structurelles, toujours déjà informée par les hiérarchies qui parcourent le monde et le parcourent. Le genre est l'une d'entre elles. L'âge et l'institution familiale – historiquement patriarcale – en sont d'autres.

Ces deux logiques de détermination des violences, intrafamiliale ou genrée, ne manquent pas de s'enchevêtrer et témoignent d'une porosité l'une à l'égard de l'autre. À partir de là, il est possible d'envisager une *approche intersectionnelle dynamique* des violences sexuelles qui permettrait à la fois de les expliquer et de les ressaisir comme injustices d'une manière plus complète qu'une appréhension unidimensionnelle, que ce soit en termes de genre ou d'âge. Une telle approche intersectionnelle, qui prenne au sérieux le système inceste et sa logique de domination propre, pourrait alors conduire à devoir « désabsolutiser » la conception du genre comme domination sexualisée.

6

Le genre comme fonction des violences sexuelles

> « La nature systématique du sexisme et du racisme elle-même est dissimulée par la nature systématique du sexisme et du racisme. »
>
> Sara Ahmed.

Environ un homme sur vingt-cinq déclare avoir vécu une forme d'agression sexuelle au cours de sa vie – pour les femmes, c'est une sur sept. La majorité d'entre eux sont exposés à ces violences avant leurs quatorze ans et plus des trois quarts avant dix-huit ans[1]. Si « les filles comme les garçons connaissent un pic de violences sexuelles dès l'enfance[2] », pour les premiers l'exposition est maximale autour de sept ans et décroît ensuite rapidement jusqu'à l'âge adulte, tandis que pour les filles, la croissance est forte à l'adolescence et atteint un pic vers seize ans, avant de décroître nettement jusqu'au milieu de la vingtaine puis très progressivement par la suite. Quel que soit l'âge, les filles et femmes sont toujours plus victimes que les garçons et hommes.

Comment comprendre cet écart croissant dans le temps entre jeunes femmes et jeunes hommes victimes, sinon par le rôle actif que joue le genre comme rapport de pouvoir asymétrique, qui vient s'inscrire dans la sexualité entre personnes

1. Christelle Hamel *et al.*, « Viols et agressions sexuelles en France », art. cit., p. 3.
2. Voir « Insécurité et délinquance en 2020 », *loc. cit.*, p. 99.

adultes s'identifiant et identifiées comme « hommes » (cisgenres) et « femmes » ? Je précise ici « cisgenres » uniquement pour les hommes car si nous disposons de peu de données concernant la fréquence des agressions sexuelles et viols commis par des hommes trans, de nombreuses études prouvent que les hommes cis forment l'immense majorité des agresseurs et un certain nombre d'autres font valoir que les personnes trans sont fortement exposées aux violences sexuelles[1]. Les femmes trans, en particulier, sont très fortement ciblées, en raison à la fois de leur statut de femmes et de la précarisation résultant des discriminations et de la stigmatisation violentes qui les visent. Comment comprendre cet écart croissant, donc ?

On pourrait répondre à cette question en avançant qu'il s'agit d'une simple cumulation de deux catégories de domination (genre et âge), qui pourraient alors être considérées comme deux critères favorisant les violences sexuelles. Cependant, il me semble qu'une telle réponse échouerait alors à rendre compte des intrications complexes et dynamiques entre âge et genre. Ainsi, plutôt que de devoir trancher ce qui, du genre ou de l'âge, serait ultimement le fondement ou l'origine des violences sexuelles, il me semble plus utile de tenter de localiser *où* le genre opère comme un agent actif dans les violences sexuelles – comment il permet leur survenue et leur fournit une signification. Autrement dit : d'élaborer une modélisation descriptive, afin d'identifier où le genre vient *genrer* les violences sexuelles.

Les approches écosystémiques de la violence faite aux femmes

De prime abord, cette tentative peut paraître proche de la compréhension « écologique » ou « écosystémique » des violences faites aux femmes, qui a été développée au cours

1. Voir Jane M. Ussher *et al.*, « Crossing boundaries and fetishization », art. cit., p. 3.

des années 1990 aux États-Unis. Près de vingt ans auparavant, le psychologue Urie Bronfenbrenner forge le modèle écologique du développement humain. Il s'appuie sur la phénoménologie et l'approche comportementaliste, selon laquelle le développement de l'humain est le produit de son interaction avec son environnement, pour conceptualiser l'individu comme étant enchâssé dans et influencé par divers contextes, du microstructurel (relations intrafamiliales, école, vie de quartier...) au macrostructurel (normes culturelles, institutions)[1]. Selon Bronfenbrenner, les relations entre ces contextes sont décisives pour le développement de l'individu, même lorsque celui-ci n'est pas en contact direct avec tel ou tel contexte[2]. Ces systèmes forment un tout cohérent qui peut varier d'une société, voire d'un groupe social à l'autre.

Dans les années 1980, le pédopsychiatre Jay Belsky s'inspire de ces travaux afin de modéliser les causes de la maltraitance infantile sur quatre niveaux : ontogénétique ou individuel (les « aspects de l'histoire personnelle ou individuelle qui donnent forme aux comportements ») ; microsystémique (le contexte immédiat ou la « situation » de survenue de la maltraitance) ; exo-systémique (les structures formelles et informelles telles que « le travail, le voisinage, les réseaux sociaux ») ; et macrosystémique (ce qui concerne les systèmes de valeurs, les croyances et les représentations, notamment les rôles de genre, qui favorisent la victimation dans chacun des trois autres systèmes)[3]. Cette approche écosystémique, qui conceptualise la violence « comme un phénomène multidimensionnel, fondé sur l'interaction entre des facteurs personnels, situationnels et socioculturels », est reprise à la fin des années 1990 par la chercheuse étatsunienne Lori Heise.

1. Urie Bronfenbrenner, *The Ecology of Human Development. Experiments by Nature and Design*, Cambridge, Harvard University Press, 1979.

2. *Ibid.*, p. 3.

3. Jay Belsky, « Child maltreatment, an ecological integration », *American Psychologist*, avril 1980, vol. 35, n° 4, p. 320-335.

Elle propose alors sa généralisation « dans les communautés scientifiques et militantes pour conceptualiser l'étiologie de la violence fondée sur le genre[1] », encore largement synonyme de « violences faites aux femmes ».

Elle livre ainsi une synthèse des limites et apports des théories de la violence antérieures. D'un côté, les théories issues des sciences sociales, de la psychologie, de la sociologie, de la criminologie, mettant en valeur le rôle de facteurs comme les troubles de la personnalité, l'abus d'alcool, le stress, la socialisation dans le passage à l'acte violent, ont largement ignoré les questions de pouvoir et de genre et ne permettent pas d'éclairer pourquoi les femmes en sont la cible de manière si persistante. De l'autre, les approches féministes « ne parviennent pas à expliquer pourquoi certains hommes passent à l'acte et d'autre non » alors que tous ont été socialisés au sein d'une société patriarcale et sexiste. Reprochant à ces théorisations de n'être fondées que sur une seule causalité – individuelle (la personnalité de l'agresseur) ou politico-sociale (les rapports de genre) –, Heise reprend l'approche écologique ou écosystémique, multidimensionnelle, afin d'élaborer une modélisation qui rend compte à la fois du « désordre de la vie », de la multiplicité des causes de la violence masculine à l'encontre des femmes et de leur enchevêtrement à divers niveaux d'analyse.

Le schéma de Heise intègre les résultats de recherches venues de la sociologie, de l'anthropologie et de la psychologie, y compris des données comparatives d'une culture à l'autre et entend, en tant qu'outil heuristique, « organiser la recherche en un tout cohérent ». Il inclut les causes à l'origine de « tous les types d'abus physiques et sexuels sur les femmes », commis par des hommes, afin de promouvoir une approche plus « intégrative »[2] de ces violences.

1. Lori Heise, « Violence against women : an integrated, ecological framework », *Violence Against Women*, vol. 4, n° 3, juin 1998, p. 262-290.

2. Jay Belsky, « Child maltreatment, an ecological integration », art. cit., p. 330.

L'analyse qu'elle conduit dans ce cadre (hétérosexuel) est genrée : elle distingue en effet hommes (implicitement agresseurs) et femmes (implicitement victimes) à tous les niveaux du schéma. Au niveau individuel (« Histoire personnelle »), le fait d'avoir vu ou vécu des violences durant l'enfance serait significativement « prédictif[1] » du fait d'en subir, pour les femmes, ou d'en commettre, pour les hommes. Afin d'expliquer une telle différenciation genrée dans la conversion, à l'âge adulte, de la violence subie ou dont on a été témoin enfant en violence exercée ou subie, Heise avance l'hypothèse d'une identification masculine du garçon témoin de violences commises par un homme. La violence masculine serait comme une « réponse apprise » dans un contexte violent[2]. Au niveau 2 (« Microsystème » ou relations interpersonnelles), la domination masculine au sein de la famille ainsi que le contrôle masculin des ressources du foyer sont considérés comme des facteurs « hautement prédictifs » de la violence physique et sexuelle subie par les femmes au sein des couples hétérosexuels[3]. Au niveau 3 (« Exosystème » ou communauté), le rôle du genre est explicité à travers la socialisation masculine par les pairs et le processus d'isolement des femmes par leurs partenaires violents. Enfin, au dernier niveau (« Macrosystème » ou social), l'auteure souligne le rôle des représentations de la masculinité associées à « la violence, l'agression et la domination » (parfois désignée comme « hypermasculinité[4] »). Selon la *male peer support theory* (la « théorie du soutien social des pairs masculins ») développée par les sociologues étatsuniens Walter DeKeseredy et Martin Schwartz en 1988, la socialisation masculine et en particulier

1. Je reprends ici le terme « prédictif » (*predictive*) employé par Heise bien que je préférerais le terme « signifiant », qui permet d'établir de larges tendances plutôt que de prédire (et déterminer) l'avenir.

2. Lori Heise, « Violence against women », art. cit., p. 267.

3. *Ibid.*, p. 271.

4. Donald L. Mosher et Silvan S. Tomkins, « Scripting the macho man : hypersexualization and enculturation », *Journal of Sex Research*, n° 25, 1988, p. 60-84, cité in *ibid.*, p. 278.

le soutien entre pairs jouent un rôle motivationnel et légitimant qui est déterminant dans la violence masculine envers les femmes. La violence est alors normative : les hommes qui passent à l'acte la considèrent comme justifiée ou simplement « normale ». Les rôles de genre traditionnels, asymétriques, le sentiment d'« *entitlement* », de droit sur les femmes et sa femme, ainsi que la tolérance à la violence en général, à la fois aux niveaux individuel et micro, apparaissent également au niveau macro.

De manière générale, les facteurs identifiés comme les plus déterminants dans la violence exercée par les hommes (en contexte hétérosexuel) sont la domination masculine dans le couple, les normes patriarcales dans la famille, le contrôle masculin des ressources et les barrières au divorce pour les femmes. Selon Heise, une telle modélisation reconnaît « la centralité de facteurs macro comme la domination masculine, mais insiste sur l'interrelation entre les croyances et valeurs patriarcales avec d'autres facteurs ». Elle rappelle en outre que « de nombreuses données issues de diverses cultures vérifient les grandes thèses de la théorie féministe sur la violence masculine »[1]. Cette schématisation a par la suite été mobilisée pour comprendre le problème spécifique de la revictimation sexuelle, c'est-à-dire le fait d'être victime de violences sexuelles à plusieurs reprises, à différents moments de la vie et par différentes personnes[2], puis par ONU Femmes[3], en vue d'orienter ses programmes de prévention contre les violences conjugales.

Comme ces approches, ma proposition – qui elle se centre sur les violences sexuelles – vise à rendre compte de l'articulation entre violences sexuelles et genre en distinguant plusieurs « niveaux » ou échelles. Cependant, elle ne se veut pas tant

1. *Ibid.*

2. Liz Grauerholz, « An ecological approach to understanding sexual revictimization : linking personal, interpersonal, and sociocultural factors and processes », *Child Maltreatment*, avril 2000, n° 5, p. 5-17.

3. « Le cadre écologique », ONU Femmes, 3 juillet 2013.

une modélisation des violences sexuelles dans un cadre qui serait présupposé hétérosexuel, qu'une modélisation du genre. Elle se concentre en effet sur la *genrification* des violences sexuelles, qui se trouve être également un processus hétéronormatif. Si le modèle de Heise et ses adaptations ont bien tenté de rendre compte du rôle du genre dans les violences, sa structuration par niveaux donne un aperçu fragmenté des effets du genre plutôt qu'une vision transversale, processuelle et compréhensive du genre et de son rôle dans les violences. Au sein de cette approche, le genre est présupposément défini comme une construction sociale des rôles et des identités « hommes » et « femmes », polarisés et hiérarchiques, *à partir d'une différence sexuelle.*

En outre, et c'est lié, Heise assimile violences faites aux femmes et violences de genre. En effet, sa modélisation s'inscrit, comme toutes les autres schématisations écosystémiques évoquées, dans un cadre de recherche prenant pour objet les « violences contre les femmes », qui les considère comme étant le fait d'hommes et ciblant des filles et des femmes. Ce cadrage méthodologique exclut de fait les violences sexuelles qui ne ciblent pas les femmes et/ou qui ont lieu dans une configuration non (cis)hétérosexuelle. En outre, Heise appréhende ensemble violences sexuelles et violences physiques « non sexuelles », sans les distinguer. Cela peut se justifier grâce au concept de *continuum* des violences faites aux femmes[1], mais, comme tous les travaux qui suivent cette compréhension genrée, le modèle de Heise occulte les violences sexuelles qui ne seraient pas commises sur des femmes ou par des hommes. Mon approche s'efforce au contraire d'inclure toutes les victimes de violences sexuelles et agresseurs potentiels, problématise le genre et l'envisage comme un processus.

1. Voir Liz Kelly, « Le *continuum* de la violence sexuelle », art. cit.

Le genre comme fonction dynamique des violences sexuelles

La modélisation descriptive que je propose rend compte de la dimension hétéronormative et dynamique du genre (comme domination) dans la sexualité. En effet, dès le plus jeune âge, avec les violences sexuelles subies dans le cadre intrafamilial, puis à l'âge adulte, le genre opère pour orienter et donner ses significations aux violences, constituant et reconduisant le genre comme rapport hiérarchique entre un masculin actif-agresseur (en position de pouvoir) et un féminin passif-agressée. Cette approche entend donc schématiser l'interaction dynamique entre violences sexuelles, en tant que phénomène, et genre, comme rapport de pouvoir et comme critère de l'identification. Dans sa forme dominante, le genre opère comme régime hétéronormatif de domination masculine et fait office de *fonction polarisante* des violences sexuelles, exercées sur des personnes dès le plus jeune âge. Cette modélisation écosystémique des violences par le genre, lui-même entendu comme hiérarchie sociale, est féministe en ce qu'elle rend compte du fait que l'inégalité de pouvoir entre les groupes « femmes » et « hommes » précède la différenciation par la socialisation genrée (attitudes, comportements, rôles). Pour reprendre les mots de MacKinnon : « L'inégalité vient d'abord. Puis vient la différence[1]. »

J'ai ici recours au terme de « fonction » selon sa définition usuelle en mathématiques, soit une relation entre deux variables, entre une donnée de départ et une donnée d'arrivée, dont le sens est déterminé par la fonction elle-même. En réalité, cette opération recouvre ici deux étapes : la fonction qui organise la transformation, à savoir le genre, n'est pas immuable et s'actualise elle-même en fonction de l'opération. Pour cela, je parle de « fonction dynamique ».

1. Catharine A. MacKinnon, *Towards A Feminist Theory of State*, *op. cit.*, p. 219.

Cette schématisation fait écho à la fois à la définition de la sexualité comme processus social et aux analyses sociologiques de la sexualité humaine comme activité canalisée socialement, reprises notamment par l'approche constructiviste-interactionniste des sociologues Peter Berger et Thomas Luckmann en 1966, dans l'ouvrage classique *La Construction sociale de la réalité*. Berger et Luckmann rappellent que la sexualité – de même que la nutrition – est « extrêmement plastique » chez l'être humain et que celui-ci peut s'attacher sexuellement à n'importe quel objet. Il en découle que « la sexualité et la nutrition sont *canalisées dans des directions spécifiques* socialement plutôt que biologiquement – une canalisation qui non seulement impose des limites à ces activités, mais affecte également directement les fonctions organiques ». La canalisation sociale de l'activité « constitue l'essence de l'institutionnalisation », entendue comme « typification réciproque d'actions habituelles », laquelle « constitue elle-même le fondement de la construction sociale de la réalité ». On peut dire alors que « la réalité sociale détermine non seulement l'activité et la conscience, mais, à un degré considérable, le fonctionnement organique. Ainsi, des fonctions aussi intrinsèquement biologiques que l'orgasme et la digestion sont-elles socialement structurées »[1].

Dans cette perspective, non seulement il n'existe pas de sexualité « naturelle », qui serait primordiale, présociale, mais, en outre, la sexualité est un processus, de part en part organisé socialement, de telle sorte que ni les désirs et pratiques sexuels ni les violences sexuelles elles-mêmes ne sont déterminés biologiquement ou par la personnalité : ils sont déterminés par la « réalité sociale ». Ainsi l'hétérosexualité ou la lesbianité sont décrites par Luckman et Berger comme des « processus d'habituation érotique ». Cette réalité

1. Peter Berger et Thomas Luckmann, *La Construction sociale de la réalité*, *op. cit.*, p. 295-296 et 118 pour la définition de l'institutionnalisation (je souligne).

sociale est notamment structurée selon des rapports de genre, où l'hétérosexualité est la forme dominante, qui constituent la « canalisation sociale » des expériences individuelles et des interactions.

Si l'on adopte une approche systémique, le genre *organise* la polarité des violences sexuelles selon cinq plans ou niveaux qui, dans le cours de l'existence, opèrent davantage simultanément que successivement : le niveau des représentations sociales (niveau 1, indexé sur et en relation complexe avec des conditions matérielles), les niveaux intersubjectif (2), subjectif (3), institutionnel (4) et, enfin, d'un statut particulier puisque procédant des autres, le niveau de la reconduction du genre comme domination (5).

Au niveau 1 des représentations sociales, d'abord. La violence sexuelle ne surgit pas au milieu de rien, mais, comme toute expérience dès avant la naissance, dans un « bain de genre[1] ». Les représentations genrées auxquelles sont renvoyées les victimes de violences sexuelles par leur environnement contribuent à donner leurs significations aux expériences vécues, y compris aux violences sexuelles subies au cours de l'enfance. Plusieurs ensembles de représentations, plus ou moins contraignants et plus ou moins hétéronormés, peuvent coexister simultanément dans l'espace social d'une personne considérée, selon ses sphères de socialisation. Les représentations largement dominantes les intègrent néanmoins dans une normativité hétérosexuelle et sexiste. Celles-ci induisent par exemple qu'il peut être jugé moins grave d'être violé·e quand on est une fille que quand on est un garçon, qu'une pénétration est plus grave qu'un geste sexualisé non pénétratif[2] ou encore que certaines expériences sexuelles subies peuvent être coûteuses à énoncer comme violences pour les hommes. Sur ce dernier point, l'usage fréquent du terme « initiation sexuelle » par certains hommes gays pour évoquer une première relation, sans que celle-ci

1. Expression utilisée par la biologiste américaine Anne Fausto-Sterling.
2. Dorothée Dussy, *Le Berceau des dominations*, *op. cit.*, p. 231.

Schéma 1. La genrification des violences sexuelles

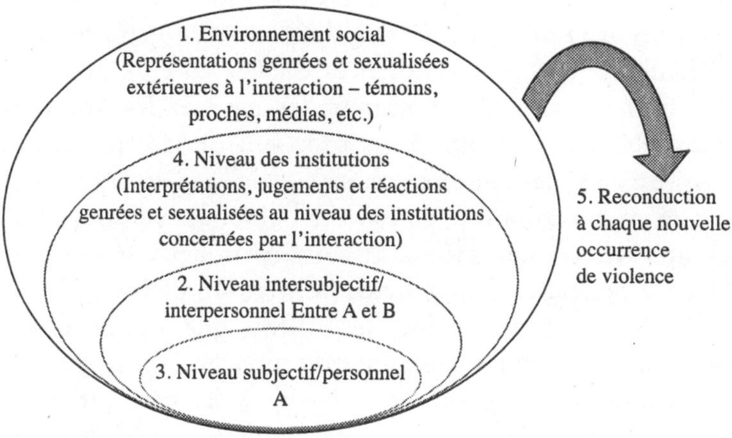

ait été nécessairement voulue, en atteste[1]. Dans son enquête « À la recherche du #MeToo gay », le journaliste Matthieu Foucher avance diverses explications de la difficulté particulière à dire la violence entre hommes[2]. En premier lieu, il souligne l'assimilation historique particulièrement dommageable entre « pédé » et pédophile, parfois internalisée par les gays eux-mêmes : « Comment, dans une société qui a longtemps associé homosexualité masculine et pédophilie (et continue trop souvent de le faire), fabriquer son identité en tant que gay et victime d'abus ? » À cette assimilation, analyse Matthieu Foucher, s'ajoute une naturalisation de l'hétérosexualité qui conduit à faire de l'homosexualité une « conséquence pathologique d'un événement à déterminer (dans ce cas précis, les violences sexuelles)[3] » : « Comment échapper au double stigmate d'être homo et victime, quand les discours pathologisants et homophobes voudraient faire

1. Tal Piterbraut-Merx et Pierre Niedergang, « Violence sexuelle ou initiation ? Communauté, trauma et normativité queer », *GLAD !*, n° 10, 2021.
2. Mathieu Foucher, « À la recherche du #MeToo gay », Vice.com, 23 septembre 2020.
3. Entretien avec Matthieu Foucher, 10 octobre 2023.

de l'homosexualité la conséquence de ces abus ? » D'autre part, le fait que « les gays comme groupe social ont une position assez ambiguë au sein du patriarcat » éclaire cette difficulté à parler des violences : « En tant qu'hommes relationnant avec des hommes, les gays et les hommes bisexuels [sont] exposés à énormément de violences mais aussi en commettent eux-mêmes[1]. » Celle-ci est redoublée par la marginalisation dont font l'objet les hommes qui osent parler, y compris dans certains milieux féministes. Dans la poursuite d'un geste de politisation de la condition de « pédé », Matthieu Foucher affirme que « pédé est un genre en soi », qui « dépasserait la binarité »[2]. En effet, la « distribution de la violence » physique, économique, mais aussi sexuelle, « vise parfois spécifiquement les gays et les femmes trans » et ne peut donc être adéquatement saisie par une compréhension binaire du genre. Il se situe par là explicitement dans la filiation de Monique Wittig, dont la phrase « la lesbienne n'est pas une femme » ponctuait son texte « La pensée straight » en 1978, et plutôt qu'une valorisation de la masculinité, il appelle à « son échec et sa désertion ». Une intuition politique qui renforce la compréhension du genre comme un régime de domination masculine cishétéronormée qui s'impose notamment par la violence sexuelle.

Ce régime de genre *code* les comportements, les vécus, plus particulièrement en lien avec les violences sexuelles, dès le plus jeune âge et tout au long de la vie, dans une socialité genrée. L'encodage social genré opère même lorsque les violences sexuelles n'ont pas été imposées de manière subjectivement genrée par l'agresseur ni vécues de cette manière par les victimes, au moins sur le moment. Par là, le genre

1. Matthieu Foucher *in* Clémence Allezard, « Violé·es : une histoire de dominations », podcast, *LSD, La Série documentaire*, France Culture, 2020, cité *in* Tal Piterbraut-Merx et Pierre Niedergang, « Violence sexuelle ou initiation ? », art. cit., p. 10.

2. Camille Desombre/Matthieu Foucher, « Pédé·s dans la peau », *in* Florent Manelli (dir.), *Pédés*, Paris, Seuil, « Points », 2023, p. 75.

oriente l'évaluation des vécus comme préjudice et injustice. Chaque violence subie n'est pas mise en mots, analysée et évaluée de la même manière selon que la victime est identifiée et s'identifie comme un garçon/homme, une fille/femme ou autrement. À ce premier niveau, l'action du genre est forte – quasiment systématique et structurant potentiellement toutes les vies. Autrement dit, aucune violence sexuelle vécue n'échappe à cet encodage social par le genre, dès lors qu'elle existe socialement : auprès de l'entourage, d'institutions, ou même dès lors qu'elle est mise en relation, par celle ou celui qui l'a vécue ou subie, avec le traitement d'autres violences sexuelles similaires dans les discours, de l'entourage aux médias.

Au deuxième niveau, que j'appelle intersubjectif/interpersonnel, le genre peut se représenter sous la forme d'une fonction de sexualisation de la domination : la cible de la violence sexuelle est visée en tant que femme ou est féminisée en étant sexualisée. Ainsi le genre peut-il agir, depuis le point de vue de l'agresseur, comme un facteur d'objectification sexuelle d'une petite fille « en tant que femme ». Cet argument de la disponibilité sexuelle des filles qui seraient déjà, ou presque déjà, « des femmes » ne se retrouve pas de manière symétrique chez les femmes agresseures ou chez celles et ceux qui agressent des garçons. Et pour cause car il est sous-tendu par une représentation hétéronormative faisant de la victime une partenaire potentielle, « licite », et donc disponible pour « soi ». Ainsi, pour l'agresseur, la femme est « à lui » en tant que femme, tandis que pour la mère incestueuse, l'enfant est « à elle » en tant qu'enfant et non en tant qu'homme. Sans même parler de sexualisation par « adultisation » (considérer la fillette comme une femme pubère) et selon la logique du viol d'opportunité relevée par Dussy, on a vu que la fille peut être choisie comme cible de la violence sexuelle car elle est considérée plus facilement comme « à disposition » qu'un garçon, elle est « identifiable comme objet sexuel normé », étant subalternisée dans la famille, y compris sexuellement, par une socialisation genrée et sexiste[1]. La défense de son intégrité physique est plus sujette à suspicion car, étant du même genre que les femmes adultes, et les violences sexuelles qui se portent sur elle peuvent être vues comme « normales », ouvrant plus certainement à l'impunité pour les agresseurs. Corentin Legras met ainsi en lumière comment, au moment du dévoilement de l'inceste par ses filles, victimes de leur frère, un père catholique, attaché à la réputation et à la virginité de ses filles avant le mariage, tend à préserver l'agresseur et les dénigre. Il leur fait « comprendre qu'elles sont un peu des putes », sans considérer que leur frère a attenté à leur intégrité sexuelle, et exerce en revanche un contrôle étroit sur la sexualité de celle qu'il soupçonne d'avoir des rapports sexuels volontaires hors mariage.

La « femme » constitue donc bien une catégorie de subalternisation sexuelle : l'objectification instrumentalisante à des fins sexuelles par autrui n'a pas besoin de s'appuyer sur autre chose que la catégorie « femme ». Du côté de la victime, cette identification par l'agresseur à un objet sexuel licite, confirmée par les normes de genre dominantes, peut en venir à être intériorisée comme « normale » ou inéluctable. Cependant, cette objectification instrumentalisante « en tant que femme » n'opère pas de manière systématique et n'est pas non plus vécue de manière systématique par la personne identifiée comme femme – auquel cas s'introduisent des écarts entre la perception de soi et les représentations sociales genrées dominantes. La modélisation du genre comme fonction des violences sexuelles permet de rendre compte à la fois des logiques genrées dominantes dans l'intersubjectivité de la violence sexuelle, mais aussi de leurs écarts.

Dans sa dimension interpersonnelle, l'interaction violente met aux prises au moins deux personnes identifiées selon le critère du genre. En l'occurrence, dans l'immense majorité des cas, l'agresseur est un homme cisgenre et perçu comme

---

1. Corentin Legras, « Incestes commis par des mineurs », *loc. cit.*

tel par la victime et la victime s'identifie comme une femme et est perçue comme telle par l'agresseur. Toutefois, le recours à la violence sexuelle de la part de personnes s'identifiant comme hommes sur d'autres personnes qui s'identifient et sont identifiées comme hommes peut également actualiser le genre comme domination sexualisée. Dans ces configurations, elle est en effet souvent exercée selon une logique de haine mêlant misogynie et homophobie[1], dans le but d'humilier par l'émasculation, la féminisation et/ou l'homosexualisation[2] que l'atteinte à l'intégrité physique et sexuelle signifie aux yeux des agresseurs comme des victimes[3], du cercle social plus large et des institutions judiciaires[4]. Les violences sexuelles commises par des hommes sur des hommes ont surtout été étudiées dans des contextes de guerre et en prison[5]. Durant la guerre menée par les États-Unis en Irak à partir de 2003, les humiliations et violences sexuelles ont ainsi été utilisées par des militaires étatsunien·nes au sein la prison d'Abou Ghraib : les prisonniers ont été forcés à porter des sous-vêtements « féminins », insultés de « *faggot* » (« pédé »), torturés, y compris sexuellement, par des femmes choisies en tant que femmes afin de redoubler l'humiliation. Certains détenus ont été violés par des soldat·es ou

1. Aliraza Javaid, « "The penis is a weapon of power" : a feminist and hate crime interpretation of male sexual victimisation », *International Journal for Masculinity Studies*, vol. 13, n° 1, avril 2017, p. 23-40.

2. Gabrielle Ferrales, Hollie Nyseth Brehm et Suzy Mcelrath, « Gender-based violence against men and boys in Darfur », *Gender and Society*, vol. 30, n° 4, mars 2016.

3. Karen Weiss, « Male sexual victimization : examining men's experiences of rape and sexual assault », *Men and Masculinities*, vol. 3, n° 12, 2010, p. 275-298.

4. Nicola Gooch, « The feminisation of the male rape victim », *UCL Jurisprudence Review*, n° 1, 2005, p. 196-213, cité *in* Orna Alyagon-Darr et Ruthy Lowenstein Lazar, « Toward a socio-legal theory of male rape », *Journal of Criminal Law and Criminology*, vol. 113, n° 2, printemps 2023, p. 463.

5. « Annotated bibliography on prison rape/inmate sexual assault », US Department of Justice, National Institute of Corrections, mars 2007 ; Noreen Abdullah-Khan, *Male Rape. The Emergence of a Social and Legal Issue*, New York, Palgrave Macmillan, 2008 ; ou Karen Weiss, « Male sexual victimization », art. cit.

contraints de réaliser des actes sexuels entre eux sous la menace des soldat·es[1]. Les tortures d'Abou Ghraib constituent un exemple extrême de violences sexuelles exercées par des hommes et quelques femmes sur des hommes, informées par des logiques spécifiques de domination raciale et néocoloniale en contexte de guerre, qui témoignent du fait que, là encore, le genre est à l'œuvre.

Si violer un homme c'est porter atteinte à son intégrité morale et physique, mais aussi lui arracher son statut social d'homme et porter atteinte à sa masculinité, la justice opère un double escamotage qui empêche ces violences sexuelles d'être reconnues comme des violences de genre : les actes subis par les hommes sont désexualisés et leurs victimes ne sont pas reconnues comme victimes « en tant qu'hommes ». L'institution judiciaire est elle aussi imprégnée des représentations selon lesquelles les hommes ne peuvent pas être violés. Ainsi, en France, il a fallu attendre 1980 pour que les hommes puissent être reconnus victimes de viol par pénétration forcée et 2018 par pénétration commise « sur le corps de l'auteur » (par exemple une fellation imposée à un homme). Quelle que soit la configuration des violences sexuelles, le genre est bien mobilisé dans ces exemples, au niveau interpersonnel.

Au troisième niveau, subjectif ou personnel, le genre « donne corps » à l'identité et à la subjectivité de manière différentielle : ce niveau rend compte de la manière dont « je » rapporte les violences sexuelles que « je » vis à des significations genrées. La socialisation différenciée entre « filles » et « garçons » fait correspondre les comportements dominateurs, entreprenants et actifs à une norme masculine et les comportements réceptifs, attentifs, passifs à une norme féminine, en particulier dans le cadre des

1. Anthony R. Jones et George R. Fay, « Investigation of intelligence activities at Abu Ghraib », rapport, Department of Defense, août 2004, p. 71-80. Dans ce rapport les « abus *sexuels* » incluent la sodomie y compris avec des objets.

interactions sexuelles. Au fur et à mesure de leur socialisation, les garçons sont incités, notamment par leur entourage, à se reconnaître dans des comportements agressifs et à adapter leurs comportements en fonction des sanctions ou gratifications observées autour d'eux[1]. Cette socialisation genrée peut créer chez les victimes identifiées comme garçons ou hommes une honte supplémentaire, liée au fait d'avoir malgré soi exposé son corps à la blessure, de l'avoir exposé comme vulnérable, ce qui est contraire aux normes de masculinité. Au niveau subjectif, chaque viol infligé à un homme et qu'il vit comme émasculation et féminisation a également pour conséquence de réassigner subjectivement le « féminin » à ce qui est sexualisé, pénétré, violé. L'émasculation infligée et vécue par la violence sexuelle se redouble en outre du tabou de l'homosexualité[2] auquel est bien souvent renvoyé le viol subi. Ce dernier ressort achève de verrouiller le silence de la victime et perpétue l'impossibilité sociale d'être reconnu·e comme telle lorsqu'on est un homme – faisant du viol des hommes par d'autres hommes une « cause sans voix[3] ».

Pour ce qui est des jeunes identifiées comme filles, leur socialisation tend à les confiner à un statut social, interpersonnel et vécu subjectivement, de réceptivité. Celui-ci normalise les agressions qu'elles subissent, et elles ne peuvent dès lors pas comprendre la honte profonde que leur inspire le fait de ne pas avoir su défendre leur corps, un corps lui-même considéré et promu comme indéfendable. Dans son célèbre article « Throwing like a girl », la philosophe étatsunienne Iris

1. Albert Bandura, *Social Learning Theory*, Englewood Cliffs, Prentice-Hall, 1977 ; Alice H. Eagly et Wendy Wood, « Social role theory », *in* Paul A. M. Van Lange, Arie W. Kruglanski et Edward T. Higgins (dir.), *Handbook of Theories of Social Psychology*, vol. 2, Londres, Sage Publications, 2012, p. 458-476.

2. Sur l'acceptation des « mythes sur le viol » subis par les hommes, voir Benjamin A. Hine, Anthony D. Murphy et Jamie S. Churchyard, « Development and validation of the male rape myth acceptance scale (MRMAS) », *Heliyon*, vol. 7, n° 6, juin 2021.

3. Sandesh Sivakumaran, « Male/male rape and the "taint" of homosexuality », *Human Rights Quarterly*, vol. 27, n° 4, 2005, p. 1274-1306.

Marion Young a mis en lumière les modalités du « comportement corporel féminin » et le conditionnement des filles à l'autolimitation, au « confinement », en raison du fait que « la société patriarcale définit la femme comme objet »[1]. Les deux menaces qui en découlent sont d'*être vue* et d'*être envahie physiquement dans son espace* – une effraction dont le viol est la « forme la plus extrême »[2].

Ici, la socialisation genrée des individus donne à la violence sexuelle sa forme genrée et, dans les deux cas, la rend indicible. Cette socialisation en vient à construire des corps et des comportements qui polarisent les personnes, selon le genre, en « victime-type » ou « agresseur-type ». Le degré d'intériorisation et d'expression des normes de genre dominantes dans la formation de l'identité est variable en fonction des individus, des contextes de socialisation et des trajectoires biographiques, mais l'*incorporation* (l'intégration dans nos mémoires corporelles) genrée des violences sexuelles reste présente potentiellement dans tous les cas.

Le quatrième niveau correspond à la manière dont les violences sexuelles sont évaluées et traitées par toutes formes d'institutions, soit d'organisation collective ou de structure sociale régie par des règles et visant à servir une fin : institution judiciaire, scolaire, économique, politique, culturelle, c'est-à-dire, plus concrètement, au parlement, dans la famille, au sein du mariage, de l'école, du marché, de l'éducation, de l'hôpital, etc. Lorsqu'une violence sexuelle survient, chaque institution fournit une analyse et un jugement de l'acte et de ce qui doit être fait face à lui, en réagissant par le silence, l'ignorance, la banalisation ou la prise en charge. Ces analyses et jugements sont susceptibles de genrer la violence – comme

---

1. Iris Marion Young, « Throwing like a girl. A phenomenology of feminine body comportment motility and spatiality », *Human Studies*, vol. 3, n° 2, 1980, p. 137-156. L'article a été traduit en français : « Lancer comme une fille. Une phénoménologie de la motilité, de la spatialité et du comportement corporel féminins », *Symposium*, vol. 21, n° 2, 2017, p. 19-43.

2. *Ibid.*, p. 154.

on l'a vu avec l'institution judiciaire. Cette évaluation, rendue publique par des décisions (ou l'absence de décisions), est d'autant plus forte qu'elle émane, précisément, d'une institution, d'un collectif sans visage, entité normative par excellence.

Le dernier niveau, enfin, que j'appelle la reconduction, résulte des autres niveaux : il recouvre la reproduction des actes et des comportements violents, commis par des personnes identifiées socialement selon leur genre. Cette reproduction vient confirmer le genre dans sa dimension de domination et le perpétuer en l'incarnant. Une *genrification* s'opère chez les individus par habitude et répétition, et selon une norme binaire hétéronormée. Ainsi, si les violences sexuelles visant des adultes sont, sauf exception, exercées par des hommes, c'est justement car ces hommes sont *devenus* des hommes, adoptant un comportement et un statut social conformes aux normes de genre. La genrification par l'hétéro-masculinité dominante, par le contenu propre du « masculin » (action sur le monde, rationalité instrumentale, occultation des émotions, effacement de l'empathie, etc.) et par la position de pouvoir que les hommes hétérosexuels occupent dans la société, est un processus qui contribue largement à rendre possible la violence sexuelle sur les autres. Les violences sexuelles commises par des hommes sur des femmes, quel que soit leur âge, actualisent – c'est-à-dire mettent en acte – et nourrissent ainsi le genre comme domination, en l'incarnant, en s'en faisant le relais actif et individué. Cette description n'est pas sans faire écho aux analyses de la philosophe Sara Ahmed sur la structure, dévoilée par l'analyse féministe et antiraciste, qui se dissimule sous l'événement : « On dit : cet événement correspond à une structure. [...] Les dispositions s'acquièrent à force de répétition. Une disposition est une direction : elle revient à s'incliner de telle manière, à tomber de telle manière, à avancer de telle manière. Une fois qu'une disposition a été acquise, un effort conscient pour avancer de cette manière n'est plus nécessaire. Les choses tombent de cette manière presque de leur plein gré. La reproduction du même est précisément ce qui n'a pas besoin d'être intentionnel[1]. »

Bien entendu, l'actualisation des violences n'est pas systématique, mais sa forte dimension genrée confirme et reproduit en actes le genre comme domination sexualisée. En d'autres termes, tous les hommes n'ont peut-être pas violé dans leur vie et toutes les femmes n'ont peut-être pas été victimes de violences sexuelles dans leur vie, mais le viol est genré, c'est-à-dire non seulement que l'immense majorité des violences sexuelles sont commises par des hommes, souvent sur des femmes, mais aussi que la violence sexuelle est au cœur de la fabrique du genre dans sa forme dominante. Cette modélisation a pour objectif de rendre compte de ce lien entre genre et violences sexuelles, tout en restituant au genre sa dimension processuelle, non figée, ce qui manque à mes yeux dans les théorisations du féminisme radical telles que portées par MacKinnon en particulier.

Cette articulation entre genre et violences sexuelles, y compris lorsqu'elles sont vécues au plus jeune âge, conserve bien une compréhension du genre comme domination sexualisée, mais lui ôte son caractère homogène et absolu en l'appréhendant pleinement comme en mutation constante. Selon cette modélisation du genre comme fonction des violences sexuelles, sur cinq niveaux d'interaction, le genre apparaît comme une grille de lecture polarisante, un encodeur, qui oriente et donne forme à ce à quoi il s'applique. Il constitue comme un « programme » pour les violences sexuelles, en étant « assimilé » par les individus et en se nourrissant ensuite de leurs comportements, et donc des violences lorsqu'elles surviennent. Le genre lui-même se déploie et se transforme à mesure qu'il s'actualise, notamment dans les violences sexuelles et en interaction avec d'autres paramètres comme les conditions matérielles d'existence, l'évolution des droits.

---

1. Sara Ahmed, *Living a Feminist Life*, Durham/Londres, Duke University Press, 2017, p. 148-158.

On l'a vu, si la violence sexuelle est indissociable de la notion de pouvoir, sa survenue est la combinaison de conditions à la fois structurelles (rapports sociaux de pouvoir, et particulièrement le genre), situationnelles (contexte, positions sociales relatives des deux individus, consommation d'alcool[1], etc.) et dispositionnelles (résultats d'expériences accumulées). Pour ce qui est des conditions situationnelles, certaines sont intrinsèquement genrées, d'autres non, comme l'alcool en soi – même si ses effets sur le comportement sont bien sûr genrés[2]. Et si l'alcool peut partiellement contribuer à un passage à l'acte (chez des hommes dans l'immense majorité des cas), il ne constitue jamais une condition *suffisante* à l'exercice d'une violence sexuelle, quand l'activation du genre comme domination, elle, en est une. Les conditions structurelles, quant à elles, excèdent la seule question des représentations de genre sexualisées (niveaux 1 et 2) et incluent les conditions économiques et matérielles liées au genre de manière générale – par exemple, la situation qui met aux prises une employée et son supérieur hiérarchique est le résultat d'inégalités de genre non sexualisées. En outre, certaines conditions structurelles ne sont pas genrées par elles-mêmes : ainsi des rapports de pouvoir raciaux, économiques, liés à un handicap... Le modèle du genre comme fonction des violences sexuelles n'est pas incompatible avec ces conditions structurelles non genrées qui contribuent elles aussi à donner leur signification aux violences sexuelles et ouvre au contraire à des recherches articulant ces différents régimes de pouvoir et de signification.

1. Laurent Bègue, « L'alcool favorise-t-il les conduites d'agression physique et verbales entre partenaires intimes ? », *Champ pénal/Penal field*, vol. XIV, 2017.

2. Tania Lejbowicz fait valoir que la consommation d'alcool entraîne une plus grande culpabilisation et des « zones grises » chez les femmes. Tania Lejbowicz, « Violences et écarts aux normes de genre. Enquête sur les trajectoires de femmes victimes de violences sexuelles », thèse, université Paris-Nanterre, 2022, p. 292-293 ; Jean-Baptiste Richard *et al.*, « La consommation d'alcool chez les adultes en France en 2017 » *Bulletin épidémiologique hebdomadaire*, n° 5-6, février 2019, p. 89-97.

Quand le genre vient croiser la race et la classe

Les autres rapports sociaux de pouvoir qui peuvent venir donner une signification à la violence sexuelle opèrent également aux cinq niveaux identifiés (représentations, individuel/subjectif, interpersonnel/intersubjectif, institutionnels, reconduction). On l'a vu, les viols ont surtout lieu dans l'enfance, au sein du cercle familial proche, et entre personnes connues. On pourrait donc penser que les rapports de classes, par exemple, ne sont pas prédominants dans la plupart des violences sexuelles. Pour autant, l'inégalité économique systémique entre hommes et femmes peut être utilisée comme un levier et venir renforcer les mécanismes d'emprise qui se déploient au sein de relations hétérosexuelles. En outre, les données montrent que les femmes au chômage sont surexposées aux violences conjugales et sexuelles[1], les demandeuses d'asile et réfugiées, confrontées à une insécurité résidentielle et administrative[2], y sont fortement surexposées, tandis que, dans le cadre du travail, les violences déclarées sont *exclusivement* le fait d'hommes quand elles se portent sur des femmes et majoritairement le fait d'hommes quand elles se portent sur des hommes[3]. Les agresseurs sont le plus souvent des collègues au même rang dans la hiérarchie ou des supérieurs, très rarement des subordonnés. Le rapport de l'enquête Virage en conclut que « cela inscrit bien la violence [sexuelle] au travail comme une forme d'expression et de maintien des rapports de pouvoir[4] » et que ces violences au travail sont fortement genrées[5]. Ces analyses confirment la stratégie de l'agresseur, qui s'attaque à celles et ceux qui lui

1. Orvif, « Améliorer l'accès à l'emploi des femmes victimes de violences », guide pratique, centre Hubertine-Auclert, 2016, p. 13.

2. Julie Pannetier *et al.*, « Les violences sexuelles envers les femmes immigrées d'Afrique subsaharienne après la migration en France », *Population & Sociétés*, vol. 5, n° 577, 2020, p. 2.

3. Elizabeth Brown, Alice Debauche, Christelle Hamel et Magali Mazuy (dir.), *Violences et rapports de genre*, *op. cit.*, p. 300.

4. *Ibid.*, p. 298.

5. *Ibid.*, p. 300.

semblent à sa disposition car inférieur·es à lui socialement et donc inoffensifs et inoffensives.

Quant aux rapports de pouvoir raciaux dans la violence sexuelle, elle-même racialisante, ceux-ci opèrent plus ou moins activement selon les régimes raciaux[1]. Dans le contexte français, les liens entre race et violences sexuelles sont anciens et apparaissent de façon flagrante lorsqu'on se penche sur l'histoire de l'appropriation sexuelle des femmes en contexte colonial et esclavagiste. Aux Antilles, entre le XVIIe et le XIXe siècle, l'institutionnalisation de l'appropriation violente des corps noirs place les femmes noires à disposition des hommes blancs européens, non comme épouses, non par l'achat d'un service sexuel, mais par le régime de l'esclavage, lequel inclut implicitement l'asservissement sexuel. Cette appropriation sexuelle du maître, semblable au « droit de cuissage » sur les servantes, se trouve ici racialisée par l'institution de l'esclavage. La violence imposée dans l'interaction sexuelle (niveau 2 du genre comme fonction) par un maître blanc à une femme esclave noire, *en tant qu'elle est femme, esclave et noire*, est autorisée dans les représentations sociales (niveau 1) par son institutionnalisation et les idéologies racistes qui sous-tendent les institutions (niveau 4). Elle devient, dans le vécu subjectif de celle qui en est victime (niveau 3), indissociable de l'assignation déshumanisante à une race et à une condition inférieures, qui la dessaisit d'elle-même. L'expérience de cette femme esclave noire violée par son maître blanc est celle d'une violence *sexo-raciale*. La violence sexuelle est ici à la fois racialisée et racialisante. L'abolition de l'esclavage ne met pas fin à ces violences sexo-raciales. Ainsi de l'utilisation de la violence sexuelle dans les sociétés

1. J'entends par là des formes d'organisation sociale et de répartition du pouvoir, des charges et des bénéfices, selon des lignes raciales que ce faisant elles constituent et qui perpétuent des inégalités raciales. Voir Michael Omi et Howard Winant, *Racial Formation in the United States*, New York, Routledge, 2014 ; et Emmanuelle Saada, *Les Enfants de la colonie. Les métis de l'Empire français entre sujétion et citoyenneté*, Paris, La Découverte, 2007.

post-esclavagistes en vue de perpétuer la domination de la classe des anciens maîtres sur la classe des ancien·nes esclaves par l'appropriation continuée des corps des femmes[1]. En contexte colonial, pour reprendre les mots de Fanon, « le colonialisme ne se comprend pas sans la possibilité de torturer, de violer ou de massacrer[2] ». La sexualité des femmes colonisées en vient ainsi à être construite par leur assignation raciale, et réciproquement[3]. Leurs représentations se trouvent ensuite sédimentées et réactualisées dans certaines formes de sexualité contemporaines objectifiantes et violentes. Outre le genre, la race et la classe constituent non seulement des conditions de possibilité du viol, de par les asymétries de pouvoir qu'elles organisent, mais donnent aussi leurs significations au viol, selon leur plus ou moins grande institutionnalisation. L'affaire DSK est exemplaire de ce mécanisme : en 2011, Nafissatou Diallo, une femme de chambre noire, accuse Dominique Strauss-Kahn, alors directeur du Fonds monétaire international, de tentative de viol dans l'hôtel Sofitel de New York. Cette femme noire et subalternisée (par sa profession) est *choisie*, en tant que telle, comme cible sexuelle par un homme blanc de pouvoir[4].

En France, il existe peu de données statistiques relatives aux discriminations et inégalités raciales et encore moins concer-

---

1. Hannah Rosén, *Terror in the Heart of Freedom. Citizenship, Sexual Violence, and the Meaning of Race in the Postemancipation South*, Chapel Hill, University of North Carolina Press, 2009.

2. Frantz Fanon, *Pour la révolution africaine. Écrits politiques*, Paris, La Découverte, 2006 (1964), p. 73.

3. Pamela Scully, « Rape, race, and colonial culture : the sexual politics of identity in the nineteenth-century Cape colony, South Africa », *The American Historical Review*, vol. 100, n° 2, avril 1995, p. 335-359. Voir aussi Gilles Boëtsch *et al.* (dir.), *Sexualités, identités & corps colonisés. XVe-XXIe siècle*, Paris, Éditions du CNRS, 2019 ; et Jules Falquet, *La Combinatoire* straight. *Colonialisme, violences sexuelles et Bâtard·es du capital*, Paris, Éditions Amsterdam, 2025.

4. Christine Delphy (dir), *Un troussage de domestique*, Paris, Syllepse, 2011. Voir aussi Jules Falquet, « DSK ou le *continuum* entre les violences masculines et les violences néolibérales », *Nouvelles Questions féministes*, vol. 31, n° 1, 2012, p. 80-87.

nant les violences sexuelles[1]. Les études qualitatives tendent toutefois à montrer que les femmes racisées, françaises comme étrangères, sont plus réticentes à dénoncer des violences subies et à porter plainte, en particulier celles qui sont les plus précaires et issues de communautés stigmatisées, et sont donc moins susceptibles d'être crues et aidées[2]. S'il reste à produire des recherches croisant genre, race et classe pour analyser les violences sexuelles, le modèle du genre comme fonction ouvre des pistes pour interroger dans quelles configurations de violence sexuelle le genre vient croiser d'autres catégories de domination et les significations auxquelles ces croisements donnent lieu. Car si le viol est une manifestation de pouvoir genrée, il se conjugue souvent avec d'autres discriminations. De la même manière que le genre, classe et race donnent du sens à la violence sexuelle et peuvent prendre sens dans la violence.

Le genre comme fonction des violences sexuelles rend compte de l'axe privilégié de circulation de la violence sexuelle (le genre) tout en ouvrant à une compréhension synthétique de son imbrication, de sa consubstantialité avec les autres rapports sociaux.

Le poids de l'hétéronormativité

Ce schéma d'interaction entre genre et violences sexuelles, qui désystématise le genre, permet également de saisir les évolutions de la vulnérabilité aux violences au fur et à mesure de la vie[3]. En outre, des études menées sur les minorités sexuelles et de genre aux États-Unis et en France, centrées plus particulièrement sur les facteurs de risques et la revictimation[4],

1. Julie Pannetier *et al.*, « Les violences sexuelles envers les femmes immigrées d'Afrique subsaharienne après la migration en France », art. cit., p. 1.

2. Kharol-Anne Souffrant, *Le Privilège de dénoncer. Justice pour toutes les victimes de violences sexuelles*, Montréal, Éditions du remue-ménage, 2022.

3. Voir « Insécurité et délinquance en 2020 », *loc. cit.*, p. 102.

4. Catherine C. Classen, Oxana Gronskaya Palesh et Rashi Aggarwal, « Sexual revictimization. A review of the empirical literature », *Trauma, Violence*

renforcent cette schématisation[1]. Analysant les articulations entre victimation dans l'enfance et victimation à l'âge adulte, un article paru en 2005 arrive ainsi à la conclusion que « deux individus agressés sexuellement dans l'enfance sur trois » sont ensuite l'objet d'agressions sexuelles à l'âge adulte[2]. Une étude menée aux États-Unis en 2010 auprès de lesbiennes, de gays et de femmes hétérosexuelles livre également des résultats intéressants concernant les liens entre victimation dans l'enfance, genre (défini dans l'étude comme une identité) et orientation sexuelle, malgré un échantillon restreint (871 personnes)[3]. Tout d'abord, les taux d'agressions sexuelles dans l'enfance sont très élevés pour les trois groupes (35,5 % des enquêté·es), et en particulier pour les lesbiennes (44 %). Par ailleurs, les risques de subir un viol à l'âge adulte sont bien plus élevés pour les personnes ayant subi des agressions sexuelles dans l'enfance que pour les autres (7,1 %) et ont des taux comparables pour les trois groupes (près de 20 % pour chacun des groupes). Cette étude met ainsi en lumière que, pour ces trois groupes différents ayant en commun de constituer des minorités sexuelles dans une société hétéro-masculiniste, la victimation dans l'enfance est un facteur de risque très important des violences sexuelles subies à l'âge adulte. Ici, ce n'est ni l'orientation sexuelle ni l'identité de genre qui semblent constituer le levier principal des violences sexuelles à l'âge adulte car les trois groupes connaissent des taux assez similaires, mais bien le fait d'avoir été victime dans l'enfance. On ne peut que souhaiter qu'une telle étude soit complétée

---

and Abuse, 1er avril 2005, p. 103-129 ; Hannah E. Walker *et al.*, « The prevalence of sexual revictimization. A meta-analytic review », *Trauma, Violence and Abuse*, 8 février 2017.

1. Tania Lejbowicz, « Violences et écarts aux normes de genre », *loc. cit.* ; Elizabeth Brown, Alice Debauche, Christelle Hamel et Magali Mazuy (dir.), *Violences et rapports de genre*, *op. cit.*, p. 355.

2. Catherine C. Classen, Oxana Gronskaya Palesh et Rashi Aggarwal, « Sexual revictimization », art. cit.

3. Kimberly F. Balsam, Keren Lehavot et Blair Beadnell, « Sexual revictimization and mental health : a comparison of lesbians, gay men, and heterosexual women », *Journal of Interpersonal Violence*, n° 26, 2011 (2010), p. 1798-1814.

par d'autres, à la fois qualitatives[1] et quantitatives, avec des échantillons plus larges, qui permettraient de comprendre les contextes dans lesquels prennent place les viols à l'âge adulte de personnes ayant déjà été victimes dans l'enfance et à quel moment, dans les trajectoires de vie, s'opère la disjonction entre une victimation non négligeable des jeunes garçons et un taux de viol des hommes hétérosexuels infiniment plus bas que pour les femmes (lesbiennes comme hétérosexuelles) et les hommes gays. Ces résultats confirment le *continuum* des violences subies dans l'enfance puis à l'âge adulte, mais le précisent comme un *continuum* qui semble suivre une trajectoire genrée, au sens où elle est hétéronormée et hétéronormative – tout en mettant en lumière ce qui reste à ce jour largement un impensé parmi les impensés des violences sexuelles : celles subies par les garçons puis par les hommes gays ou non hétérosexuels[2].

Le poids de l'hétéronormativité dans les violences sexuelles se retrouve dans les résultats de l'enquête Virage menée auprès des minorités sexuelles et de genre ainsi que dans les travaux de la sociologue Tania Lejbowicz sur les parcours de femmes victimes de violences sexuelles en France, et notamment de lesbiennes et bisexuelles[3]. Ces recherches font tout d'abord valoir la surexposition des minorités de genre et sexuelles, et particulièrement des femmes cisgenres bisexuelles et homosexuelles, aux violences sexuelles en général, et en particulier à celles qui ont lieu dans la sphère familiale[4]. Ainsi, selon Virage, « les femmes bisexuelles et homosexuelles sont quatre à cinq fois plus nombreuses que les hétérosexuelles à déclarer des violences sexuelles subies dans leur famille »

1. Voir Rannveig Sigurvinsdottir et Sarah E. Ullman, « Sexual orientation, race and trauma as predictors of sexual assault recovery », *Journal of Family Violence*, vol. 7, n° 31, octobre 2016, p. 913-921.

2. Lucie Wicky, « Les violences sexuelles subies par les hommes en France. Parcours de violences et rapports d'âge », thèse de doctorat en sociologie, Paris, EHESS, 2024.

3. Tania Lejbowicz, « Violences et écarts aux normes de genre », *loc. cit.*

4. *Ibid.*, p. 167 et 197.

– elles sont respectivement 18,9 % et 22,4 % pour 4,7 % des femmes hétérosexuelles[1]. Pour ce qui est des personnes trans, elles sont légèrement plus nombreuses (13,8 %) à déclarer des violences sexuelles subies dans la sphère familiale que les LGB cisgenres en général (12,6 %) – sans que l'âge de survenue ni l'identification de genre des personnes ne soient précisés[2].

Parmi les femmes cisgenres, celles qui s'identifient comme « lesbiennes » et celles qui ont essentiellement des relations sexuelles avec d'autres femmes « ont un risque important de subir aux jeunes âges des violences » sexuelles au sein de la famille, tandis que les bisexuelles déclarent plus de violences sexuelles conjugales (auxquelles sont moins exposées les femmes qui ne sont pas en couple avec un homme) et sont également celles qui rapportent « les violences sexuelles les plus sévères » et les plus répétées[3]. Du côté des hommes, « les gays et les bisexuels déclarent plus de violences sexuelles intrafamiliales que les hétérosexuels, mais les prévalences pour les gays et les bisexuels, de l'ordre de 5 %, sont bien moins importantes que celles concernant les lesbiennes et les bisexuelles » – et cependant très légèrement plus importantes que les déclarations des femmes hétérosexuelles.

Ce dernier élément permet d'émettre l'hypothèse que les femmes bisexuelles et lesbiennes, si elles sont particulièrement exposées aux violences sexuelles intrafamiliales, sont à l'intersection de rapports de domination hétéronormatifs, assujettissant à la fois à l'hétérosexualité[4] et à des identités de genre correspondantes, complémentaires, polarisées et hiérarchi-

1. Elizabeth Brown, Alice Debauche, Christelle Hamel et Magali Mazuy (dir.), *Violences et rapports de genre*, *op. cit.*, p. 372-373.

2. *Ibid.*, p. 383, tableau 9. L'enquête Virage ne montre donc pas les mêmes résultats que l'enquête étatsunienne citée avant, ce qui plaide encore une fois pour des études plus larges et plus systématiques, même si ces écarts ne remettent pas en question les analyses plus globales qu'on peut en tirer.

3. Tania Lejbowicz, « Violences et écarts aux normes de genre », *loc. cit.*, p. 183 et 180.

4. Sur les premières formulations de l'« hétérosexualité obligatoire », voir Adrienne Rich, « Compulsory heterosexuality and lesbian existence », *Signs*, vol. 5, n° 4, 1980, p. 631-660. Voir aussi les travaux de Gayle Rubin.

sées. L'articulation entre violences sexuelles et identifications sexuelles minoritaires peut alors s'opérer, selon Lejbowicz, dans deux sens opposés : lorsque les écarts aux normes de genre, aux normes sexuelles et conjugales surexposent aux violences ; et lorsque les expériences de violences précèdent les écarts à ces normes. Pour les violences sexuelles familiales dans l'enfance, « parmi les 1 000 femmes qui [en] ont subi, 47,3 % rapportent des attirances sexuelles pour le même sexe[1] », et, assez logiquement, la plupart d'entre elles ont commencé à ressentir ces attirances à un âge plus avancé, donc après les premières violences subies[2]. Cette proportion plus importante de déclarations de violences subies par les femmes bisexuelles et lesbiennes doit, explique Lejbowicz, être mise en regard avec leur plus grande « politisation au genre », qui facilite sans doute (dans une certaine mesure) l'identification et la dénonciation des violences[3]. Cette surexposition des minorités sexuelles aux violences sexuelles intrafamiliales conduit, comme le soulignent Mathieu Trachman et Tania Lejbowicz, à considérer ces violences non seulement comme genrées, mais également comme hétéronormatives, au sens où elles apparaissent frapper plus particulièrement les personnes qui s'éloignent des normes de genre dominantes dans une société cishétéropatriarcale[4].

Un éclairage supplémentaire peut être apporté par certains « types de viols » : les viols « punitifs » ou « correctifs ». Ces exactions sexuelles sont commises par des hommes en réaction à des écarts (ou de prétendus écarts) de leurs victimes aux normes de genre et/ou de sexualité. Elles peuvent cibler des femmes transgressant la norme hétérosexuelle (lesbiennes,

1. Voir Tania Lejbowicz, « Violences et écarts aux normes de genre », *loc. cit.*, fig. 5.1, p. 194.

2. *Ibid.*, fig. 5.2, p. 195.

3. *Ibid.*, p. 175.

4. Mathieu Trachman et Tania Lejbowicz, « Des LGBT, des non-binaires et des cases. Catégorisation statistique et critique des assignations de genre et de sexualité dans une enquête sur les violences », *Revue française de sociologie*, vol. 59, n° 4, 2018, p. 677-705.

bisexuelles ou que l'on pense non hétérosexuelles), des personnes trans et des hommes gays (ou identifié·es comme tel·les), ou encore des hétérosexuelles dérogeant à certaines normes de genre et de sexualité (par exemple des femmes qui ont des relations sexuelles hors mariage ou qui ne sont pas monogames). La reconnaissance juridique du caractère discriminatoire des viols « en raison de l'orientation sexuelle » est récente en France : le premier cas de viol reconnu comme lesbophobe par l'institution judiciaire a ainsi été jugé devant le tribunal de Bobigny en 2020-2021, puis, en 2022, un homme est condamné pour viol et violences à caractère homophobe sur un autre homme, et deux anciens légionnaires le sont pour les mêmes faits à l'encontre d'un militant LGBT algérien réfugié en France – leurs actes de violence ont été accompagnés d'insultes homophobes et racistes. Le viol commis sur une femme (réputée) lesbienne en tant que lesbienne a pour fonction de lui rappeler qu'elle est subordonnée à l'homme et à l'ordre de genre hétérosexuel. Cette représentation sexiste et lesbophobe est présente dans l'esprit de l'agresseur, dans la lecture qu'en fait la société, mais également bien comprise par la victime, qui est rappelée à sa classe de genre. En ce qui concerne les hommes gays, le viol punitif entend les dessaisir de leur pouvoir sur leur sexualité. Paradoxalement, ils sont rappelés à l'ordre hétéronormatif et à leur supposée appartenance à l'hétéro-masculinité par une invasion de leur intégrité physique associée au féminin.

Le genre modélisé comme fonction des violences sexuelles permet de rendre compte de ces phénomènes qui complexifient le seul rapport de domination homme/femme en y intégrant la dimension hétéronormative des violences sexuelles tout en prenant en compte les évolutions du poids du genre dans leur survenue au cours de la vie – replaçant le rôle du genre dans les violences sexuelles sur l'axe temporel, à l'échelle à la fois individuelle et macrostructurelle.

Perspectives théoriques et portée pratique

Penser le genre comme fonction des violences sexuelles, identifiant les « lieux » possibles d'activation du genre entendu dans son interprétation féministe radicale, conduit à *ouvrir* les modèles théoriques du genre comme domination. Ce geste fait écho à l'« ouverture des identités » à laquelle procède la pensée queer[1]. Il ne s'agit pas de dissoudre le genre comme domination en tant que modèle explicatif des violences sexuelles, mais de l'ouvrir à d'autres et à la transformation du genre lui-même (selon une ouverture « externe » et « interne »).

En historicisant le vécu des violences à l'échelle d'une existence individuelle et en reconnaissant que le genre n'est pas statique mais évolue en fonction de ses actualisations, cette modélisation ménage deux possibilités. D'une part, elle permet de « localiser » les lieux (subjectifs, interpersonnels, institutionnels et sociaux) où le genre intervient en tant que pourvoyeur de sens ainsi que d'identifier ses opérateurs (soi, l'autre, l'entourage, les institutions, les représentations). Cela laisse ouverts des champs de l'existence où ce qui est vécu n'est pas immédiatement, nécessairement, consubstantiellement informé par le genre comme domination hétéronormative. D'autre part, elle inclut des violences sexuelles qui ne recouvrent pas totalement ou exactement, dans les vécus, les identifications de genre, soit la manière dont les personnes disent leur genre et leur sexualité[2]. Il s'agit là d'un point important dans la mesure où la lutte contre les violences sexuelles est trop souvent réduite à la lutte contre les violences faites aux femmes, ce qui exclut nombre de personnes victimes, à laquelle est juxtaposée sans articulation dans les politiques publiques la lutte contre les violences

1. Nancy Fraser, « De la distribution à la reconnaissance », *Qu'est-ce que la justice sociale ? Reconnaissance et redistribution*, Paris, La Découverte, 2011 (2005), p. 14.

2. Voir Mathieu Trachman et Tania Lejbowicz, « Des LGBT, des non-binaires et des cases », art. cit.

sexuelles visant les enfants, qui sont, eux et elles, constitué·es comme une catégorie non genrée. Au contraire, la schématisation du genre comme fonction des violences sexuelles permet de représenter l'action de celui-ci tout au long de la vie, de rendre compte du caractère cis-hétéro-patriarcal du genre (et non seulement de la binarité homme/femme), sans réduire l'intégralité des vécus de violences sexuelles à celui-ci. Enfin, une telle modélisation permet de laisser toute leur place aux autres significations qu'ont pour soi-même les violences sexuelles vécues, comme les identifications sexuelles et de genre, accueillant la dimension performative du genre et ouvrant à la possibilité de ses transformations vers autre chose qu'une binarité hiérarchique sexualisée.

La théorisation du genre comme domination, dérivée d'une hétérosexualité dominante et qui conceptualise la catégorie des femmes par l'objectification, la dégradation, la soumission, et celle des hommes par la domination et la prédation, pose un problème pratique quant à l'interprétation sociale des actes, dans les faits et dans la possibilité pour les victimes comme le reste de la société de se mouvoir au sein de ces catégories homogènes. Cette théorisation fait en effet valoir que le masculin est, par définition, prédateur et que le viol est l'acte d'un homme. Cela présente l'avantage d'ôter à l'agresseur son masque de monstre ou de malade, tout en faisant se recouvrir parfaitement le genre et la domination sexuelle, les hommes et l'agression, les femmes et la victimation. Mais dans la perspective des personnes victimes de violences sexuelles, que signifient alors les violences sexuelles qui ne se conforment pas au scénario-type où l'homme agresse une femme ? L'interprétation systématique de ces actes en termes de masculinité et de féminisation risque, très concrètement, d'assigner des significations dé-subjectivantes, de faire croître la confusion et de diminuer encore l'estime de soi de victimes – qui s'identifient comme femmes, mais également, aussi minoritaires soient-elles, qui s'identifient comme des hommes ou garçons. Ceux-ci se retrouvent en effet face à une impasse : ils sont incités soit à regagner une masculinité (pensée comme nécessairement violente), soit à se nier eux-mêmes comme hommes. Le vécu de la violence sexuelle est alors doublé d'une autre violence, identitaire.

Le cas des femmes agresseures met également à l'épreuve le modèle du genre comme domination[1]. L'impossibilité de les penser a également des conséquences très pratiques puisque nombre de ces femmes ont également été victimes et ne sont prises en charge que sous cet aspect et non comme agresseures. Dans une perspective qui vise à inclure tous les vécus, je ne pense pas que le statut d'« exception » justifie qu'on écarte de la pensée ces cas situés à la marge, ce que fait par exemple MacKinnon. De telles situations imposent peut-être au contraire qu'on aille au bout de ce qu'elles impliquent. Que gagne-t-on en effet à comprendre de tels actes comme une « transgression » d'une identité et d'un rôle de genre ? Transgression par qui et pour qui ? La femme qui agresse, la mère qui agresse, n'est pas nécessairement perçue et ne se perçoit pas nécessairement comme « masculine » ou « virile ». Souvent, ces violences visent de jeunes enfants et ont lieu dans le cadre du « soin » apporté à l'enfant[2]. Elles peuvent alors être prises dans un réseau de significations liées au soin, qui viennent forger l'expérience subjective de l'enfant. Ainsi de cette mère incesteuse, qui répète régulièrement à sa fille : « C'est OK, je suis ta mère, tu es ma fille, c'est autorisé[3] », affirmant par là son identité de mère, celle de sa fille, et leur lien de filiation au féminin. Ici, ni la mère ni la fille ne sont *genrées* ou *dégenrées* (au féminin ou au masculin) par l'agression.

Ces situations empiriques, aussi exceptionnelles soient-elles, rappellent avec force l'ambivalence d'une conceptuali-

---

1. Voir KelleyAnne Malinen, « Woman-to-woman sexual assault : a situational analysis », thèse de sociologie, université de Laval, 2014, p. 100.

2. Camille C. Weinsheimer *et al.*, « The unusual suspects : female versus male accused in child sexual abuse cases », *Child Abuse & Neglect*, vol. 72, 2017, p. 446-455.

3. KelleyAnne Malinen, « Woman-to-woman sexual assault », *loc. cit.*, p. 74.

sation du genre comme domination qui ne le considérerait non pas comme une fonction dynamique, mais encore, à la manière du féminisme radical « classique », en termes binaires. Qu'on le déplore ou non, les personnes ont encore recours, dans les faits, à des catégories de genre pour s'identifier et il semble donc difficilement justifiable d'occulter la multiplicité de tels usages. Leur prise en compte implique alors, plutôt que de clore le contenu du féminin et du masculin, d'ouvrir une réflexion critique sur les articulations nécessaires entre les usages des catégories de genre comme catégories de l'identité *et* le genre comme domination, pour penser les violences sexuelles. À défaut, le chemin vers une justice de genre pourrait se voir « coupé » par une réflexion théorique trop appuyée sur la binarité qu'implique le genre comme domination, loin des vécus des individus et de leur appréhension de ce qu'est le genre. La modélisation du genre à la fois comme fonction polarisante et en constante évolution en fonction de ses actualisations, permet d'envisager une telle articulation. En outre la plasticité du « désir », la variabilité des objets sur lesquels celui-ci se porte, selon des logiques complexes confirmées dans l'étude des violences intrafamiliales, mettent en lumière l'idée que le genre n'est pas entièrement déterminable par les rapports de pouvoir et les représentations dominantes.

Dans ces conditions, il paraît doublement compromis de se représenter les significations des violences sexuelles uniquement à partir d'une compréhension du genre comme domination dans sa version « statique », dont une lecture littérale serait de considérer absolument les hommes comme agresseurs et les femmes comme victimes, et réciproquement de considérer tout agresseur comme masculinisé et toute victime comme féminisée. Comme l'écrit MacKinnon elle-même, « puisque la sexualité réside avant tout dans ses significations sociales, l'érection du nourrisson, par exemple, n'est sexuelle que pour autant que cette société y voie de la sexualité [...]. De telles érections n'ont de signification sociale que pour les adultes qui les observent[1] ». Mais qui est « cette société » ? C'est là désigner le point où s'entrecroisent des expériences de l'enfant qui découvre le monde et des significations imposées de l'extérieur sur ses expériences – d'autant plus lorsque ces significations sont données par la sexualité d'un autre que soi. Mais c'est aussi souligner par là que ces significations sociales sont susceptibles d'évoluer.

Les analyses menées au cours de cette réflexion conduisent à conclure que si les violences sexuelles s'appuient bien sur une asymétrie de pouvoir situationnelle et structurelle entre deux personnes (ou plus), cette asymétrie n'est pas uniquement fondée sur le genre, lui-même en constante réactualisation. Le genre permet de comprendre pourquoi surviennent une grande part des violences sexuelles, mais la compréhension du genre ne peut pas être épuisée par les violences sexuelles.

La modélisation du genre comme fonction des violences sexuelles a une triple utilité. Premièrement, elle offre une conceptualisation compréhensive et/ou intégrative de l'articulation entre violences sexuelles et genre, et des violences sexuelles comme injustices structurelles. En s'efforçant d'être attentive aux « endroits » où opère le genre comme domination et en n'occultant pas les vécus subjectifs, elle permet de mettre en lumière une interaction dynamique entre violences sexuelles et genre, entre vécus subjectifs, représentations et institutions. Elle appelle donc à une « désabsolutisation » des catégories du genre compris comme domination hétéronormative. Comme outil heuristique, elle ouvre des questionnements et pistes de recherche : quelles sont les articulations entre cette conceptualisation et d'autres rapports sociaux de pouvoir dans les violences sexuelles ? Comment s'articulent les significations de ces violences acquises individuellement dans l'interaction et présentes dans les représentations collectives (elles-mêmes variables) ? Elle invite également a de plus amples recherches quantitatives et qualitatives sur les contextes

1. Catharine A. MacKinnon, « Sexuality », art. cit.

de violences sexuelles qui ne sont pas conformes à l'ordre du genre dominant, à savoir les violences sexuelles exercées par des hommes sur des hommes, par des femmes sur des hommes, par des femmes sur des femmes, mais aussi impliquant des personnes aux identifications de genre minoritaires (trans, non binaires, intersexes). Enfin, en prenant pleinement en charge le caractère dynamique et pluridimensionnel du genre comme des violences (puisqu'un·e agressé·e peut devenir un·e agresseur·e), la modélisation du genre comme fonction des violences sexuelles permet de localiser plus finement des leviers d'action individuels, intersubjectifs et sociaux afin de lutter contre ces injustices sociales. C'est cette dimension que je vais à présent explorer.

Partie III

Que faire face aux injustices que sont les violences sexuelles ? Fragments

7

(Re)vivre après les violences sexuelles : une éthique féministe de la reconstruction

> « Dire non, résister. Le “non” de la résistance n'est pas le “non” du déni. C'est le “non” de la reconnaissance de ce qui s'est passé et le refus de le laisser arriver à nouveau. »
>
> Susan Brison, *Après le viol*, 2003.

La modélisation du genre comme fonction des violences sexuelles, en prenant pleinement en charge le caractère dynamique, hétéronormatif et pluridimensionnel de celui-ci, permet de localiser plus finement des leviers d'action individuels, intersubjectifs, sociaux et de constituer, je l'espère, une base afin d'envisager une justice sociale qui puisse y répondre. En novembre 2017, en pleine affaire Weinstein, la philosophe Geneviève Fraisse assurait que « les lois ne changent pas le quotidien[1] » et que l'égalité politique, économique et sociale entre hommes et femmes étant désormais atteinte dans le droit, une nouvelle loi n'était pas la solution – du moins pour ce qui est des violences sexuelles[2]. Le cycle du droit étant achevé, c'est « le rapport de forces qui changera

1. Camille Caldini, « Geneviève Fraisse, philosophe et historienne : “L'affaire Weinstein est une révolte historique et politique” », FranceTVInfo.fr, 5 décembre 2017.

2. On pense spontanément à un certain nombre de lois qui pourraient pourtant garantir une égalité de droits non encore atteinte, par exemple concernant les congés parentaux (congé du second parent) ou l'accessibilité à la PMA.

tout[1] », disait-elle alors. Et d'ajouter : « C'est tout l'imaginaire collectif autour du corps des femmes qu'il faut changer. » Quelques mois plus tard, MacKinnon publiait dans le *New York Times* une tribune au titre évocateur : « #MeToo a fait ce que la loi ne pouvait faire[2] », reconnaissant à son tour les limites de la seule approche par le droit, à laquelle ses travaux sont consacrés.

Il ne s'agit pas ici de minimiser le rôle des avancées légales dans la lutte contre les agressions sexuelles et le viol. De manière pragmatique, celles-ci permettent aux victimes d'identifier un tort subi, de faire entendre leur parole comme légitime et d'imputer la responsabilité à la bonne personne : « Il n'avait pas le droit, c'est interdit par la loi. » Ces normes juridiques jouent également un rôle important dans la dénaturalisation des violences sexuelles : comme le résume MacKinnon, « c'est la reconnaissance légale qui a rompu la règle de l'impunité selon laquelle plus un homme a de pouvoir, plus il peut extorquer de sexe des personnes en position de moindre pouvoir[3] ». Mais les lois ne sauraient suffire. Leur formulation, les discours qui les entourent, leur application et le système pénal dans lequel elles s'inscrivent doivent tout autant faire l'objet d'un examen critique. Plus encore, la justice pénale telle qu'elle est conçue n'a pas vocation à prendre en charge les violences sexuelles comme injustices structurelles car elle se concentre sur l'individu qui les commet et non sur les conditions sociales qui rendent ces actes possibles. Elle considère en premier lieu le tort commis à l'encontre de la société *via* l'État plutôt que le tort subi par la victime

1. Julie Clarini, «Violences sexuelles : "Le fait divers est devenu politique." Entretien avec Geneviève Fraisse », LeMonde.fr, 19 octobre 2017.

2. Catharine A. MacKinnon, « #Metoo has done what law couldn't », NewYorkTimes.com, 4 février 2018. Voir aussi Catharine A. MacKinnon et Durba Mitra, « Sexual harassment in the age of #MeToo », entretien, SignsJournal.org, 30 juillet 2018.

3. Catharine A. MacKinnon, « How litigation laid the ground for accountability after #MeToo », *The Guardian*, 23 décembre 2017.

et ses besoins[1]. Elle entend sanctionner un manquement individuel, une « déviance », quand les violences sexuelles sont enchâssées dans la norme, et a pour horizon des peines individualisées, en particulier l'incarcération, et non une responsabilisation collective. Face à cela, « des associations de victimes se sont rapidement aperçues qu'il revenait aussi au politique et à la société civile d'occuper [l'espace de la lutte][2] » et d'autres entendent trouver des solutions compatibles avec un abolitionnisme pénal et carcéral[3].

Mais alors que faire ? Pour Nancy Fraser, « les remèdes correctifs à l'injustice sont ceux qui visent à corriger les résultats inéquitables de l'organisation sociale sans toucher à leurs causes profondes. Les remèdes transformateurs, pour leur part, visent les causes profondes. [...] L'opposition se situe entre symptômes et causes, et non entre changement graduel et changement radical[4] ». Compte tenu de l'intrication des représentations de soi et de l'autre, et plus généralement des conditions de possibilité matérielles, à la fois structurelles et situationnelles, dans le passage à l'acte de violences sexuelles, il s'agit de penser les conditions d'une justice articulant représentations, interactions et conditions matérielles d'existence en tant qu'existence sexuée et genrée. Il n'est pas question pour moi de reconstruire ici une théorie de la justice dont on pourrait déduire ce qu'il faut faire. Je veux plus simplement, au plus près des violences sexuelles telles qu'elles sont vécues et accompagnées, tenter de dégager les présupposés normatifs ainsi que les implications éthiques et politiques dont sont porteuses certaines pratiques mises en œuvre afin de lutter contre elles[5].

---

1. Gwenola Ricordeau, *Pour elles toutes. Femmes contre la prison*, Montréal, Lux éditeur, 2019, p. 22.

2. Véronique Le Goaziou, *Viol. Que fait la justice ?*, Paris, Presses de Sciences Po, 2019, p. 150.

3. Gwenola Ricordeau, *Pour elles toutes. Femmes contre la prison*, *op. cit.*

4. Nancy Fraser, *Qu'est-ce que la justice sociale ?*, Paris, La Découverte, 2011, p. 31.

5. On peut mettre en relation cette démarche et celle de « reconstruction normative » dans un cadre post-métaphysique défendue par Axel Honneth, en

Ce sont ainsi les conditions de possibilité d'une justice qui soit *transformative*, telles qu'on les voit scintiller dans les pratiques déjà existantes, que je vais à présent identifier et explorer, en me centrant d'abord sur les groupes de parole et l'autodéfense féministe.

Reprendre le contrôle du cours de sa vie ?

« Reprendre le contrôle[1] » du cours de sa vie est un besoin très couramment exprimé par les personnes survivantes de violences sexuelles. Certaines pratiques régulièrement observées chez les victimes de violences sexuelles et jugées destructrices, comme la scarification ou les troubles du comportement alimentaire, peuvent être vécues subjectivement comme des reprises de contrôle permettant d'être à nouveau à l'*origine d'un événement*. Elles sont ainsi assimilées à une capacité d'agir sur son propre corps, en vue de se reconstituer comme la seule personne à l'origine de ce qui arrive à son corps » : « C'est moi qui m'inflige de telles pratiques et non une autre personne dont je ne connais pas les intentions. » Les troubles du comportement alimentaire sont liés à un contrôle sur ce que le corps – et « je » dans le corps – ingère, quand la scarification entraîne un contrôle de ce qui fait effraction sur ou dans le corps et le fait souffrir, soulageant la souffrance morale et physique des violences infligées par d'autres. Ces pratiques, reconduisant l'état de dissociation causé par l'extrême violence des actes vécus, mettant en œuvre une lutte avec son corps considéré comme un « autre », circonscrivent cependant cette reprise de contrôle à l'impossible ressaisie de ce qui s'est passé. Constituant comme des formes de conjuration, dans les deux sens du terme, du traumatisme, elles ne permettent pas de reprendre le contrôle de mon action au présent ni de « revivre » dans diverses dimensions de la vie. Dans son

---

particulier dans *Le Droit de la liberté. Esquisse d'une éthicité démocratique*, Paris, Gallimard, 2015 (2011).

1. Susan Brison, *Après le viol*, *op. cit.*, p. 98.

ouvrage *Après le viol*, écrit à la première personne, la philosophe Susan Brison consacre un chapitre, « Survivre à soi », à l'expérience paradoxale de ce qui fait traumatisme[1]. « Menace pour la vie », le traumatisme est un événement « annihilant pour le moi », qui transforme les personnes concernées et affecte leur « moi incarné », leur « moi narratif » et leur « moi autonome »[2]. Comment se retrouver à la suite de cet événement destructeur, sans se détruire à nouveau ?

Parmi les différentes pratiques élaborées spécifiquement pour aider les personnes victimes de violences sexuelles, on peut distinguer deux groupes. Le premier comprend les pratiques individuelles à visée thérapeutique, qui entendent prendre en charge certaines conséquences de ces violences, en particulier les fréquents troubles de stress post-traumatique[3]. L'EMDR[4], les psychothérapies cognitivo-comportementales, mais aussi les « thérapies à médiation corporelle » ou artistique, comme l'écriture de soi, comptent parmi ces pratiques[5]. Un second groupe rassemble des pratiques collectives féministes[6], qui entendent donner des moyens de lutter individuellement

1. *Ibid.*, p. 57 en particulier.

2. *Ibid.*

3. Le rapprochement par Ann Wolbert Burgess et Lynda Lytle Holmstrom entre les symptômes observés sur les soldats étatsuniens de retour de la guerre du Vietnam et sur les personnes victimes de viol a conduit à la formulation en 1974 du « *rape trauma syndrom* » ou « trouble de stress post-traumatique après un viol ». Ann Wolbert Burgess, « Rape trauma syndrome », *Behavioral Sciences and The Law*, vol. 1, n° 3, 1983, p. 97.

4. L'EMDR (*eye movement desentization and reprocessing*) est une thérapie mise au point par Francine Shapiro en 1987 et centrée sur des stimulations bilatérales par mouvements oculaires, des stimulations tactiles ou auditives. Elle est recommandée depuis 2007 par la Haute Autorité de santé en France pour la prise en charge de l'état de stress post-traumatique et depuis 2013 par l'OMS, malgré le manque de consensus sur ses effets à long terme et les incertitudes subsistant quant à l'assise théorique de ses mécanismes de traitement. Voir « Guidelines for the management of conditions specifically related to stress », Genève, World Health Organization, 2013, p. 194.

5. Michel Foucault, *Dits et Écrits. Tome II. 1976-1988*, Paris, Gallimard, « Quarto », 2001 (1994), p. 1234.

6. Thema Bryant-Davis (dir.), *Surviving Sexual Violence. A Guide of Recovery and Empowerment*, Lanham, Rowman & Littlefield Publishers, 2011.

et collectivement contre les violences sexuelles et sexistes. C'est sur ce dernier ensemble que je centre ici ma réflexion, dans une approche philosophique qui s'efforce d'être *à l'écoute*, afin d'explorer dans quelle mesure certaines pratiques féministes contiennent en elles-mêmes les éléments d'une « éthique féministe de la reconstruction ».

L'éthique de la reconstruction prend pour point de départ l'*effraction* vécue ou la possibilité d'effraction de l'intime, qu'elle soit spatiale, corporelle, mentale, verbale, voire visuelle (un regard), vécue quotidiennement par des personnes en tant que femmes (mais aussi en tant que personnes racisées, trans, handicapées...), une effraction le plus souvent commise par un homme cisgenre. Cette situation potentielle ou passée d'agression est une situation d'hétéronomie, littéralement « dictée par la loi d'un·e autre que moi » : « Je ne maîtrise radicalement plus le cours des choses qui m'arrivent et affectent mon corps. » Cette hétéronomie n'est pas transcendante, mais causée par un autre être humain, dont l'intention et les actes produisent et donnent forme à la situation dans laquelle je me trouve. Une telle hétéronomisation peut entraîner, en particulier chez les personnes les plus jeunes, jusqu'à l'intériorisation totale de l'intention de l'agresseur. Ce dernier devient la seule référence durant le choc traumatique ou l'agression, donnant lieu à une « disparition de l'agression comme réalité extérieure[1] », effaçant toute intention propre et aboutissant à une identification inconsciente de la victime à l'agresseur.

C'est aussi une situation d'*éclatement*, d'*atomisation*[2] ou de *fragmentation du soi* : comme le rappelle Brison, soulignant qu'il « existe un consensus professionnel beaucoup plus clair chez les psychologues » que chez les philosophes au sujet de la nature du moi, le traumatisme est un « événement dans

1. Sandor Ferenczi, « Confusion de langues entre les adultes et l'enfant. Le langage de la tendresse et de la passion », *Psychanalyse IV. Œuvres complètes. 1927-1933*, Paris, Payot, 1990, p. 125-138.

2. *Ibid.*

lequel une personne se sent profondément impuissante face à une force perçue comme une menace pour sa vie »[1]. Le fait que l'acte traumatisant soit infligé par un autre humain entraîne des conséquences qui contribuent à mettre à mal le moi comme sujet de l'action : non seulement « les éléments de réponse ordinaire au danger n'ayant plus d'utilité tendent à subsister sous la forme d'état altéré longtemps après que le danger est passé » (hypervigilance, conduites d'évitement, etc.), mais en outre « l'événement traumatique détruit la croyance que l'on peut *être soi-même* dans sa relation avec les autres »[2]. La destruction de cette croyance a ainsi une portée opératoire, au-delà de l'acte commis : « Sans cette croyance, personne ne peut plus être soi-même, y compris pour soi-même, dans la mesure où le moi existe fondamentalement en relation avec les autres[3]. » S'ensuivent dès lors, souvent, honte et culpabilité, ainsi qu'une sorte de paralysie (sur le moment et ensuite), la sensation de vivre « à côté de sa vie » et une perte de contrôle sur ses pensées, ses actes et son environnement. Les symptômes du syndrome de stress post-traumatique – puisqu'il s'agit bien de cela – « reconfigurent la volonté[4] » : ils induisent des comportements involontaires face à des situations qui rappellent le traumatisme, dictent des conduites nouvelles (ne plus oser sortir seule la nuit, s'habiller différemment, par exemple), qui entravent le cours « normal » des actes quotidiens.

Cette expérience-limite qu'est l'effraction de l'intime se trouve donc vécue comme une *fragmentation*, aussi bien au sens d'une dissociation du soi produite au moment de l'agression qu'au sens d'un clivage de la personnalité, analysé par les psychanalystes et psychologues à travers une sensation de pulvérisation, de sortie de soi, de fuite, exprimée après

---

1. Susan Brison, *Après le viol*, *op. cit.*, p. 59.
2. Judith Herman, *Trauma and Recovery*, New York, Basic Books,1992, p. 53, cité in *ibid.*, p. 60.
3. *Ibid.*
4. *Ibid.*, p. 82.

coup. Face à cela, le processus de *reconstruction de soi* n'est pas nécessairement sous-tendu par une conception du soi comme délimité, séparé de l'autre, constant ou singulier. Au contraire, cette reconstruction peut s'appuyer, par le biais des pratiques collectives, sur la dimension profondément relationnelle de la subjectivité. Il n'en reste pas moins que l'idée de se reconstruire sous la forme d'un processus de *rassemblement de soi*, qui s'ensuit d'une expérience de fragmentation, est appelée par la nécessité de continuer à vivre. On pourrait dire que le rassemblement de soi est appelé par une nécessité fonctionnelle. Cet enjeu appelle donc une éthique qu'on pourrait qualifier de pragmatique. Or l'idée même d'avoir à nouveau un mouvement propre, une impulsion propre, va de pair avec une reconnaissance d'un *soi*, une acceptation et, par une mise en confiance qui nécessite autrui, une possibilité de « s'embrasser » soi-même comme une unité à soi.

Une éthique politique et féministe

L'éthique envisagée ici recouvre un ensemble de pratiques et de dispositions élaborées collectivement, par un travail mettant en jeu le corps. Elle est dictée par des objectifs pratiques : soulager la souffrance, permettre de (re)vivre, aller mieux et déployer des formes de capacité d'agir (*agency*). Cette éthique n'est pas formulée *a priori*, mais élaborée à partir de pratiques féministes qui s'appuient sur les vécus de violences et qui visent la réparation après les violences sexuelles ou la prévention. Les éléments d'une telle éthique ne sont donc pas formulés *a priori*, mais dérivés de pratiques forgées au fur et à mesure, par tâtonnements, dans le cadre de luttes pour vivre, revivre ou « refleurir[1] ». Celles-ci postulent que se (re)construire va de pair avec une émancipation de la domination masculine dans laquelle l'ensemble des individus sont socialisés, qu'ils aient été victimes de violences sexuelles ou non.

1. Selon l'expression employée par l'une des formatrices du CFCV.

Une telle éthique apparaît d'emblée politique car elle est construite collectivement par des personnes qui, en tant que femmes/non-binaires/trans et féministes, revendiquent d'agir sur un périmètre plus large que celui de leur seule personne. L'existence des violences sexistes et sexuelles révèle l'échec de l'État à assurer la « sécurité » physique de l'ensemble des individus, dont il est pourtant garant, en particulier de ses membres les plus vulnérables ou vulnérabilisés – un échec profondément genré, entre autres. S'organiser collectivement pour protéger son intégrité physique semble donc impliquer de repenser la condition politique depuis nos corps à la fois singuliers et socialisés, de manière à y inclure la justice de genre et sexuelle.

J'ajoute que cette éthique est consubstantiellement un cheminement de compréhension et de transformation. Les fils ramassés à partir des pratiques féministes tissent autant de trames qui réparent, protègent, parent, assurent, en modifiant peu à peu, par la découverte de ses capacités et ressources, les représentations de soi et du monde. Ces pratiques transformatives pensent ainsi la notion de « victime » comme une *position* dans une situation donnée à un moment précis et non comme un statut social à vie ou une caractéristique essentielle de l'individu. C'est à l'égard d'une telle position injustifiable que l'agresseur comme la société ont à rendre des comptes.

Il s'agit donc de penser les éléments d'une éthique du sujet agissant, de la subjectivation par l'action, qui peuvent être simplement une attitude ou une parole, dans un cadre collectif, à partir de deux pratiques spécifiques : les groupes de parole et l'autodéfense[1]. Pour cela, je m'appuie sur un certain nombre de publications académiques et extra-académiques, ainsi que sur mon expérience d'un stage d'autodéfense

1. L'ouvrage de la formatrice d'autodéfense Irene Zeilinger a constitué une référence pour ma réflexion. Voir Irene Zeilinger, *Non, c'est non. Petit manuel d'autodéfense à l'usage de toutes les femmes qui en ont marre de se faire emmerder sans rien dire*, Paris, La Découverte, 2018 (2008).

« Riposte », organisé par l'association Arca-F, et ma participation à des formations dispensées par le CFCV sur l'accueil des victimes de violences sexuelles et sexistes et la constitution de groupes de parole à destination de ces publics.

Partir de deux pratiques féministes

Les groupes de parole comme l'autodéfense sont des pratiques collectives qui ont été mobilisées dans de nombreux contextes[1]. Elles sont depuis plusieurs décennies très investies par les féministes, avec pour objectif d'accompagner les victimes en offrant un cadre qui se veut bienveillant, et peuvent avoir pour effet une transformation de soi. Elles se distinguent par le public auquel elles s'adressent et les enjeux qui les animent. Les groupes de parole sont généralement organisés par des associations ou des collectifs à destination de personnes qui ont subi des violences sexuelles et sexistes, afin de les accompagner dans leur parcours de reconstruction. Ils peuvent durer de six mois à un an, à raison d'un rendez-vous régulier toutes les semaines ou toutes les deux semaines. L'autodéfense féministe est une pratique inspirée des arts martiaux[2] qui s'adresse également aux victimes de violences sexuelles et sexistes, quelles que soient leur morphologie et leur condition physique, mais aussi à tous les publics susceptibles d'être exposés aux violences. Si son but premier est la prévention de la violence subie, elle peut aussi constituer un outil puissant de reconstruction après la violence et c'est ainsi que je m'en saisis ici.

1. Parmi de très nombreux exemples, on peut citer les suffragettes anglaises au début du XXe siècle et les activistes du Black Panther Party à partir des années 1960, qui ont chacun·e pratiqué l'autodéfense. Quant aux groupes de parole, il en existe qui s'adressent à des auteurs de violences sexuelles ou conjugales.

2. Elsa Dorlin, *Se défendre. Une philosophie de la violence*, Paris, La Découverte, « Zones », 2017, p. 55 ; voir aussi Irene Zeilinger, *Non, c'est non*, *op. cit.*, p. 15-16 et 19.

Dans les deux cas, il s'agit d'élaborer des attitudes et des comportements pour faire face à une injustice sociale : les violences vécues ou le risque de subir des violences, pour les femmes et/ou minorités de genre, du fait d'hommes cisgenres (dans l'immense majorité des cas), dans la rue, au travail, chez soi. De fait, *toutes les participantes* aux stages d'autodéfense féministe attestent qu'elles ont subi des comportements sexistes intrusifs, abusifs, violents, même si toutes n'ont pas été violées ou frappées par un (ex-)partenaire. Les groupes de parole comme l'autodéfense féministe établissent donc un *continuum*, les premiers à travers les vécus des participant·es, la seconde entre « petites » et « grandes » violences sexuelles et sexistes, effaçant les jugements *a priori* sur leur gravité pour mieux faire valoir les ressentis et analyses des expériences vécues.

Si ces pratiques ont été historiquement développées à destination des femmes, elles ont souvent porté une attention particulière à ceux et celles qui sont les plus vulnérables et les plus exposé·es à la violence sexuelle, en fonction de leur âge, d'une situation de handicap, de leur assignation raciale ou de leur statut de minorité de genre. À plusieurs égards, ces pratiques sont genrées. Elles envisagent la plupart du temps l'agresseur (potentiel ou avéré) comme un « homme », étant donné que, dans les faits, l'immense majorité des auteurs de violences sexuelles sont des hommes cisgenres. De l'autre côté, elles prennent en compte le fait que les violences sexuelles ciblent, de manière systémique, les femmes et les minorités de genre. Elles sont ainsi dispensées par des personnes féministes, par et pour des personnes ayant été victimes ou susceptibles de l'être et peu susceptibles d'agresser (quoi que cela ne soit pas impossible). Elles entendent ainsi travailler sur la socialisation genrée, qui font de certaines des victimes et de certains des agresseurs. Elles cherchent alors à réveiller une possibilité d'agir étouffée par la socialisation féminine, caractérisée par un apprentissage du repli sur soi et de la contrainte du corps plutôt que par son déploiement et son affirmation dans l'espace[1]. Parmi de très nombreux travaux consacrés à ces questions, la professeure et chorégraphe Hélène Marquié a analysé comment cette socialisation genrée, fortement centrée sur l'empathie et l'altruisme, crée une féminité réceptive marquée par la peur de l'affrontement physique[2]. La sociologue et formatrice en autodéfense pour femmes Irene Zeilinger raconte pour sa part que, lors des stages qu'elle organise, elle « rencontre presque à chaque fois des femmes qui croient que cela ne sert à rien de se défendre ». Et de poursuivre : « Si vous croyez que la simple présence d'un agresseur signifie votre mort, vous êtes déjà morte[3]. » Certaines auteures, comme Cahill, rattachent directement cette socialisation féminine à l'horizon du viol et arguent du fait que la « culture du viol construit partiellement les comportements corporels et donc les possibles » des filles et des femmes : « La menace du viol est un moment formateur dans la construction d'un corps féminin, de sorte que même les corps des femmes qui n'ont pas été violés sont susceptibles de se tenir d'une manière qui exprime les vérités et les valeurs d'une culture du viol[4]. »

L'autodéfense : se rendre active

En tant que pratique, l'autodéfense féministe contemporaine permet de comprendre que les violences sexuelles et sexistes sont des « expériences incarnées[5] » et que les personnes (potentiellement) victimes disposent de ressources mentales et physiques pour se défendre et retrouver une marge d'action.

1. Catharine A. MacKinnon, *Le Féminisme irréductible*, *op. cit.*, p. 92 ; Iris Marion Young, « Throwing like a girl », art. cit.

2. Hélène Marquié, « Corps dansant, sexe et genre », *in* Évelyne Peyre et Joëlle Wiels (dir.), *Mon corps a-t-il un sexe ?*, Paris, La Découverte, « Recherches », 2015, p. 163.

3. Irene Zeilinger, *Non, c'est non*, *op. cit.*, p. 83-84.

4. Ann Cahill, *Rethinking Rape*, *op. cit.*, p. 143 ; et Ann Cahill, « In defense of self-defense », *Philosophical Papers*, vol. 38, n° 3, novembre 2009, p. 364-366.

5. Ann Cahill, *Rethinking Rape*, *op. cit.*, p. 109.

Les moyens déployés pour atteindre ces objectifs peuvent être distingués selon trois catégories, qui correspondent à différents moments de l'acquisition des capacités nécessaires pour « s'autodéfendre » : la recontextualisation des situations de violence au sein du champ social, le travail conjoint du corps et de l'imagination des participantes, et enfin le déploiement de capacités analytiques et stratégiques permettant de riposter à la violence.

De nombreuses pratiques féministes, fortes d'une expérience de la lutte depuis déjà plusieurs décennies, débutent par une transmission des savoirs sur les situations de violence ou d'agressions au travers de récurrences identifiées ou de typologies élaborées au fil des années et des récits collectés. Ces connaissances sont indissociables de la constitution d'une mémoire collective des violences vécues, à partir de laquelle ces savoirs sont élaborés. Ainsi de la stratégie de l'agresseur[1] formulée par le CFCV à la lumière de dizaines d'années d'appels de victimes ou des types ou « formes » d'agressions identifiées par Zeilinger grâce à son travail au sein de l'association Garance, qu'elle a cofondée[2]. Ces connaissances sédimentées permettent, au fil d'autres expériences vécues, une analyse comparative entre un vécu singulier et les structures identifiées. Elles aident également à prendre conscience de « qui est l'acteur de quoi », en termes de *positions* socialement signifiantes dans la situation. Les violences sexuelles se trouvent donc ressaisies dans une compréhension sociale et en relation avec d'autres « phénomènes sociaux et politiques (tels que la structure familiale, les rôles de genre hégémoniques, et l'injonction à l'hétérosexualité)[3] ».

Dans un deuxième temps, l'autodéfense passe par un travail conjoint du corps et de l'imagination, et du corps par l'imagination. Ce travail est centré en particulier sur la prise de conscience et l'importance accordée à la limite physique et

1. Voir le chapitre 5 du présent ouvrage.
2. Irene Zeilinger, *Non, c'est non*, *op. cit.*, p. 63-75.
3. Ann Cahill, « In defense of self-defense », art. cit., p. 367.

mentale au-delà de laquelle une transgression est identifiable subjectivement : par l'imagination, il s'agit de redéterminer la limite de « soi » et son rapport au monde. On peut distinguer trois modes d'utilisation de l'imagination dans cette pratique. Le plus évident réside, lors de « mises en situation », dans la visualisation de l'agression potentielle et du corps de l'agresseur, qui devient la cible de la riposte. Ici, l'imagination sert d'appui à l'action. Cette première fonction est cruciale puisque le cadre de la pratique permet d'imaginer et donc de réaliser un geste auparavant inconcevable (donner un coup de poing, de pied, frapper aux endroits vulnérables) comme étant « le sien ». L'imagination, l'exercice puis l'anticipation de situations et de ripostes par l'imagination constituent la condition de possibilité même du déploiement de nouvelles capacités physiques : « Ne pouvoir imaginer faire un mouvement, c'est être incapable de le faire[1]. » La pratique de l'autodéfense mobilise précisément l'imaginaire pour « se créer des souvenirs artificiels utiles[2] » et déverrouiller le corps dans son codage (son accumulation d'expériences) genré. Une autre fonction de l'imagination, énoncée par Brison, consiste à se remémorer la scène vécue pour ensuite en modifier l'issue et s'imaginer lutter contre son agresseur jusqu'à la victoire, avant de mettre en actes ce souvenir transformé. Cette mobilisation incarnée de l'imagination au service de nouvelles issues peut permettre de « prendre le contrôle de ses souvenirs traumatiques[3] ». Il ne s'agit donc plus seulement de se représenter une situation, mais bien de *transformer* une situation passée afin de faire surgir, en esprit et en corps, un autre « scénario », un autre *script* possible. La dernière fonction de l'imagination, qui m'intéresse tout particulièrement, est celle qui permet d'intégrer une limite entre soi et le monde. Ici, l'imagination possède ce qu'on pourrait désigner comme une fonction de *création normative*. À ce titre, elle opère en quelque sorte

1. Hélène Marquié, « Corps dansant, sexe et genre », art. cit., p. 163.
2. Irene Zeilinger, *Non, c'est non*, *op. cit.*, p. 101.
3. Susan Brison, *Après le viol*, *op. cit.*, p. 101.

une « faculté de produire des déterminations[1] », guidant le jugement et l'action pratiques. Elle fonde un rapport juste de soi au monde par et dans le corps. Pour prendre un exemple concret, j'évoquerai brièvement la notion de « ligne de justice » mobilisée comme outil pratique par Arca-F, d'une manière qui m'est apparue à la fois efficace et exemplaire du travail de l'imagination et du corps. Les formatrices proposent d'abord de se représenter un cercle autour de soi, une ligne qui peut bouger et qui délimite un espace au sein duquel je me sens protégée : c'est la « ligne de justice ». Si quelqu'un la franchit et que je ressens une gêne, je suis en droit de réagir afin de retrouver mon bien-être intérieur et mon sentiment de sécurité. La visualisation répétée et en différents contextes de la ligne de justice permet de porter une plus grande attention à mes sensations propres et m'autorise à les constituer comme la base légitime de mon jugement et de mon action. Ainsi, non seulement j'imagine un cercle, une ligne, qui n'est pas matériellement présente, mais cette ligne imaginaire a en outre une valeur normative, qui va déterminer mon comportement selon deux éléments : la valeur accordée à la qualité de ma sensation (agréable, pour un acte bienvenu, ou désagréable, pour une intrusion malvenue) ; et la conception d'un soi délimité spatialement, caractérisé par une frontière elle-même mobile et fluctuante. Pour me rendre active face au comportement d'autrui, je m'appuie ainsi sur une représentation de ma personne comme délimitée par un périmètre, formant un espace qui est mien, qu'il est de mon ressort et de mon droit d'ouvrir ou non s'il est sollicité dans ce sens – ce qui n'est évidemment pas incompatible ou contradictoire avec la possibilité de me laisser affecter et toucher par une personne à qui j'aurais « ouvert » ce périmètre. Cette mobilisation de l'imagination permet de modifier mon rapport au monde dans les situations à venir : elle transforme ma façon d'appréhender les rencontres avec les

1. Pour reprendre ici librement l'expression de Gilles Deleuze, « Troisième leçon sur Kant », Le-Terrier.net, 28 mars 1978.

autres (en particulier celles qui me sont imposées) et ma façon de me positionner corporellement. Les rencontres futures s'opéreront en effet avec la conscience que j'ai de moi-même et de mes limites. Cette nouvelle disposition peut d'ailleurs me conduire à reconsidérer des situations subies dans le passé comme précisément *non situées* en moi, à partir de moi et donc pour ainsi dire vécues comme « liquides », ne donnant pas de prise. Je peux en déduire la manière dont je souhaite déployer mon corps : la limite spatiale que je me représente mentalement m'autorise à exister pleinement dans tel espace à tel moment. Cette « autorisation » que je m'accorde donne de l'assurance à mon corps et à ma personne entière telle que je suis perçue et me représente. Le signal donné par ma « ligne de justice » (« j'accepte » ou « je refuse ») guide mon action.

Avec la recontextualisation des situations de violence et le travail de l'imagination, le développement de capacités analytiques et physiques constitue enfin un troisième aspect de l'enseignement de l'autodéfense, afin de se mettre en confiance, de se donner le droit de se défendre et de réagir le plus pertinemment possible en fonction d'une situation précise. Les stages d'autodéfense sont composés de mises en situation réalisées à partir de scènes réelles et « typiques » d'agressions : « cet ami s'allonge sur moi alors que je n'en ai pas envie », « mon partenaire me menace avec une arme », etc. À ce moment se joue la première étape d'un rapport réflexif à soi en situation d'agression : en effet, il s'agit de voir comment les situations singulières, plus ou moins graves, auxquelles les participantes sont régulièrement exposées peuvent être analysées au regard de connaissances sociologiques et psychologiques, de types de situations et de types de comportements. Les ateliers visent alors à rendre les participantes capables de construire les réponses les plus efficaces possibles pour elles. Dans ce cadre, le partage de récits de « victoires », remportées non pas tant sur l'agresseur que sur la situation, des récits si peu entendus habituellement, peuvent permettre d'intégrer des possibles à la fois pratiques (comment échapper à la violence ?) et représentationnels (comment la violence subie n'est-elle plus la seule issue des scénarios imaginés ?).

Ce moment de réflexivité dans une visée stratégique, qui ressaisit les vécus singuliers dans une grille d'analyse politique et, par là, ouvre des possibles, peut être considéré en lui-même comme un moment d'*autonomisation*. La violence subie ou potentiellement subie se reconstruit dans l'atelier d'autodéfense comme une injustice, en étant abordée « à froid » et collectivement, de manière analytique, comme non inéluctable et non fatale. Si le déploiement de telles capacités d'agir peut aider à vivre et à mieux réagir, l'autodéfense n'occulte pas le phénomène de sidération que peut provoquer une agression sexuelle et qui n'est en aucun cas contrôlable par la personne qui s'y trouve confrontée. Elle permet toutefois de reconsidérer le rapport à son corps, le plus souvent socialisé de manière distinctive comme féminin, et est un apprentissage d'un rapport à l'autre qui, sans être dominateur ou agressif, consiste à se donner les moyens de se présenter comme *défendable* face à l'agression et donc comme *actrice*, c'est-à-dire à se poser comme pouvant être à l'origine d'une action – y compris dans un cadre intime, y compris face à une personne connue. Développer cette représentation de soi comme défendable et comme capable de se défendre entre en opposition au corps féminin socialisé et représenté comme impuissant dans le corps à corps. Dans cette perspective, l'autodéfense féministe est une transmission d'outils qui vise à déployer en soi les ressources d'une défense de soi, faisant de son corps non plus une cible vulnérable ou un ennemi dont il faudrait se méfier, mais un allié[1].

Un soi à défendre

Cette démarche implique précisément un « soi » à défendre. Ceci vient contrecarrer d'une autre manière la socialisation

1. J'ai retrouvé cette qualification notamment chez Ann Cahill, « In defense of self-defense », art. cit., p. 372.

féminine et les représentations des femmes comme disponibles. L'autodéfense cherche donc implicitement, à rebours des normes, à faire prendre conscience à ses participantes de l'idée d'un « soi » inestimable : la valeur accordée à ce soi, par soi-même, permet de travailler l'idée qu'il revient alors à soi-même, en premier lieu, de défendre ce soi précieux.

Le travail de ce soi contre l'impuissance passe avant tout par la formulation, mentale et physique, du « Non ! » : « L'autodéfense mentale commence quand une femme pense "non"[1]. » Zeilinger, parmi d'autres animatrices et participantes à des ateliers d'autodéfense, estime que ce « non » est très difficile à dire et à tenir, comme Brison : « La chose la plus difficile à faire pour la plupart des femmes dans mon cours de self-défense était simplement de crier "Non !"[2]. » Si l'expression du refus est si difficile, c'est bien car il est la traduction et la confirmation, en actes, face à l'autre, de la valeur accordée au « soi ».

Ce travail passe aussi par la prise de conscience de son corps et de ses possibilités d'initiative et d'impact sur l'autre. Concrètement, ces capacités se déploient par la répétition de gestes, appris pour leur efficacité lorsqu'ils ciblent des endroits précis du corps. L'accent est mis sur les dispositions physiques et mentales propices à l'affrontement (ancrage dans le sol, assurance, mobilité), qui permettent d'effectuer les gestes appris de la meilleure manière possible. Là encore, l'exercice de ces gestes et l'intensité avec laquelle ils sont déployés ne correspondent pas à la manière dont la plupart des femmes sont socialisées et participent de l'éveil d'un soi défensif de soi. L'autodéfense féministe transforme ainsi la « signification du corps féminin par rapport au viol[3] », en apportant aux participantes une capacité mentale et physique de défense de soi qu'on pourrait qualifier de « découverte de sa potentialité » ou de sa « capacité d'action » dans – et

1. Irene Zeilinger, *Non, c'est non*, *op. cit.*, p. 77.
2. Susan Brison, *Après le viol*, *op. cit.*, p. 31.
3. Ann Cahill, « In defense of self-defense », art. cit., p. 371.

par conséquent *sur* – une situation d'agression, que l'issue en soit la fuite ou la neutralisation. Cette pratique ne nie d'ailleurs pas ses implications potentiellement létales, comme l'écrit Brison : « J'ai aussi appris, après l'entraînement aux arts martiaux, que j'étais capable, moralement et physiquement, de tuer par autodéfense – une éventualité qui faisait que je pouvais supporter l'éventualité d'une autre agression qui menacerait ma vie[1]. »

Cependant, le but de l'autodéfense n'est pas d'entraîner à des actes létaux. L'enjeu est de mobiliser stratégiquement son corps et son esprit vers l'expression d'une réponse à une situation et vers la sortie de la situation de danger. La défense peut passer par le cri comme par la sollicitation de l'environnement immédiat. Ainsi, l'autodéfense féministe n'entend pas faire de chaque participante une agresseure, mais cherche à « développer en vous la "victime active"[2] », convaincue que la condition de vulnérabilité des femmes et minorités de genre n'est pas un destin[3].

Le programme de l'autodéfense féministe est synthétisé par Zeilinger de cette manière : il s'agit d'apprendre comment « vous respecter vous-même et comment vous faire respecter en respectant les autres[4] ». Dans cette perspective, celle-ci se présente comme un travail sur les conditions de possibilité du respect moral et effectif de soi, par soi-même et par l'autre, et du respect moral et effectif de l'autre, comme conditions d'une vie « sûre » et autonome. On comprend alors pourquoi une telle pratique ne vise pas seulement à riposter dans une situation ponctuelle, mais peut aussi constituer le moyen d'une émancipation. Se respecter soi-même et se faire respecter en respectant les autres : cet apprentissage est centré sur ce qui ressemble bien à un principe de conduite

1. Susan Brisson, *Après le viol*, *op. cit.*, p. 88.
2. Irene Zeilinger, *Non, c'est non*, *op. cit.*, p. 87.
3. Voir Philip Pettit, *Républicanisme*, *op. cit.*, p. 97, cité *in* Marie Garrau et Alice Le Goff, « Vulnérabilité, non-domination et autonomie : l'apport du néorépublicanisme », *Astérion*, n° 6, 2009, § 9.
4. Irene Zeilinger, *Non, c'est non*, *op. cit.*, p. 7.

éthique, qui correspond aussi à un horizon éthique dans les relations interpersonnelles.

Si se défendre en se respectant s'actualise par la prise de conscience d'un soi à défendre, le respect de l'autre donne forme à l'intentionnalité à l'égard de l'autre dans le rapport défensif : l'autodéfense n'a pas pour but l'humiliation, la souffrance ou la destruction de l'autre, et n'occulte pas l'intention de celui-ci, mais au contraire vise à y répondre. Les gestes auxquels l'entraînement physique donne lieu sont donc accompagnés d'un discours mettant l'accent non pas sur la chosification de l'ennemi, mais sur les moyens appropriés dans une situation d'agression. À cet égard, il ne s'agit pas de suivre une logique d'inversion de la domination, mais un travail ou une interruption de l'interaction entre deux personnes, en vue de la préservation de soi.

Dans le prolongement de ce travail sur l'interaction, l'exercice de la réflexivité et du corps doit déboucher sur une plus grande confiance en soi, une confiance au départ mobilisée au service d'un geste à accomplir, mais qui, par répétition, s'instille dans la mémoire corporelle. Celle-ci modifie la posture du corps dans l'espace et entraîne une transformation dans le rapport aux autres, envoyant par là de nouveaux signaux à l'agresseur potentiel. Comme la stratégie de l'agresseur le met en lumière, celui-ci cible une personne qu'il estime pouvoir être vulnérabilisée. Moins celui-ci reçoit de signaux d'une vulnérabilisation possible, plus la personne a de chances de ne pas se faire importuner, voire agresser.

Il est donc possible de lire l'autodéfense féministe comme une pratique transformative, d'autonomisation et d'émancipation : le sujet n'est plus uniquement caractérisé par une tension craintive à l'égard du danger potentiel, mais, en se découvrant la possibilité d'agir sur ce danger, il se transforme lui-même et en retour transforme l'attitude des autres. Bien entendu, rien ici ne dédouane l'agresseur potentiel ni la société qui structure l'espace, public et privé, de manière à le rendre dangereux pour les femmes et les personnes vulnérabilisées (par leur âge, des situations de handicap, leur identité de genre, leur apparence physique, leur couleur de peau, leur identité culturelle, leur position subalterne, ou plusieurs de ces facteurs). Par ailleurs, ce travail à partir de soi ne saurait suffire s'il reporte la violence potentielle d'un agresseur sur une autre cible. Enfin, il est évident qu'il ne suffit pas non plus à se rendre inattaquable ou invincible... Cette pratique permet simplement d'acquérir une connaissance et des outils face à une vulnérabilité créée notamment par une socialisation genrée et une sexualisation violente qui se trouve être majoritairement genrée. Si l'on comprend la vulnérabilité aux violences sexuelles comme une double construction, structurelle et situationnelle, et le statut de victime comme positionnel, l'autodéfense féministe apparaît comme une pratique de « *dévulnérabilisation* ».

Il en résulte aussi une « *dégenrification* » de son corps, au sens où les dimensions de repli, de manque d'assurance, d'exposition et de non-clôture sont les conséquences d'une socialisation à être « femme ». J'entends ici par dégenrification la déconstruction d'une sociabilisation particulière conditionnant les personnes assignées filles et femmes au repli et à l'impuissance. En revanche, le déploiement de capacités de défense de soi peut très bien passer par une mobilisation d'objets associés au féminin : ainsi les talons aiguilles, considérés comme typiquement féminins et pouvant entraver le corps des femmes, peuvent être utilisés comme des armes de défense. On voit alors que la dégenrification consiste en fait en une dissociation des signes et des significations – pour reprendre notre exemple des talons aiguilles, il s'agit donc de casser la chaîne logique talons aiguilles = féminin = ornement ou entrave.

Dans l'autodéfense, le rôle de la cohésion du groupe est crucial dans l'émergence d'une dynamique défensive à la fois propre à soi et collective : c'est aussi par l'acte de la participante à côté de moi, socialisée elle aussi à « ne pas être capable », que je prends la mesure de mes possibles, de ce dont je suis capable. En retour, c'est en déployant mes capacités que je contribue à montrer aux autres femmes que

« c'est possible ». En se soutenant mutuellement et en étant attentives les unes aux autres, dans les succès et dans les moments plus difficiles, a lieu le processus de transformation du regard sur soi et ses capacités. L'un des effets de ces stages, qui n'apparaît pourtant pas parmi les objectifs explicites, est ainsi la constitution d'une collectivité solidaire et résistant à la fois aux situations auxquelles chacune est susceptible de se retrouver confrontée et aux normes de genre qui les concernent toutes, en faisant apparaître petit à petit des corps aux potentialités et expressions ne correspondant pas à celles jusqu'ici attendues de « corps de femmes ».

Cette démarche peut permettre enfin de transformer les perceptions sociales, de « changer le discours politique[1] » sur les femmes : pratique d'abord mobilisée pour lutter contre des agressions ponctuelles, l'autodéfense féministe peut devenir, selon une grille de lecture politique, une pratique de lutte dont les potentialités font valoir les violences sexuelles comme des injustices structurellement genrées. Ces pratiques élargissent la participation des (potentiel·les) victimes de violences sexuelles à la vie sociale et politique, accroissent leur autonomie dans l'espace social et leur permettent d'être des membres à part entière d'une société. L'autodéfense féministe opère ainsi aux niveaux intersubjectif, subjectif et des représentations du genre comme fonction des violences sexuelles.

La reconstruction du soi par la parole collective

Si l'agression sexuelle correspond à une logique d'objectification[2], les groupes de parole permettent, à travers la description de la violence subie, un retour au langage, et par là une reprise de sa subjectivité. Ces groupes font surgir deux caractéristiques fondamentales des violences sexuelles : l'inver-

1. Ann Cahill, « In defense of self-defense », art. cit., p. 378.
2. Voir Cathy Winkler, « Rape as social murder », *Anthropology Today*, vol. 7, n° 3, juin 1991, p. 12.

sion morale (la faute incombe à la victime) et la dimension cachée de ces actes. Ce « réel caché » est double : il est celui de la violence, permise par l'occultation sociale de la subjectivité des victimes – femmes, enfants, hommes, minorités de genre[1]... Face à cette occultation, il est crucial que les violences sexuelles subies puissent être dites dans un cadre adéquat et que cette révélation soit validée par autrui pour acquérir un statut de « réalité ». À cet égard, la qualification même de « violence » ou de « viol » fait partie du processus de construction d'un récit partagé par la parole. Si la révélation puis la construction du récit de la violence vécue sont indissociables des termes employés, des enjeux et du contexte dans lesquels ce processus s'opère (au commissariat, auprès d'un·e ami·e, d'un·e collègue ou au sein d'un groupe de parole), dans quelles conditions cette mise en mots est-elle susceptible d'être bénéfique pour les victimes ?

Tout d'abord, il est indispensable qu'au sein de ces groupes, la parole en première personne soit prise en compte comme « véridique[2] », c'est-à-dire comme une parole qui ne soit pas mise en doute et qui soit reconnue comme témoignage du réel. L'enjeu principal de ce cadre spécifique est de permettre un partage du vécu et d'apporter un soutien à celle ou celui qui s'exprime afin que ce vécu puisse accéder au statut de « réalité partagée » en compagnie d'inconnu·es, sans devoir faire face aux réactions des proches, qui sont souvent appréhendées par les victimes[3]. Une telle condition permet de lutter contre l'*injustice testimoniale* dont font l'objet de manière systémique les personnes victimes de violences sexuelles qui témoignent de leur vécu. Ce concept, élaboré par la philosophe Miranda Fricker, permet de rendre compte

1. Sur les stratégies d'occultation de la violence masculine, voir Patricia Romito, *Un silence de mortes. La violence masculine occultée*, Paris, Syllepse, « Nouvelles Questions féministes », 2006, p. 83.

2. Je reprends ici le terme employé par Marie-France Casalis du CFCV lors d'un entretien.

3. Voir par exemple Tania Lejbowicz, « Violences et écarts aux normes de genre », *loc. cit.*, p. 327.

du « déficit de crédibilité[1] » rencontré par les personnes, en particulier femmes et enfants, qui dénoncent des violences sexuelles, qui énoncent des faits qu'elles ont vécus *en première personne* contre leur gré. À cette décrédibilisation s'ajoutent les réactions qui ignorent ou détournent le regard. Celle qui parle n'a pas l'habitude d'être écoutée ni de voir sa parole jugée crédible. Plus précisément, *en tant que* femmes ou enfants, ces personnes voient leur parole remise en question puisque, dans les représentations courantes, les enfants peuvent inventer et les femmes peuvent mentir par intérêt. Ces récits sont encore moins entendus et crus lorsqu'ils ne correspondent pas aux représentations communes, hétéronormées et sexistes, de situations sexualisées (« si elle n'a pas dit non, c'est qu'elle voulait », « même si elle a dit non, elle le désirait ») et du viol lui-même (« s'il n'y a pas eu de violence manifeste, c'est qu'il n'y a pas eu viol », « elle connaissait celui qu'elle désigne comme son agresseur, donc il n'y a pas eu viol »). Face à cela, la pratique des groupes de parole permet d'esquisser trois conditions de ce que je nomme une « *intersubjectivité qualifiante* ».

La lutte contre cette injustice testimoniale au cœur des groupes de parole passe d'abord par un principe fondamental résumé dans la phrase maintenant bien connue : « Je te crois. » Ici se joue la première étape de la reconnaissance de la parole et donc du vécu de cette personne par autrui, ainsi que, d'une certaine manière, de sa renaissance sociale. Ce « je te crois » n'est pas uniquement porté par une attitude bienveillante, mais opère comme une attention à contre-courant, une attention accordée aux paroles habituellement disqualifiées. En ce sens, ce « je te crois », fortement performatif, constitue une prise de position féministe. Dans le sillage de #MeToo, un certain nombre de critiques ont émergé à l'encontre de ce « je te crois » lorsqu'il est formulé dans le contexte de la dénonciation

1. Miranda Fricker, *Epistemic Injustice. Power and the Ethics of Knowing*, Oxford, Oxford University Press, 2007, p. 9.

publique des violences sexuelles, notamment sur les réseaux sociaux, car il se retrouve au cœur de rapports de pouvoir et d'enjeux politiques dont la victime et l'agresseur deviennent les protagonistes éphémères[1]. Cependant, le « je te crois » des groupes de parole n'est pas mis en regard de la perspective de l'agresseur et ne se retrouve pas pris dans des dialectiques de pouvoir ayant pour enjeu de faire basculer d'un côté ou de l'autre la condamnation sociale. Ici, la prise de parole n'a pas pour enjeu premier de dénoncer, mais de partager un vécu auprès de personnes susceptibles d'y être attentives et de le comprendre, pour tenter d'aller mieux. En retour, l'objectif du groupe n'est pas de « vérifier » les propos de chacune, mais de créer un espace qui permette que tous les vécus soient entendus et que toutes les personnes soient soutenues. Dans ces cercles, il n'y a que bien peu d'intérêt à faire valoir un vécu qui serait faux. Cet espace intermédiaire, cet « espace du dicible[2] » situé quelque part entre sphère privée et sphère publique, participe activement à la socialisation féministe et à la politisation des vécus.

Une deuxième condition, moins souvent explicitée, correspond au principe de l'égalité de valeur dans les prises de parole, ou la non-hiérarchie. Tout le monde doit être écouté de la même manière – en pratique, l'attention aux personnes les plus minorisées dans les groupes n'est pas toujours respectée. Dans la continuité des groupes de parole féministes des années 1970, ce principe constitue l'une des trois « principales normes » de cette pratique, avec la prise de parole à la première personne et la non-mixité[3]. De nombreuses études

1. Amia Srinivasan, *The Right to Sex*, Londres, Bloomsbury Publishing, 2021, p. 18. L'ouvrage a été traduit en français : Amia Srinivasan, *Le Droit au sexe. Le féminisme au vingt-et-unième siècle*, Paris, PUF, 2022.

2. Marion Charpenel, « Les groupes de parole ou la triple concrétisation de l'utopie féministe », *Éducation et Sociétés*, vol. 37, n° 1, 2016, p. 15-31 ; Michael Pollak et Nathalie Heinich, « Le témoignage », *Actes de la recherche en sciences sociales*, n° 62-63, 1986, p. 3-29.

3. Marion Charpenel, « Les groupes de parole ou la triple concrétisation de l'utopie féministe », art. cit., p. 19.

ont montré que les femmes (et les personnes minorisées) prennent moins la parole que les hommes (blancs) dans les espaces publics où la participation de tous et toutes est pourtant autorisée[1]. Elles ont également montré que ce sont des hommes (le plus souvent blancs dans la société française, et le plus souvent cishétérosexuels) qui décident du cadre de la prise de parole. Les groupes de parole sont censés élaborer d'autres modalités de la parole, égalitaires, en non-mixité (entre personnes concernées par une même question ou une même discrimination). Lorsqu'ils se déroulent uniquement entre femmes, par exemple, ils contribuent à « dégenrer la parole » car le genre de la personne qui s'exprime n'est plus une question, il n'est plus écrasé par ceux dont l'identité de genre est dominante. Cependant, des travaux ont mis en lumière combien cette sociabilisation féministe suit des normes implicites qui peuvent masquer d'autres inégalités (de race, de capital économique ou culturel, liées au handicap...) derrière le principe de bienveillance[2]. Une normativité implicite, par l'injonction à dire l'intime, la valorisation d'émotions spécifiques, l'accent porté à certains détails au détriment d'autres, etc., peut en outre conduire à valoriser des vécus et en invisibiliser d'autres.

En réponse à ces contradictions et face au constat que « mettre entre parenthèses les inégalités sociales dans le processus de délibération revient à faire fi de leur existence et ne favorise pas la parité de participation », la philosophe Nancy Fraser avance qu'« il serait donc plus approprié de *refuser de mettre les inégalités entre parenthèses*, afin de

1. Voir notamment Corinne Monnet, « La répartition des tâches entre les femmes et les hommes dans le travail de la conversation », *Nouvelles Questions féministes*, vol. 19, n° 1, février 1998, p. 9-34 ; Kristin J. Anderson et Campbell Leaper, « Meta-analyses of gender effects on conversational interruption : who, what, when, where, and how », *Sex Roles*, vol. 39, août 1998, p. 225-252 ; Alecia J. Carter, Alyssa Croft, Dieter Lukas et Gillian M. Sandstrom, « Women's visibility in academic seminars : women ask fewer questions than men », *PLOS One*, vol. 13, n° 9, septembre 2018.

2. Lucile Quéré, *Un corps à nous. Luttes féministes pour la réappropriation du corps*, Paris, Presses de Sciences Po, 2023, p. 177.

les thématiser de façon explicite »[1]. Toutefois, la prise de conscience des dynamiques de pouvoir le long de lignes socio-raciales peut tout de même reconduire des résistances au sein de collectifs bien intentionnés[2]. Il s'agirait d'aller plus loin dans le soutien de toutes les personnes témoignant de leur vécu de violences sexuelles. Ainsi de la même manière que les viols subis par Louisette Ighilahriz, Kheira Garne[3] et tant d'autres durant la guerre d'Algérie sont indissociables, dans leur vécu, d'une atteinte à leur intégrité physique et morale en tant qu'Algériennes – puisque les soldats français les ont violées précisément car elles étaient et femmes et algériennes –, la reconstitution de la violence comme injustice est incomplète si elle n'explicite pas toutes les dimensions sociales qui sont impliquées. La remise en mots de la violence ne peut se passer d'une attention à toutes les significations (sexuelles, sociales, genrées, raciales..., mais aussi eu égard à tout ce que la violence sexuelle a atteint pour la victime en termes de capacités, de goûts, de traits de personnalité, etc.) attribuées au viol par celle ou celui qui l'a vécu. À ce titre, la modélisation du genre comme fonction ouvre à cette exigence d'accueillir les autres significations sociales et politiques de la violence sexuelle, au-delà de sa dimension genrée. Si l'on veut être attentive à la plus marginalisée des violences sexuelles vécues, ces réseaux de significations doivent constituer une priorité dans une éthique de la reconstruction. Ainsi, la mise en œuvre véritable de ce principe affiché de non-hiérarchie nécessite un travail constant sur les modalités d'organisation des groupes de parole, jusque dans leur disposition spatiale, leur temporalité, les modalités de leur mise en récit, etc.

---

1. Nancy Fraser, *Qu'est-ce que la justice sociale ?*, *op. cit.*, p. 122.

2. Yaël Eched, « "Se déconstruire ensemble" : la formation à l'antiracisme comme outil de maintien de l'ordre racial », *Nouvelles Questions féministes*, vol. 42, n° 1, 2023, p. 14-30.

3. Sur le parcours de ces deux femmes, voir Malika Mansouri, « Qui pleure mes morts avec moi ? Les reliques et les affres de l'histoire coloniale », *Dialogue*, vol. 3, n° 221, 2018, p. 27-36.

Une troisième condition est la réciprocité de la parole et de l'écoute. Dans l'étude des conditions de déclaration de violences sexuelles, Tania Lejbowicz distingue trois processus : l'identification de la violence vécue, son énonciation, et sa dénonciation[1]. L'identification, ne serait-ce que partielle, de la violence vécue est un préalable à la participation à un groupe de parole. Après cette première étape, l'énonciation est loin d'être aisée. Identifier et énoncer, c'est déjà reconnaître, d'abord vis-à-vis de soi-même et vis-à-vis des interlocuteurs et interlocutrices qu'on a été victime d'un viol, ce qui est toujours douloureux. Que l'acte qu'on a subi puisse être qualifié de viol quand, en outre, il a eu lieu sans brutalité, sans « violence » autre que le viol lui-même, quand il a eu lieu lorsqu'on était enfant, alors qu'on n'avait pas les mots disponibles, par un beau-père ou un petit ami, par quelqu'un qui vous dit qu'il vous aime, quand l'acte était une pénétration sexuelle digitale forcée, une fellation ou un cunnilingus imposé à soi : dans toutes ces situations, et dans tant d'autres, un décalage risque de se produire entre les vécus, les représentations des violences sexuelles et particulièrement du viol, et leur définition. Ce décalage freine l'identification et l'énonciation des violences[2] et rend très difficile le processus de reconnaissance, par soi et pour soi, du fait que le mal-être dû à un acte non désiré, non voulu, constitue une violence, que celle-ci est injustifiable, donc injuste, et qu'elle est en outre un délit ou un crime. À ce titre, l'échange au sein d'un groupe de parole entre la victime et les autres, parfois médié par une animatrice, contribue déjà à une évolution de la représentation subjective d'un vécu traumatique. Au fil du processus permis par une intersubjectivité qualifiante, ce vécu peut enfin être compris comme une violence puis comme un acte injustifiable.

1. Tania Lejbowicz, « Violences et écarts aux normes de genre », *loc. cit.*, p. 301.

2. *Ibid.*, p. 307.

Comment s'opère cette intersubjectivité qualifiante ? Les groupes de parole procèdent par une double revalorisation, individuelle et normative. Le discours qui sous-tend les interactions est celui-ci : « Ce que tu vis n'est pas normal, tu as raison de te battre, que ce soit pour faire valoir tes droits ou plus simplement ton droit à l'existence. » Ce qui s'opère ainsi permet la structuration collective de la parole, un soutien aux démarches et une solidarité, correspondant ici à une sociabilité solidaire et féministe de teneur politique puisqu'elle contribue à mettre en lumière des rapports de pouvoir, à dénaturaliser les injustices vécues, et encourage le soutien réciproque et la reprise du cours de sa vie par la personne concernée en tant qu'individu.

En outre, ce cadre féministe ouvre à la possibilité d'accueillir un vécu de violence, en le qualifiant comme tel, non pas seulement selon la définition légale en vigueur, mais aussi selon une définition « politique » du viol. Cette conception peut être énoncée ainsi : « Tu n'as pas à subir un acte sexuel contre ton gré, quel que soit cet acte, quelle que soit cette personne, qu'elle qu'ait été ta tenue. » On retrouve ici une conception politique du viol portée notamment par MacKinnon – « Tout acte sexuel qu'une femme a ressenti comme lui portant atteinte[1] » –, à une modification près cependant puisque pour qu'elle soit pleinement opérationnelle, comme je l'ai formulé en deuxième partie, il me paraît essentiel de la considérer *hors* des catégories de genre. On pourrait ainsi dire qu'est un viol « tout acte sexuel qu'une personne a ressenti comme lui portant atteinte ». Une démarche féministe consisterait donc à accompagner la victime dans la reconnaissance qu'elle a subi un acte qui n'est pas acceptable, que cet acte ne lui est pas imputable, qu'il est informé de rapports sociaux, de genre notamment, et qu'il s'agit de replacer la responsabilité du côté de l'agresseur. À ce titre, une expression qu'il m'a été donné d'entendre de la part

1. Catharine A. MacKinnon, *Le Féminisme irréductible*, *op. cit.*, p. 84.

des écoutantes de la ligne téléphonique du CFCV transcrit bien ce dernier objectif : « Il faut replacer l'agresseur en tant que sujet des verbes. » Ce repositionnement permet en effet à la victime d'ouvrir un espace à elle dans lequel se mouvoir à nouveau[1]. Faire de l'agresseur le sujet des verbes constitue une résistance à la tactique d'euphémisation si répandue, qui fait disparaître les personnes, bien souvent des hommes, à l'origine des violences[2].

La reconstruction de soi n'est pas solitaire. La rencontre avec d'autres personnes ayant vécu le même type de situation permet de prendre la mesure du fait que mon expérience est non seulement un enjeu personnel, existentiel, mais aussi que celle-ci est pleinement sociale. Un diagnostic se dessine ainsi, à partir duquel il devient possible d'agir. Alors que le « sentiment d'injustice » ne prédomine pas nécessairement avant la participation aux groupes de parole, puisque les personnes victimes intériorisent souvent culpabilité et honte, le partage des expériences permet de faire surgir la colère, émotion active qui est le premier signe du refus d'une situation. La circulation organisée de la parole, avec l'alternance entre énonciation et écoute, joue un rôle crucial dans la réparation des « survivantes », comme certaines se désignent parfois. « Ceux (et celles) qui survivent à un viol et qui classiquement éprouvent des difficultés à se mettre en colère contre leurs agresseurs, se retrouvent, au sein d'un groupe, capables de ressentir eux et elles-mêmes de la colère en ressentant d'abord de la colère à travers les autres[3]. » Dans ces espaces-temps spécifiques qu'instaurent les groupes de parole, l'estime de soi peut être regagnée par les émotions que suscitent les récits des autres. L'encouragement de la transformation des émotions vers la colère contribue également à la subversion

1. Catharine A. MacKinnon, *Towards a Feminist Theory of State*, *op. cit.*, p. 101.

2. Patrizia Romito, *Un silence de mortes*, *op. cit.*

3. Mary P. Koss et Mary R. Harvey, *The Rape Victim. Clinical and Community Interventions*, Newbury Park, Sage Publications, 1991, cité *in* Susan Brison, *Après le viol*, *op. cit.*, p. 86.

des assignations de genre, ici liées aux émotions, comme l'analyse la sociologue Auréline Cardoso[1]. Une subversion qui, de fait, rappelle aussi l'auteure, peut entrer en contradiction avec les « attentes institutionnelles » et en particulier judiciaires vis-à-vis des attitudes des « victimes ». Les structures d'accompagnement féministes doivent alors faire face aux contradictions entre l'impératif de conformité apparente aux attentes institutionnelles et l'horizon visé de l'autonomisation.

Le dispositif d'écoute active et réciproque permet d'instaurer une confiance, un lien de solidarité et une relecture normative commune entre les participantes, tissant une relation qui peut d'ailleurs se poursuivre hors des séances. Comme dans l'autodéfense, la reconnaissance de la victime au sein des groupes de parole ne la confine aucunement à un statut de pure souffrance et de passivité, bien au contraire : cette reconnaissance passe par une mise en action de soi, grâce au miroir que constitue le récit des autres participantes. Le fait même que l'approche soit collective et consciente de l'être construit un monde autre – tandis que l'approche individuelle de type thérapie se centre sur les conditions de possibilité d'une vie dans ce monde.

Ainsi, le partage des récits de violences dans les groupes de parole produit un effet bénéfique de « décontamination[2] » de l'autoculpabilisation fréquemment observée chez les personnes victimes d'agressions sexuelles ou de viols (comme de violences conjugales). En effet, l'empathie et les émotions ressenties à l'écoute du récit des autres – colère, tristesse, douleur, révolte... – expriment un soutien à celle qui parle tout en conduisant à reconsidérer le rapport à son propre vécu et à rapporter à soi cette colère, cette tristesse, cette douleur, cette révolte. C'est là une forme d'intersubjectivité

1. Auréline Cardoso, «"C'est comme si on avait de la colère pour elles." Féminismes et émotions dans le travail d'accompagnement des femmes victimes de violences conjugales », *Terrains et Travaux*, vol. 1, n° 30, 2017, p. 44.

2. Selon l'expression de Marie-France Casalis.

qui permet que le récit des actes se transforme en identification d'une injustice. Cette identification est elle-même une condition de possibilité pour que la personne sorte de la prison intérieure dans laquelle peut plonger le viol ou l'agression sexuelle et retrouve une adéquation entre le réel tel que vécu et tel que (souvent mal) pris en compte par l'entourage. Cette adéquation, à son tour, rend possible un sentiment (re)trouvé d'appartenance sociale.

Le « tiers actif » dans la présente éthique, à la fois individuel (l'écoutante active, la modératrice) et collectif (le groupe), est l'exact contraire du silence décrit dans l'anthropologie de l'inceste réel, mais aussi présent dans les contextes de violences sexuelles qui ne correspondent pas aux stéréotypes du viol. On l'a vu, l'entourage comme les acteurs institutionnels, en particulier judiciaires, jouent un rôle crucial dans l'*approfondissement* de l'injustice vécue par la victime. Les groupes de parole forment donc un troisième pôle, qui détermine le sens de l'acte : il ne s'agit ici pas tant de « protéger » les victimes des agresseurs que de perturber un ordre social vulnérabilisant qui repose sur l'invisibilisation et la mise sous silence des violences vécues. Si ces conditions sont remplies, ces groupes peuvent former un « milieu de vie[1] » dans lequel la personne peut reprendre sa respiration et recommencer à agir, en étant confortée dans le bien-fondé de ses actions visant à se protéger, à prendre soin d'elle-même et à s'octroyer les moyens d'un « mieux-être », même quand le reste de la société entrave ses démarches.

De tels groupes constituent donc un espace fondamentalement intersubjectif, au sens où ils permettent la mise en commun de personnes comme autant de subjectivités complexes, fragilisées et en évolution, et où ils organisent une (re)construction des subjectivités les unes par les autres. Une reconnaissance s'y déploie, dans le cadre d'une sociabilité féministe attentive aux inégalités, en particulier genrées.

---

1. Erika Flahaut et Dominique Loiseau, « Que fait le salariat au militantisme dans les associations féministes ? », *Amnis*, n° 8, 2008, p. 3.

Une éthique de la reconnaissance ?

Ces deux pratiques, autodéfense et groupes et parole, rejoignent-elles alors une « éthique de la reconnaissance » telle qu'elle a été formalisée par le philosophe Axel Honneth[1] ? Toutes deux reposent en effet essentiellement sur un processus de réparation fondé dans l'intersubjectivité, processus au cœur duquel l'on retrouve des catégories employées par Honneth : confiance en soi, estime de soi et respect de soi. Parmi les différentes formes de « mépris » ou d'atteintes à ces formes de reconnaissance, Honneth prend en outre lui-même le viol comme exemple de l'atteinte à la *confiance en soi et à l'égard du monde social*[2]. Le viol et la torture sont ainsi regroupés et qualifiés de « sévices corporels », « par lesquels *on* retire à un être humain toute possibilité de disposer librement de son corps » et qui procèdent d'une forme de mépris qui « blesse durablement la confiance que le sujet a acquise, grâce à l'expérience de l'amour, en sa capacité à coordonner son corps de façon autonome »[3]. Cependant, il me semble que cette lecture des violences comme sévices corporels, où il n'est fait mention d'aucun agent ni d'aucun contexte, diffère de l'approche des violences sexuelles et de leur réparation par les pratiques féministes.

Tout d'abord, si on les envisage comme phénomène social, on sait que la plupart des violences sexuelles ont lieu dans la sphère affectivo-amoureuse[4], considérée comme le « noyau structurel de la vie éthique » par Axel Honneth. Ces liens érotiques, amoureux et amicaux procureraient « la confiance en soi sans laquelle [l'individu] ne peut participer de façon autonome à la vie publique ». Dans ce cadre, on voit mal comment le lieu de l'atteinte (la sphère première de l'« amour », des liens affectifs et érotiques, chez Honneth)

1. Axel Honneth, *La Lutte pour la reconnaissance*, Paris, Éditions du Cerf, 2000 (1992).
2. *Ibid.*, p. 225.
3. *Ibid.* (je souligne).
4. *Ibid.*, p. 161.

pourrait être, sans plus de précision, le remède. En outre, ressaisies dans une grille de lecture féministe, les violences sexuelles ne constituent pas seulement une atteinte à l'autonomie corporelle et à la confiance en soi, mais aussi une atteinte à l'« intégrité sociale » et à la dignité, qui peut affecter l'*estime de soi* : une menace pour l'identité que Honneth rattache à la sphère de la société civile[1]. Comme on l'a vu tout au long de ces lignes, les violences sexuelles subies sont redoublées comme injustices par le traitement dont elles font l'objet par l'entourage proche et les institutions.

Enfin, si l'expérience de la privation de droits est une perte de respect de soi, au sens où elle entraîne une « incapacité [à] s'envisager soi-même comme un partenaire d'interaction susceptible de traiter d'égal à égal avec tous ses semblables[2] », alors le vécu du viol et sa prise en considération par une société masculiniste et patriarcale jusque dans ses institutions constituent bien une atteinte au respect de soi – ce qu'Honneth ne relève pas. Une approche féministe des violences sexuelles interpelle donc le modèle de la reconnaissance élaboré par Honneth puisqu'elle comprend les violences sexuelles comme un phénomène social, à dimension genrée, relevant de choix ou de non-choix politiques – et donc portant atteinte au respect de soi censé être garanti politiquement et juridiquement. Comme l'a énoncé de manière limpide MacKinnon, cette incapacité de s'envisager comme partenaire d'égal à égal est déjà programmée par des lois et un fonctionnement judiciaire qui ne prennent pas en compte les inégalités de pouvoir structurelles – entre hommes et femmes notamment, et concernant les minorités sexuelles et de genre pour ce qui a trait à la sexualité.

Une telle compréhension rend compte de ce que, dans les faits, l'atteinte à l'estime de soi, à la confiance en soi et au respect de soi se conjuguent bien souvent pour former le nœud des conséquences issues des violences sexuelles. En

1. *Ibid.*, p. 222.
2. *Ibid.*

réponse, les pratiques féministes ici considérées ont pour vocation de restaurer ensemble ces trois formes de rapport éthique à soi mises à mal par les violences sexuelles. Ces pratiques ne ressortent en outre pas de l'une des trois sphères uniquement et isolément : elles ne sont ni tout à fait du ressort de la relation affectivo-amoureuse, ni directement du ressort de la sphère du juridico-politique, ni uniquement de la sphère de la communauté de valeurs et de la solidarité. On pourrait dire que la reconnaissance qui s'y joue, qui se veut reconnaissance genrée, féministe et bienveillante, est d'emblée politique, et déborde l'approche tripartite de la reconnaissance formulée par Honneth.

Vers une éthique de la reconstruction et une politique de l'autonomie

À partir de l'analyse de l'autodéfense et des groupes de parole, que j'identifie comme des pratiques d'*autonomisation*, se dégage une éthique politique et féministe de la reconstruction, caractérisée par des valeurs et des principes et la mise en œuvre d'un contexte spécifique. Elles ont pour enjeu une *dévulnérabilisation* qui passe par une *dégenrification*.

Pour ce qui est des valeurs et principes d'abord, la valeur fonctionnelle de quelque chose comme le « soi » est posée comme principe normatif. Les pratiques d'autodéfense et des groupes de parole forgent des outils et élaborent un cadre permettant à chacun·e de suivre son rythme propre en vue d'une triple reconstruction : celle de l'intégrité physique et morale, celle de l'unicité (du corps et de l'esprit, retrouvée après la dissociation occasionnée par le trauma) et celle de la continuité temporelle dans le rapport à soi, aux autres et au monde. Cette reconstruction du lien de confiance entre soi et autrui se fait au fil de la saisie de ces morceaux épars d'un nouveau soi à construire. Brison évoque ainsi cette étrange opportunité occasionnée par le viol et l'explosion de la subjectivité, décrite par la modératrice de son groupe de parole, elle aussi survivante : « Quand votre vie est brisée, vous êtes obligée de ramasser les morceaux, et là vous avez la chance de vous arrêter pour les examiner. Vous pouvez dire “Je ne veux plus de celui-ci” ou “Je pense que je travaillerai sur celui-là”[1]. »

En outre, cette éthique se déploie selon des conditions de possibilité sensibles et affectives particulières : un corps actif et un cadre collectif et solidaire de reconnaissance réceptif et protecteur, mais aussi générateur de force. En effet, ce n'est que dans et avec son corps que peut avoir lieu cette reconstruction parce que celui-ci est mobilisé durant tout le travail, et parce que c'est un dialogue avec lui qu'il s'agit de réinstaurer, quand habiter son corps ne peut plus être une évidence. Par ailleurs, la médiation d'une autre personne, qui accueille dans sa singularité ce corps qui parle ou cette parole incarnée accompagne ce qu'on pourrait appeler un *processus de subjectivation incarnée*. L'apprentissage de l'autonomie, comme capacité à (re)devenir le sujet de sa propre existence, passe ainsi très concrètement par un encouragement à se féliciter soi et à féliciter les autres pour les « petites victoires » de chacune.

Ces pratiques peuvent être considérées comme mettant en œuvre des processus d'autonomisation en ce qu'elles instaurent un autre rapport à soi et à l'autre[2], sur quatre plans : une transformation du discours de l'Autre en soi tout d'abord[3], qu'il est illusoire de vouloir annuler absolument et avec lequel il s'agit plutôt d'introduire un rapport dialogique afin de le reconnaître comme mien ; une transformation du rapport à l'autre de l'agression, l'agresseur, soit l'autre de l'hétéronomie ; une transformation du rapport à l'autre cette fois-ci envisagé comme celui ou celle qui me « tient[4] » et me

1. Susan Brison, *Après le viol*, *op. cit.*, p. 38.

2. Cornelius Castoriadis, *L'Institution imaginaire de la société*, Paris, Seuil, 1950, p. 150.

3. *Ibid.*, p. 153-155.

4. Cette notion d'être « tenue » dans l'accompagnement par le groupe de parole vers sa propre subjectivation et autonomisation fait écho au concept de « *holding environment* » développé par Donald Winnicott dans sa théorie

soutient, l'*alter ego* de la pratique, solidaire, qui permet de faire advenir l'idée que je ne suis autonome que si l'autre est autonome ; une transformation, enfin, du rapport à l'autre du monde dans lequel je vais me mouvoir et qui n'est pas nécessairement ni un·e soutenant·e ni un·e autre agresseur·e.

Il est important de noter que les éléments de l'éthique induits par les pratiques féministes n'opposent pas vulnérabilité et autonomie[1]. Au contraire, l'autonomie apparaît ici comme la condition de possibilité d'un mieux-être et d'une reconstruction à partir de l'atteinte physique, morale et psychique que constitue une agression sexuelle ou un viol, lui-même rendu possible par la construction sociale d'une vulnérabilité. La vulnérabilité partagée au sein d'un cheminement lui-même partagé de ressaisie de sa vie permet de reconstruire l'estime de soi par la valorisation réciproque. C'est à ce titre que l'on peut dire que ces pratiques visent à *dévulnérabiliser* pour mieux émanciper. L'autonomie que ce processus implique pourrait être saisie sous la notion d'« autonomie relationnelle[2] », au sens où la relation intersubjective constitue la condition matérielle et historique d'actualisation de l'autonomie. En effet, le processus même de l'autonomisation, on l'a vu, est tissé collectivement par le partage de connaissances, dans un cadre propice au développement de certains affects : la confiance en soi et en l'autre. Plus précisément encore : c'est la matière des vécus de chacune qui permet au cadre féministe d'accompagnement d'évoluer et de s'adapter aux besoins particuliers de chacune comme à la compréhension des phénomènes de violence, des découvertes des violences incestueuses intrafamiliales au cyberharcèlement si fréquent aujourd'hui par exemple.

---

du développement de l'individu. Donald Winnicott, « The theory of parent-infant relationship », *International Journal of Psychoanalysis*, n° 41, 1960, p. 585.

1. Ainsi que le mettent en lumière Marie Garrau et Alice Le Goff, « Vulnérabilité, non-domination et autonomie », art. cit.

2. Voir Natalie Stoljar et Catriona Mackenzie, *Relational Autonomy. Feminist Perspectives on Autonomy, Agency and the Social Self*, New York, Oxford University Press, 2000, cité in *ibid.*

Une telle dévulnérabilisation passe par une *dégenrification*. À ce titre, la grille de lecture féministe de ces pratiques vient perturber le genre comme fonction des violences sexuelles à tous les niveaux : le niveau des significations sociales, le niveau subjectif, le niveau intersubjectif, le niveau institutionnel et le niveau de la reconduction enfin. En effet, ces pratiques féministes impliquent une analyse critique et structurelle des violences sexuelles qui n'est pas encore adoptée, loin de là, en dehors de ces espaces-temps que sont l'autodéfense et les groupes de parole, où la parole des victimes de violences est accueillie et n'est pas remise en question. Les pratiques féministes de réparation après les violences ou de prévention des violences travaillent également le genre au niveau de son intériorisation individuelle (troisième niveau du « genre comme fonction »). Ce travail passe par une revalorisation, de soi, de ses limites et de ses actes, par un processus d'autonomisation physique et intellectuelle qui entre en résistance avec les représentations sociales genrées, de la femme et de la victime (premier niveau). Ce travail sur soi vise, en outre, à modifier ultérieurement les modalités de l'interaction avec autrui (correspondant au deuxième niveau). Il a enfin pour enjeu de modifier notre comportement et nos représentations dans les situations à venir : la *trace* du genre que nous laisserons par nos actes et nos comportements s'en verra d'autant altérée (selon un cinquième niveau, celui de la perpétuation du genre).

Si l'autonomie est l'instauration sans cesse renouvelée d'un autre *rapport* au discours de l'Autre en soi et hors de soi[1], on pourrait dire que ces pratiques sont autant de pratiques instituantes d'autonomisation vis-à-vis du vécu des violences sexuelles, qui permettent la reconstitution de ces violences sexuelles comme injustices sociales et donc l'ouverture à un horizon de justice.

Cette éthique peut être ressaisie dans une conception de la justice sociale telle que l'appréhende notamment Nancy

1. Cornelius Castoriadis, *L'Institution imaginaire de la société*, *op. cit.*, p. 154.

Fraser, sous-tendue par la norme de la « parité de participation[1] ». L'éthique de la reconstruction féministe dessinerait alors les conditions de la participation égale à la vie collective et politique, pour les victimes de violences sexuelles avérées comme potentielles plus largement. Élaborée à partir des violences sexuelles et orientée vers les conditions de la vie bonne ou du moins d'une vie *possible* après les violences, une telle éthique vise une autonomisation, c'est-à-dire un processus de transformation continue du rapport à soi et à l'autre, qui est à la fois relationnelle et genrée – puisqu'elle dégenre. Par le rapport réflexif que celles-ci instaurent, elles apparaissent comme des pratiques d'émancipation vis-à-vis des normes de genre et comme une instauration partielle (et donc lacunaire) d'autres rapports de pouvoir, interpersonnels et collectifs.

Il faut noter que cette éthique de la reconstruction comme éthique politique de l'autonomisation est susceptible de se substantialiser (d'avoir un contenu dense) à mesure qu'elle se déploie dans ses dimensions politiques. Ainsi, selon une approche « sociale-relationnelle », certaines conditions (objectives) extérieures à l'agent sont nécessaires à l'autonomie. Pour le dire autrement, il y a des exigences à satisfaire pour que la personne puisse reprendre le contrôle sur une vie contrainte de fait par des structures extérieures[2]. On retrouve ces conditions de l'autonomie comme relationnelle dans le récit de Brison, qui raconte qu'elle a pu à nouveau se déplacer sur le campus parce qu'elle était accompagnée et garer sa voiture la nuit « après avoir exercé des pressions pour que soit installée une lumière sur le parking[3] ». Se déplacer la nuit dans la rue sans craindre pour sa vie ou son intégrité physique, se mouvoir, vivre et être entendue sans craindre un jugement quant au non-respect de normes de genre, qui viendrait

1. Nancy Fraser, *Qu'est-ce que la justice sociale ?*, *op. cit.*, p. 53 *sq.*

2. Marina Oshana, *Personal Autonomy and Society*, Aldershot, Ashgate Publishing, 2006.

3. Susan Brison, *Après le viol*, *op. cit.*, p. 83.

justifier les violences subies, se reloger quand son conjoint est violent, pouvoir exercer un travail afin de regagner une autonomie financière, disposer d'options concrètes permettant de sortir de la situation de violence... toutes ces actions (mêlant distribution et reconnaissance) nécessitent des conditions matérielles extérieures à soi et qui renforcent encore la dimension relationnelle et politique de l'autonomie face aux violences sexuelles.

Enfin, ces pratiques font surgir des possibilités de résister dans une société sexiste et de troubler la mécanique du genre comme domination, qui est au cœur des violences sexuelles : elles étendent ainsi leur portée politique *au-delà* de la circonscription de la violence.

8

Pour une justice transformative

« Comment pourrait-on restaurer une justice *qui n'est jamais advenue* ? »

Ruth Morris

J'ai tenté d'exhumer une éthique de la reconstruction à partir de l'autodéfense et des groupes de parole, deux pratiques féministes de lutte contre les violences sexuelles et sexistes. Il me faut maintenant aller plus loin, car se centrer uniquement sur le cheminement des victimes risque de leur faire endosser, à elles seules, la responsabilité de répondre à l'injustice subie. Une telle perspective ne peut suffire à imaginer une justice sociale qui répondrait véritablement aux violences sexuelles. Cette objection pose la question du sujet et des formes de la responsabilité politique à l'encontre des violences sexuelles.

La modélisation du genre comme fonction des violences sexuelles permet de les schématiser comme des injustices structurelles. Selon Iris Marion Young, qui a fortement contribué à élaborer ce concept, « une théorie politique qui s'inquiète des inégalités structurelles, même quand les droits formels sont garantis », doit éclairer les « recoins »[1],

1. Iris Marion Young, « Structural injustice and the politics of difference » (2005), *in* Kwame Anthony Appiah, Seyla Benhabib, Iris Marion Young et Nancy Fraser, *Justice, Governance, Cosmopolitanism, and the Politics of Difference. Reconfigurations in a Transnational World*, Berlin, université Humboldt, 2007, p. 108.

c'est-à-dire ne pas se concentrer uniquement sur la loi et les politiques d'État. Quelles en sont les implications pour ce qui est des violences sexuelles ?

Dans les années 1980, l'activiste canadienne Ruth Morris, figure de la lutte pour l'abolition de la prison, a conceptualisé l'idée d'une « justice transformative », qui dépasserait celle de justice « restaurative », en partant d'une question fondamentale : « Comment pourrait-on restaurer une justice *qui n'est jamais advenue*[1] ? » Saisir les violences sexuelles comme des injustices sociales structurelles, c'est prendre en charge l'idée que chacune d'entre elles constitue une injustice et que c'est toute la structure de nos sociétés qu'il s'agit de transformer.

Les violences sexuelles sont des injustices structurelles

Se référant à Rawls, pour qui la justice concerne la « structure de base d'une société » par « les modalités selon lesquelles les *institutions sociales importantes* répartissent les droits fondamentaux et les devoirs et déterminent la répartition des avantages de la coopération sociale »[2], Young enrichit et précise ce concept de « structure », au-delà des seules « institutions sociales importantes » : elle y inclut notamment le rôle des *actions et interactions entre les individus* qui constituent la société et la force d'inertie de cette dernière. Selon cette perspective, la justice sociale ne doit pas se référer uniquement à la distribution ou à la répartition des droits et devoirs, mais également prendre en compte les « conditions institutionnelles qui sont nécessaires au développement et à l'exercice des capacités individuelles, à la communication et à la coopération collectives[3] ».

1. Ruth Morris, « Why transformative justice ? », janvier 1999, p. 10. Ruth Morris a notamment fondé les International Conferences on Penal Abolition.

2. John Rawls, *Théorie de la justice*, Paris, Points, 2009 (1987) p. 33.

3. Iris Marion Young, *Justice and the Politics of Difference*, Princeton, Princeton University Press, 1990, p. 39.

Cette conception de la structure correspond à la modélisation du genre comme fonction des violences sexuelles à différents niveaux (individuel, interpersonnel et social) et à la compréhension des violences sexuelles comme structurelles. Young précise encore que la structure désigne aussi « le résultat, sur le plan social, de la convergence d'un grand nombre d'actions individuelles au sein de relations institutionnelles données, dont les conséquences collectives ne portent souvent la marque d'aucune intention, que ce soit celle d'un individu ou bien d'un groupe[1] ». L'injustice se formule alors en termes d'oppression (à savoir « la contrainte institutionnelle pesant sur le développement de soi ») et de domination (qu'elle définit comme « la contrainte institutionnelle sur l'autodétermination »). À partir de cette double modalité, les « injustices structurelles » désignent « *des torts faits aux personnes* résultant de processus auxquels de nombreuses personnes participent »[2].

Tout comme il permet à Young de rendre compte du fait que le racisme est bien structurel et d'englober toutes les manifestations diverses, à l'intensité et à l'intentionnalité variables, de discriminations raciales qui se cumulent pour produire des effets structurels, ce concept permet aussi de rendre compte du fait que le *continuum* des violences sexuelles est bien structurel. Mais on peut aller plus loin encore. En effet, Young ne considère que les « *conséquences non intentionnelles* de nombreuses actions individuelles », qui créent des opportunités et des contraintes. Or les violences sexuelles ont des conséquences *à la fois* directes *et* indirectes, intentionnelles *et* non intentionnelles, que l'on peut considérer comme comportant une dimension structurelle dans les deux cas. Elles sont indéniablement le résultat d'actes individuels sur autrui – que l'agresseur ait plus ou moins conscience d'avoir négligé la volonté souveraine de l'autre importe peu ici, ou

1. Iris Marion Young, « Political responsibility and structural injustice », The Lindley Lecture, University of Kansas, mai 2003, p. 4.

2. *Ibid.*

plutôt les deux importent autant : dans les deux cas, ils ont violé et en sont responsables. Pour autant, elles prennent la forme d'injustices structurelles à la fois par leur structuration genrée (dans l'interaction entre l'agresseur et la victime, et au-delà) et par l'absence de reconnaissance dont elles font l'objet – par occultation, minimisation, silenciation, mise en doute, « désaggravation », non prise en charge... En tant que violences interpersonnelles *et* en tant que phénomène social, enfin, elles ont des effets sociaux. Les prendre en charge comme injustices structurelles, c'est les prendre en charge dans toutes ces dimensions.

Par ailleurs, contre le modèle théorique d'une justice sociale qui « ignorerait le genre, la race et les différences sexuelles », Young propose une approche par la « différence positionnelle » (en opposition à la différence culturelle), où le genre est envisagé comme un « ensemble de positions sociales structurelles ». Cela est également pertinent pour les violences sexuelles. En effet, ni la compréhension des violences sexuelles comme injustices, ni la pensée des conditions d'une résistance, ni celle de formes de justice ne sauraient faire abstraction du genre tel qu'il s'incarne en chacun·e, au fil des interactions interpersonnelles et individuelles avec les institutions elles-mêmes, produisant en permanence des effets structurels qui se transcrivent par des violences sexuelles et contribuent à leur conférer leurs significations. À partir de là, la justice sociale, qui ne saurait se limiter à une justice distributive, doit inclure « *tous les processus* qui renforcent ou affaiblissent l'oppression ». Dans cette perspective, l'État et la loi ne sauraient être les seuls objets à considérer pour penser les injustices structurelles et leurs remédiations. Il importe d'éviter, notamment, qu'ils puissent « étendre leur portée jusque dans les moindres ramifications de la vie quotidienne[1] ». Young appelle alors à prendre au sérieux le rôle effectif joué par la « société civile », « lieu d'action, de prises de décisions institutionnelles et

1. Iris Marion Young, « Structural injustice and the politics of difference », art. cit., p. 108 (je souligne).

de luttes politiques », *à la fois* en termes de contribution active aux injustices, « à la domination, à l'exclusion », et en termes de remédiation[1]. Ainsi « une politique de différence positionnelle recommande-t-elle que les églises, les écoles, les entreprises de production et de marketing, les clubs et les associations *examinent leurs politiques, leurs pratiques et leurs priorités afin de découvrir les manières par lesquelles [ces institutions] contribuent à des structures injustes et qu'elles modifient en conséquence ces politiques, ces pratiques et ces priorités*[2] ». Pour cela, Young conceptualise une « responsabilité politique » qui passe par la « modification » des politiques, des pratiques et des priorités – processus qu'elle nomme « révolution culturelle » ou « dénormalisation ».

Ma compréhension des violences sexuelles comme injustices structurelles inclut et prolonge celle de Young. Je gage tout d'abord qu'une telle « dénormalisation », qui inclut les auteurs, responsables directs, tout autant que les responsables indirects des violences sexuelles, implique une éthique de la contre-violence ou du « *disentitlement* » (renoncement à un droit sur, un pouvoir sur) sexuel.

Désarmer le masculin

On l'a vu, les violences sexuelles sont, dans leur banalité quotidienne, portées par une structure solipsiste et impérialiste, c'est-à-dire une logique prédatrice de prise du corps de l'autre comme territoire à assujettir. Cette structure de l'action est *permise* socialement. Cela ne veut pas dire qu'en France, les violences sexuelles ne sont pas considérées comme une transgression, ne serait-ce que juridique, mais qu'elles forment un phénomène social et que l'on viole des personnes plus vulnérables que soi – des personnes davantage vulnérabilisées *avant même* l'acte. En outre, un certain nombre de violences sexuelles ne sont pas commises dans une inten-

1. *Ibid.*
2. *Ibid.*

tion transgressive, voire sont susceptibles d'être encodées par celui (éventuellement celle) qui les commet, et parfois par son entourage, comme de la sexualité « normale », valorisée. Enfin, même pour les violences sexuelles qui apparaissent comme des transgressions répréhensibles, celles-ci font l'objet d'une condamnation bien partielle et ponctuelle par la justice pénale et ne conduisent pas à une remise en question structurelle.

Pour concevoir et mener jusqu'à son terme de tels actes, il faut avoir une position sociale et une tournure d'esprit particulières, conduisant à considérer le monde et autrui comme à sa disposition, à sa portée et comme pouvant être assujetti – une tournure d'esprit *qui ne doute pas*, rendue possible par un soutien social mêlant des scripts sexuels et des rapports de pouvoir statutaires qui *autorisent* à former ce projet. Imaginons la situation inverse. Comme le relève Kant sur le ton de l'ironie, si des mesures drastiques visant à dissuader un agresseur potentiel étaient mises en place, il est peu probable que celui-ci se laisserait aller à ses soi-disant « irrépressibles besoins » : « À supposer que quelqu'un prétende ne pouvoir résister à sa passion luxurieuse, lorsque l'objet aimé et l'occasion se présentent à lui : on demande si, un gibet se trouvant dressé devant la maison où cette occasion s'offre à lui, pour l'y pendre aussitôt sa passion satisfaite, il lui serait dans ce cas impossible de dompter son inclination ? On n'aura pas à chercher longtemps ce qu'il répondrait[1]. » Virginie Despentes a formulé la même idée, d'une autre manière : « Le jour où les hommes auront peur de se faire lacérer la bite à coups de cutter quand ils serrent une fille de force, ils sauront brusquement mieux contrôler leurs pulsions "masculines" et comprendre ce que "non" veut dire[2]. » Si l'on considère la violence sexuelle comme un processus social qui reconduit

1. Emmanuel Kant, *Critique de la raison pratique* (1788), Paris, Gallimard, « Bibliothèque de la Pléiade », tome II, 1985, p. 643.

2. Virginie Despentes, *King Kong Théorie*, Paris, Le Livre de Poche, 2007, p. 47.

l'oppression exercée par certains individus sur d'autres, trois éléments paraissent plus précisément constituer la « structure de l'action » des agressions sexuelles, aux niveaux personnel, interpersonnel et structurel.

Au niveau personnel, au-delà des cas où l'on peut envisager qu'une intentionnalité sadique est à l'œuvre, on peut qualifier l'agression sexuelle ou le viol comme relevant d'un *solipsisme sexuel* agressif[1], qui se décompose en érotisation de la personne, objectification instrumentale et déshumanisation. L'érotisation consiste pour l'agresseur à appréhender (quelque chose de) la personne comme sexuellement stimulante[2]. Ce premier processus inclut la projection sur autrui de réappropriations sédimentées en une forme de mémoire sexuelle, à la fois affectivement et normativement signifiantes, au fil d'expériences vécues et informées de représentations elles-mêmes informées socialement. Par l'objectification instrumentale, deuxièmement, l'agresseur décide de ne considérer la personne que comme un « instrument » au service d'un objectif – en l'occurrence l'accomplissement de ce que qu'il (ou elle) se représente comme son « désir » sexuel ou sa volonté de sexualisation. Ce processus réduit une personne à l'objet d'un acte unilatéral à caractère sexuel, occultant sa volonté et sa subjectivité propres ; cette objectification instrumentale est bien entendu encore plus extrême et identifiable quand la violence sexuelle ne ressort que d'une pure et simple volonté de destruction et d'humiliation sexualisées, sans que les agissements ne soient motivés par ce que l'agresseur lui-même pourrait considérer comme une excitation sexuelle. La déshumanisation, enfin, s'opère dans l'acte qui s'impose en ignorant l'existence de l'autre comme autre. Ce passage à l'acte (qu'il soit prémédité ou non) peut commencer par un regard, s'amorcer par une parole, un geste, etc. À travers

1. Voir, pour une autre thématisation du solipsisme sexuel, Rae Langton, « Sexual solipsism », art. cit., p. 153.

2. Le « *sexual arousal* » que l'on retrouve chez Finkelhor, provoqué par un conditionnement sexuel.

des actes imposés, la sexualisation interrompt le cours de la vie ordinaire de la personne qui en est la cible et la nie dans son humanité.

Au niveau de l'interaction, l'action d'agression sexuelle est caractérisée par une prise de contrôle de l'autre. À défaut de pouvoir lire dans les esprits, que l'agression sexuelle soit ou non pour les agresseurs le fruit d'une volonté de contrôle assumée, elle en apparaît du moins comme la mise en acte. Combiné avec le solipsisme sexuel, un tel contrôle a pour corrélat la non-prise en compte de l'autre, le non-respect de l'autre comme personne libre, autonome, ayant un désir et une volonté propres, et s'opère par une focalisation sur la seule dimension sexuelle de l'autre, qu'il s'agisse d'une sexualisation en vue de son propre plaisir sexuel, d'une volonté d'atteindre l'autre dans sa sexualité, ou bien des deux. Au niveau structurel enfin, cette action est sous-tendue par une asymétrie de pouvoir entre les personnes de l'interaction, que cette asymétrie soit portée par des logiques économiques, de genre, raciales, d'âge, d'autorité, de capacité physique et/ou qu'elle soit liée à une asymétrie dans le pouvoir de négociation.

Comment s'articule cette structure solipsiste de l'action avec le masculin ? Les études de la deuxième partie de cet ouvrage, le viol entre partenaires hétérosexuels qui se connaissent et l'inceste, ont permis de cerner la domination « masculine » comme le fondement d'une trajectoire particulière, de la représentation à l'action, par laquelle des hommes s'autorisent individuellement, confortés par des représentations et des structures de pouvoir, à agir sexuellement *en tant qu'hommes* sans se soucier de l'autre, à se sentir en droit de (*entitled*) s'approprier sexuellement l'autre. Les éléments structurant l'agression sexuelle décrits ci-dessus correspondent clairement à un certain nombre de valeurs associées à la « masculinité » et encouragées socialement chez les personnes identifiées comme des garçons ou des hommes.

Pour autant, des travaux de plus en plus nombreux sur la masculinité font valoir sa diversité. La sociologue australienne

Raewyn Connell, en particulier, est connue pour avoir forgé le concept de « masculinité hégémonique », défini comme « la configuration de la pratique de genre qui incarne la réponse *acceptée*, à un moment donné, au problème de la légitimité du patriarcat. En d'autres termes, la masculinité hégémonique, hétéronormative, est ce qui garantit (ou ce qui est censé garantir) la position dominante des hommes et la subordination des femmes[1] ». Cette perspective montre que la masculinité n'est pas un « état figé » et que les masculinités, comme « schémas de comportement qui doivent être appris[2] », sont diverses, interagissent entre elles, créant des relations hiérarchiques au sein même du pôle masculin de l'ordre du genre. Certains hommes se trouvent ainsi marginalisés (les masculinités gays, trans ou handis[3], par exemple), incarnant « certains traits de la masculinité hégémonique sans bénéficier pour autant de tous ses avantages[4] ». Ces masculinités ont des rapports distincts à la sexualité, à l'hétéronormativité patriarcale, à la violence, y compris sexuelle, et font l'objet de représentations et de significations différenciées face à elle. Si cette conception permet de faire valoir qu'il est possible d'amorcer des alliances entre personnes aux masculinités marginalisées et femmes, d'autres voies dissidentes orientent plutôt vers la désertion de la masculinité – et, je l'imagine, de sa violence –, par exemple au profit de l'investissement de « pédé » comme genre en soi[5].

Ces apports enrichissent et complexifient la compréhension du genre comme domination. Étant donné la présence des

1. Raewyn Connell, *Masculinités. Enjeux sociaux de l'hégémonie*, Paris, Éditions Amsterdam, 2014, p. 74.

2. Raewyn Connell, « King hits : young men, masculinities and violence », TheConversation.com, 21 janvier 2014.

3. L'adjectif « handi » est l'abréviation de « handicapé·e » et est notamment utilisé dans les milieux antivalidistes.

4. Mathieu Trachman, « Les vrais hommes et les autres. À propos de Raewyn Connell, *Masculinités. Enjeux sociaux de l'hégémonie*, Amsterdam », LaVieDesIdées.fr, 10 juillet 2014.

5. Camille Desombre/Matthieu Foucher, « Pédé·s dans la peau », art. cit., p. 49.

violences sexuelles dans toutes les classes et tous les groupes sociaux, se manifestant dans leur immense majorité comme actes d'hommes, de toutes classes confondues, majoritairement sur des femmes, mais aussi sur des hommes, il y aurait donc bien, à partir de la modélisation du genre comme fonction des violences sexuelles, *quelque chose à faire* avec la masculinité, telle qu'elle se définit et telle qu'elle s'incarne de manière dominante, subjectivement, dans les interactions sexuelles et dans les représentations. On a identifié la structure de la violence sexuelle comme « solipsiste ». Sortir du solipsisme sexuel, pour l'agresseur, ne peut s'effectuer que par soi-même – d'où le caractère éthique de ce processus, bien que cet effort puisse être favorisé ou contraint. Cette sortie correspond clairement à un *désarmement du masculin* et des scripts hétéronormés masculinistes. Elle inclut tout d'abord une prise de conscience et une reconnaissance individuelles, genrées et sociales, de l'idée que *rien* ne justifie que des désirs sexualisés entraînent un acte unilatéral l'emportant sur la volonté d'autrui. Cette prise de conscience doit être prolongée par une *disposition cultivée à interroger* la volonté de l'autre, ce qui engage donc nécessairement une forme éthique de la communication. Dans une relation de ce type, tout refus doit être respecté et tout doute quant à la volonté de l'autre doit donner lieu à une suspension de l'action. À cela doit s'ajouter une éducation à la sexualité (ensemble d'expériences, de perceptions, sensations et interactions), qui souligne que l'identité de genre et l'anatomie n'ont aucune nécessité « naturelle » à dicter les besoins et la forme de la sexualité – une sexualité où les désirs se forment des repères eux-mêmes mouvants, plastiques, et qu'il s'agit donc de dénaturaliser. Cette compréhension de la sexualité dans toute sa complexité passe notamment par l'acquisition de connaissances quant à « l'anatomie, la physiologie, aux mécanismes du désir, de l'excitation sexuelle, du plaisir génital et de l'orgasme[1] ». Ces

1. Odile Fillod, « Des connaissances biologiques au service de l'égalité dans et par l'éducation sexuelle », communication, Paris, IEC, 8 novembre 2016.

connaissances, qui peuvent paraître relever de l'évidence, sont en réalité insuffisamment répandues, comme l'attestent la persistance de stéréotypes sur les « besoins » sexuels des hommes et des femmes ou le fait que la pénétration péno-vaginale reste l'étalon à l'aune duquel on juge si un rapport sexuel est « normal » ou non[1]. Sortir du solipsisme sexuel passe enfin par un travail critique de la valorisation sociale – dictée par une perspective masculiniste – de l'acte de pénétrer au regard des autres interactions sexuelles potentielles.

J'ai analysé comment des pratiques féministes étaient porteuses d'une éthique de la reconstruction qui *dégenre*, au sens où elles permettent une émancipation d'une socialisation « féminine » limitante et culpabilisante. De manière symétrique, une éthique qui vise à travailler la structure de l'action violente constitue un rapport corporel à soi et au monde selon une dynamique qui déconstruit des valeurs et comportements associés historiquement et de manière encore dominante à la masculinité, tout en ouvrant de nouvelles capacités. Ainsi, symétriquement aux capacités à se défendre, à reconnaître et à faire exister les limites du soi développées par l'autodéfense féministe, le contenu d'une telle éthique promeut un rapport à soi comme interrogatif, poreux, ouvert, perceptif. De ce côté aussi, il s'agit de la transformation d'un rapport d'hétéronomie – en l'occurrence, d'un assujettissement de sa volonté à un « devoir-être » sexuel au masculin, qui est nommé et représenté à travers des « désirs » sexuels irrépressibles. On notera que ce comportement est certes valorisé socialement, mais selon la géométrie variable des rapports sociaux de pouvoir : les supposés « désirs sexuels irrépressibles » d'un homme de pouvoir blanc et sexagénaire sont bien davantage légitimés que ceux d'un jeune homme racisé précaire.

1. Cécile Thomé, *Des corps disponibles. Comment la contraception façonne la sexualité hétérosexuelle*, Paris, La Découverte, 2024.

En deçà du genre : pour une éthique de la contre-violence sexuelle

La déconstruction du solipsisme sexuel, qui est *disentitlement*, ou renoncement à un pouvoir sexuel genré, constitue une première dimension d'une justice qui serait transformative à l'égard des violences sexuelles, déminant le masculin. On pourrait alors envisager de repenser les conditions de possibilité d'interactions « sexuellement justes » pour former une éthique de la contre-violence sexuelle, qui travaillerait le genre tout en étant valable quelle que soit son identité de genre.

Le premier élément nécessaire à cette éthique de la contre-violence est la disposition à l'*empathie*, soit la capacité à comprendre les émotions d'autrui (empathie affective) et à se mettre à sa place (empathie cognitive). Les liens entre empathie et genre font l'objet de nombreuses recherches[1]. Certaines montrent que le développement de l'empathie serait dû à des facteurs non seulement sociaux, mais aussi phylogénétiques (liés à l'évolution de l'espèce humaine) et ontogénétiques (liés au développement de l'individu en interaction avec son environnement). D'autres, menées auprès de pédocriminels, établissent une corrélation entre le déficit d'empathie et des théories implicites en faveur de l'agression sexuelle ainsi que des distorsions quant à la perception de la responsabilité des enfants dans les agressions sexuelles qu'ils subissent. Ces théories implicites abaisseraient le seuil de passage à l'acte[2]. Je fais l'hypothèse, étant donné

1. Si certains travaux ne repèrent pas de différence significative entre femmes et hommes dans leur capacité à ressentir de l'empathie, d'autres, au contraire, font valoir une nette asymétrie de genre sur ce point, en particulier dans la reconnaissance des émotions et le décryptage du langage corporel. L'adolescence semblerait accroître l'écart entre les comportements prosociaux et empathiques des filles et ceux des garçons. Voir Leonardo Christov-Moore *et al.*, « Empathy : gender effects in brain and behavior », *Neuroscience & Biobehavioral Reviews*, vol. 46, n° 4, octobre 2014, p. 604-627.

2. Inge Hempel, « Sexualised minds. Child sex offenders' offense – supportive cognitions and interpretations », Rotterdam, Erasmus University, 2013.

la plasticité des comportements humains en interaction avec leur environnement, qu'une telle disposition de l'empathie peut se *travailler* – selon un travail éthique.

Le deuxième élément est l'exigence de *réciprocité* , au sens d'un respect mutuel dans les rapports sexualisés : prolongeant la disposition empathique, elle se manifeste et s'actualise dans le rapport à l'autre comme interlocuteur au sein d'un dialogue, et l'action doit être *mise en suspens* et soumise à l'accord de l'autre. Cette éthique de la contre-violence implique, en termes pratiques, *l'obligation première de rechercher l'accord de l'autre* pour tout acte sexuel. Cette obligation éthique et morale pourrait être transcrite dans la loi, comme le propose notamment Le Magueresse[1]. Le corrélat de cette exigence de réciprocité permet, en termes positifs, le déploiement des capacités de perception, des capacités à se laisser affecter, « toucher ».

Un troisième élément est le développement de la *capacité de réflexion et d'action critique sur ses propres représentations sexuelles* du désirable. Cela présuppose une conception du sujet comme capable de réflexivité et agissant en conscience sur ses propres imaginaires et comportements sexuels (nourris en permanence de représentations et d'expériences). Pour des hommes, cisgenres et hétérosexuels en particulier, il s'agit alors de déployer une réflexion sur certains préjugés et une modification de l'idée que ce qui est désirable n'est pas nécessairement « là-pour-moi » ou « à ma disposition ».

Ces trois éléments sont les conditions d'une socialisation qui tend vers une égalité de traitement dans le rapport sexualisé à l'autre, quelle que soit l'identité de genre de la personne considérée. En effet, ne penser le solipsisme sexuel qu'en termes de genre, en le rapportant uniquement à la masculinité, pose problème puisque les violences sexuelles ne recouvrent pas exactement le genre. Ces conditions constituent néanmoins une éthique de la contre-violence sexuelle

1. Catherine Le Magueresse, *Les Pièges du consentement, op. cit.*

qui, comme l'éthique de la reconstruction, *dégenre*, au sens où elle vient saper des caractéristiques centrales de la masculinité.

Dans les sociétés actuelles, qui sont très inégalitaires, en termes de genre notamment, les valeurs qu'on vient d'évoquer constituent des *valeurs de résistance*. L'éthique de la contre-violence, rapportée au genre comme fonction des violences sexuelles, vient miner l'intériorisation des normes de genre (niveau 3), les interactions qui s'ensuivraient (niveau 2) et enfin, par conséquent, la reconduction des violences sexuelles selon la ligne du genre (niveau 5) ainsi que la grille de lecture sociale et genrée des violences sexuelles (niveau 1). Elle permettrait en outre une « dénormalisation » de la violence sexuelle dans la sexualité masculine. Une approche par l'éthique, aussi politique soit-elle, puisque mettant en jeu des rapports *de* pouvoir et des rapports *au* pouvoir, pose néanmoins des questions. En effet, travailler sur les associations entre telle ou telle valeur et tel ou tel genre et tel comportement, et prendre en charge la sexualité comme représentation et interaction, ne saurait suffire à rendre inopérants les rapports structurels de pouvoir, interpersonnels et collectifs, sexuels mais aussi sociaux et économiques qui rendent les violences possibles. Face à un régime sexuel hétéronormé et familialiste irrigué de domination masculine, qu'il n'est pas dans l'intérêt immédiat des personnes en position dominante de voir se dissoudre, comment lutter contre le contrôle de la sexualité des femmes, des mineur·es et des minorités de genre, en particulier par les hommes cisgenres hétérosexuels ?

Le début d'une activation collective ?

J'introduirai d'abord une hypothèse en forme d'espoir. Depuis #MeToo, un certain nombre de jeunes hommes reconnaissent auprès de leurs proches qu'ils ont violé. À ma connaissance, aucune recherche n'a encore entrepris d'évaluer ces actes informels afin de déterminer s'ils ont l'ampleur d'un phénomène social ou non. Cependant, on peut raisonnablement penser que ces révélations assez inédites sont la conséquence des évolutions des représentations de la sexualité depuis l'émergence des dénonciations massives de violences sexuelles. Encore faudrait-il que de tels frémissements soient soutenus collectivement et, dans l'attente que l'ensemble des agresseurs reconnaissent leurs responsabilités, que faire ? Je vais tenter de voir comment et à quelles conditions il s'agit, à partir de la « mise en crise » des institutions concernées (familles, universités, entreprises, écoles, etc.) par l'événement que constitue une violence sexuelle dans le sillage post #MeToo, de passer à sa « mise en problèmes » politique. Une telle transformation implique une modification radicale des normes et des fonctionnements desdites institutions.

Une première piste a été ouverte par le concept de *responsabilité politique* des agents moraux proposé par Young[1]. Le terme de « politique » désigne pour elle, selon un sens arendtien, un périmètre plus large de l'action collective que les seules institutions étatiques. La philosophe reprend le constat, formulé par le philosophe étatsunien Samuel Scheffler, que la conception « traditionnelle » de la responsabilité ne permet pas de penser certains problèmes structurels, comme « le réchauffement climatique, la volatilité des marchés financiers, le chômage », puisqu'elle repose sur une « phénoménologie de l'action » qui privilégie la causalité directe, « les effets proches sur les effets lointains », « les effets individuels sur les effets collectifs »[2], se centre sur l'intention supposée de l'agent en cause et a pour but de l'identifier et de le punir. La responsabilité politique entend pallier les insuffisances de cette conception de la responsabilité[3]. Pour cela, elle prend pour guide une question : ce comportement renforce-t-il telle ou telle injustice sociale ? Et pour nous ici, renforce-t-il la violence sexuelle ? Au-delà de la responsabilité

1. Iris Marion Young, « Political responsibility and structural injustice », *loc. cit.*

2. *Ibid.*, p. 8.

3. *Ibid.*, p. 9.

directe de l'agresseur et de la question de ses intentions, cette question permet de prendre en charge les paramètres qui entrent en jeu dans le vécu de la violence sexuelle comme injustice sociale.

Plus précisément, la notion de responsabilité politique se distingue de la responsabilité légale selon cinq critères établis par Young : 1) elle ne vise pas à identifier des coupables pour mieux « absoudre » d'autres personnes ; 2) elle ne cherche pas à sanctionner la transgression d'une norme, mais à identifier les causes structurelles de l'injustice qui « ont cours et sont considérées comme normales », les « *conditions de fond* (*background conditions*) que l'imputation de la faute tient pour normales »[1] ; 3) elle est orientée vers l'avenir plutôt que tournée vers le passé ; 4) elle est « orientée vers un résultat » (*outcome oriented*) et non le strict respect d'une règle dictée par un devoir ; 5) elle est partagée entre différents agents dont les actions participent des processus structurels qui produisent l'injustice[2].

Revenons plus en détail sur ces critères, en les appliquant aux violences sexuelles. Le premier répond d'abord aux limites d'une approche par la loi puisque là où il y a des injustices structurelles, le fait que des personnes soient coupables de certaines actions spécifiques n'absout pas les autres de leur potentielle responsabilité politique – y compris d'ailleurs des personnes qui peuvent être victimes elles-mêmes. Si l'on garde en tête que moins de 1 % des violences sexuelles sont condamnées par la justice pénale, cela signifie que 99 % d'entre elles ne sont pas reconnues. En outre, les violences sexuelles sont vécues comme des injustices d'abord à cause des actes commis en eux-mêmes bien sûr, mais aussi par leur non-prise en considération sociale – par la disqualification, le silence ou l'ignorance qui accueillent souvent la parole qui les dénonce, dans l'entourage proche et dans les institutions qui la reçoivent.

1. *Ibid.*, p. 12 (je souligne).
2. *Ibid.*

Ce qui m'intéresse dans la deuxième caractéristique importante de la responsabilité politique réside dans le rapport à la norme. J'ai souligné, parmi l'un des facteurs de compréhension des violences sexuelles comme injustices sociales, le flou entretenu dans les représentations, les institutions, les pratiques et interactions entre sexualité (hétéro)masculine « normale » et sexualité « violente ». D'un côté, chacun·e est susceptible de véhiculer par ses mots et ses comportements des jugements masculinistes, hétérosexistes ou racio-sexistes relatifs à la sexualité et à la violence ; de l'autre, les violences sexuelles font l'objet d'une euphémisation et d'une invisibilisation, en particulier lorsqu'elles ciblent des personnes particulièrement minorisées[1]. Tous ces processus contribuent à la normalisation les violences sexuelles. Ils constituent par là même autant de nouvelles violences pour celles qui y sont confrontées, entravent toute tentative de saisir véritablement la dimension sociale des violences sexuelles et contribuent ainsi activement à faire des violences sexuelles des injustices. Face à cela, Young propose une « dénormalisation[2] » des injustices structurelles, qui implique elle-même une politisation, c'est-à-dire des transformations au niveau des « significations symboliques » et des « habitudes interactives »[3]. De telles perspectives d'action ne sont pas seulement du ressort de la loi et de la réforme des institutions publiques, elles impliquent chacun·e d'entre nous de manière éthico-politique et ont trait aussi à tout ce qui influe sur les significations sociales accordées à la violence sexuelle.

Les troisième et quatrième caractéristiques de la responsabilité politique (« elle est orientée vers l'avenir et vers un résultat ») dessinent une approche pragmatique de la responsabilité politique et ouvrent sur une transformation des causes sociales de la violence sexuelle, au lieu de se limiter à l'imputation d'une

1. Patrizia Romito, *Un silence de mortes*, *op. cit.*

2. Iris Marion Young, « Structural injustice and the politics of difference », art. cit., p. 116, note 32.

3. *Ibid.*, note 28.

faute directe à un individu seul. À cet égard, on a vu comment la compréhension des violences sexuelles comme injustices structurelles implique notamment une remise en question du régime de genre comme domination à différents niveaux.

Le dernier critère, enfin, celui de la « responsabilité partagée », souligne que chacun·e est responsable *personnellement* de ce à quoi il participe comme ensemble. « Reconnaître sa participation aux processus sociaux qui ont des issues injustes », selon Young, implique de se donner les « moyens de changer les processus afin qu'en résulte une moindre injustice ». Cela signifie que tout individu, quelle que soit son identification de genre, doit prendre la responsabilité de participer *activement* à la « dénormalisation » de la violence sexuelle et de son caractère genré, dans ses représentations et comportements, mais aussi de lutter contre tout ce qui contribue, *autour de lui ou d'elle*, dans la vie sociale, à rendre possibles les violences sexuelles et à les invisibiliser. Concrètement, cela veut dire se grouper en vue de mener des actions collectives et de soutenir un discours public dans le but d'orienter des politiques. En bref, la responsabilité partagée implique un *engagement*. C'est considérer que les violences sexuelles sont un problème collectif qui concerne chacun·e en tant qu'il/elle appartient à une même communauté politique et démocratique et que nous « participons à un système de processus interdépendants de coopération et de concurrence »[1]. Une personne victime a donc, elle aussi, une « responsabilité politique » dans la lutte contre la perpétuation des violences sexuelles et du silence, d'autant que les « points de vue minoritaires », comme le rappelle Young, sont les plus à même de faire valoir ce qu'il y a de problématique dans un vécu de violence précisément normalisé selon les représentations dominantes.

En restituant l'idée que nous coconstruisons un monde dont nous sommes coresponsables, l'approche des violences

1. Iris Marion Young, « Political responsibility and structural injustice », *loc. cit.*, p. 19.

sexuelles par la responsabilité collective conçoit l'appartenance politique comme une appartenance solidaire et fait apparaître que la responsabilité qui nous incombe, même indirectement, peut venir affaisser les injustices structurelles. C'est une première étape, qui ouvre à l'extension des cas révélés, à la fois parce que les victimes, qui *parlent toujours déjà*, seraient plus susceptibles d'être entendues par des personnes responsabilisées, mais aussi parce que le silence que certaines d'entre elles s'imposent aurait moins de chances de constituer une solution si elles constatent qu'elles sont entourées de personnes attentives. Aux États-Unis et au Québec sont ainsi mis en place des dispositifs qui, dans l'objectif de réduire la tendance au silence, incluent les témoins de violences (« *bystander approaches* »), par exemple les membres d'une institution (enseignant·es, personnel administratif, étudiant·es…), et les sensibilisent au « soutien lors du dévoilement de violences »[1].

Conçue ainsi, la responsabilité politique constitue une extension des conditions de l'éthique de la reconstruction à l'échelle sociale : chacun·e a en effet la responsabilité d'un travail critique sur ses représentations du genre et de la sexualité, d'un accueil de la parole comme véridique, de l'écoute et d'une réponse aux besoins formulés par la victime. Une telle approche a ceci de « transformatif » qu'elle a des effets qui dépassent le simple « diagnostic précoce » des violences au sein d'une institution : elle mobilise aussi toute la communauté, la rend *active* en tout temps et l'incite à agir face à des événements qui se produisaient déjà auparavant, mais ne donnaient lieu à aucune action. Elle transforme, en outre, le rapport du collectif à l'action des autres et elle modifie enfin le vécu des victimes et leur vie « après » la violence, par la reconnaissance et la réintégration dans la communauté qu'elle permet.

1. Citons par exemple l'initiative étatsunienne Green Dot Program. Voir Ann Coker *et al.*, « RCT testing bystander effectiveness to reduce violence », *American Journal of Preventive Medicine*, vol. 5, n° 52, mai 2017, p. 566-578.

Une conception libérale du politique (régie par le principe de non-interférence) ne peut pas prendre en charge cette responsabilité : la responsabilité discutée ici dépasse celle de l'agresseur pour se porter sur chaque individu qui contribuerait à la perpétuation des violences sexuelles, au mieux par « inattention ordinaire[1] », par inaction et, plus probablement, par un détournement du regard qui sert son intérêt. Dans un contexte patriarcal et sexiste, l'inaction revient à perpétuer l'injustice sociale. Une notion élargie de responsabilité politique, connectant la capacité d'agir individuelle aux processus structurels, et une réflexion sur les conditions de possibilité d'exercer une telle responsabilité pourraient constituer les éléments d'une justice qui ait pour conditions non pas la non-interférence d'autrui et de l'État, mais bien une mobilisation active de chacun·e contre la domination. Comment peut alors se concrétiser cette responsabilité politique ?

Une tentative d'opérationnaliser la responsabilité politique ? L'Église de France

L'approche par la responsabilité politique pose des problèmes pratiques. En premier lieu, le fait que la responsabilité politique repose sur la « bonne volonté » des un·es et des autres, puisqu'il n'est question ni de faute directe ni de punition, apparaît à la fois désirable et insuffisant pour modifier en profondeur les structures. Tous et toutes ne peuvent ni ne veulent être conscient·es du ressenti et des vécus des positions et même la somme des bonnes volontés paraît difficilement pouvoir contrebalancer la force de l'inertie institutionnelle et des intérêts personnels. En réponse, on pourrait d'abord avancer que la *publicisation* est l'une des voies, contraignantes, vers la responsabilisation politique. Avec la mise en commun et en public des vécus par les réseaux sociaux,

1. Estelle Ferrarese, *La Fragilité du souci des autres. Adorno et le care*, Lyon, ENS Éditions, 2018, p. 96.

les pressions sont de plus en plus fortes pour que les institutions ne puissent plus ignorer ces formes de contre-pouvoir qui demandent justice publiquement, d'autant plus dans un contexte de moindre tolérance de la violence sexuelle[1]. La dénégation[2] est alors une stratégie de plus en plus difficile à tenir – non pas tant, hélas, que la parole d'une victime soit désormais tout autant écoutée que celle de l'agresseur qui nie, mais parce que les voix des victimes sont tellement nombreuses à se faire entendre qu'il devient de plus en plus difficile de nier ce phénomène. Dans une telle perspective, la publicisation a force de politisation et contribue à transformer les attitudes, comportements et interactions, au sens où elle « rend les choses réelles », notamment aux yeux du pouvoir en place[3]. Il apparaît ainsi indispensable de favoriser les conditions d'une publicisation, première étape vers la reconnaissance des violences sexuelles et l'expression d'une solidarité empathique à l'égard des victimes.

Examinons désormais un exemple concret, qui permet de comprendre les perspectives apportées par la responsabilisation politique : la reconnaissance multidimensionnelle, par l'Église de France, des violences sexuelles commises en son sein. De manière inédite, celle-ci a publié ses réflexions et tenté d'apporter des réponses à ce phénomène de grande ampleur.

La publicisation des témoignages s'inscrivant dans le mouvement #MeToo et la mobilisation d'associations de victimes de violences sexuelles au sein de l'Église, comme La Parole libérée, ont été déterminantes dans la création de la Ciase par la Conférence des évêques de France (CEF) et la Conférence des religieux et religieuses de France (Corref). La communication de son rapport en octobre 2021 a marqué en tournant, avec la reconnaissance publique de la responsa-

1. Georges Vigarello, *Histoire du viol*, *op. cit.*, p. 258.
2. Patrizia Romito, *Un silence de mortes*, *op. cit.*
3. Catharine MacKinnon, *Are Women Human ? And Other International Dialogues*, Cambridge/Londres, Harvard University Press, 2006, p. 3.

bilité de l'Église de France dans la perpétration et la perpétuation des violences sexuelles commises en son sein. La Ciase a d'abord permis de mettre la lumière sur les quelque 330 000 personnes qui ont été victimes, depuis 1950, d'environ 3 000 prêtres pédocriminels notamment, selon les estimations basses[1]. En outre, le rapport de la commission indépendante accorde une importance méthodologique première aux victimes et propose un programme substantiel de justice sociale, ce qui est assez inédit de la part d'une institution française, d'autant plus une institution puissante, hiérarchique et conservatrice sur les questions de genre et de sexualité.

L'invitation de la Ciase à ce que l'Église reconnaisse sa responsabilité semble correspondre, au premier abord, à la définition de la responsabilité politique énoncée par Young[2]. Elle se veut en effet tournée vers l'avenir, partagée et orientée vers un objectif principal : que les faits ne se reproduisent pas. Par ailleurs, les registres de la responsabilité évoqués par la Ciase incluent et excèdent la responsabilité juridique « traditionnelle » (pénale et civile de l'Église et des agresseurs) pour se déployer en termes « systémiques » (ce « qui concerne l'institution et ses dysfonctionnements ») et « civiques » – à savoir qui « analyse la responsabilité de l'Église vis-à-vis de la société dans laquelle elle s'inscrit »[3]. Quelques semaines après la publication du rapport, les évêques ont voté en assemblée pour reconnaître la « responsabilité institutionnelle de l'Église », la « dimension systémique de ces violences » et le fait que « cette responsabilité entraîne un devoir de justice et de réparation ». En avril 2021, en lien avec les travaux de la Ciase, la Corref avait quant à elle reconnu que les abus et atteintes sexuels commis au sein de l'Église étaient

1. Nathalie Bajos, Julie Ancian, Josselin Tricou et Axelle Valendru, « Sociologie des violences sexuelles au sein de l'Église catholique en France (1950-2020) », rapport, Inserm/Iris/EHESS, octobre 2021, p. 392.

2. « Les violences sexuelles dans l'Église catholique », *loc. cit.*, p. 321.

3. *Ibid.*, p. 389.

indissociablement « et individuels et collectifs et institutionnels », et reconnaissait la responsabilité « collégiale et spirituelle de l'ensemble de la vie religieuse »[1]. À ce jour, en France, aucune autre institution ne s'est engagée dans un tel parcours. Que recouvre cette reconnaissance et quelles sont ses implications ?

La « responsabilité institutionnelle » mentionnée par la Ciase délimite un périmètre : pour un acte de violence sexuelle commis en son sein, l'Église reconnaît qu'elle a une part de responsabilité indirecte, en tant qu'organisation en mesure de prendre des décisions visant à éviter ce type d'actes et en tant que « cadre » des rencontres entre l'agresseur et ses victimes, octroyant au premier une autorité sur ces dernières. La « responsabilité systémique », quant à elle, fait référence au nombre de violences, à leur généralisation, à leur répétition dans le temps et au sein des diverses instances de l'Église. Le président de la commission Jean-Marc Sauvé l'explicite ainsi : le terme « systémique » « ne veut pas dire [...] que l'institution aurait *délibérément* et *systématiquement* organisé un système d'abus sexuels à grande échelle. Il signifie en revanche qu'ayant eu connaissance d'un nombre récurrent d'abus en son sein, elle s'est généralement abstenue de prendre les mesures nécessaires pour les traiter de manière adéquate, c'est-à-dire y mettre fin ou les prévenir[2]. » Dans un effort d'exploration des causes de ce caractère systémique, un certain nombre de conditions structurelles, certaines genrées, d'autres non, ont été reconnues dans le rapport comme ayant activement contribué à rendre possibles ces violences, puis à les couvrir : ainsi des représentations de la sexualité dans l'Église, de l'organisation verticale de l'institution ou encore du rapport de pouvoir à la fois statutaire et charismatique qui structure la relation entre prêtre et fidèles.

---

1. Véronique Margron, « Discours d'ouverture de l'assemblée générale de la Conférence des religieux et religieuses de France », Corref, 20 avril 2021.

2. Jean-Marc Sauvé, « Réponse de la Ciase à l'Académie catholique de France », 7 février 2022, p. 19.

Cette responsabilité de l'institution vient aussi s'incarner dans la responsabilité individuelle et pénale de personnes physiques qui exercent des fonctions d'autorité au sein de l'Église. En témoigne la mise en cause de hauts responsables pour non-dénonciation d'agression sexuelle, omission d'empêcher un crime ou un délit contre l'intégrité corporelle de la personne, omission de porter secours à une personne en danger imminent[1] ou méconnaissance de l'obligation de signalement aux autorités. Ce principe reste toutefois assez théorique puisque, dans les faits, seule une petite minorité de personnes ont été inquiétées par la justice[2]. Afin de répondre à ces manquements, il importerait de cartographier les raisons du silence, qui peuvent être propres à chacun·e mais aussi liées aux valeurs et enjeux de l'institution, puis de *rendre coûteuse* la complicité institutionnelle. La mise en cause pour non-dénonciation n'est cependant pas suffisante : face à l'absence de mesures qui auraient pu mettre un terme aux violences sexuelles et les prévenir, la responsabilité institutionnelle peut se formuler de manière plus exigeante.

Le rapport de la Ciase ouvre ainsi à la possibilité d'engager la responsabilité civile de l'Église comme institution « du fait d'autrui », au travers de personnes morales et physiques qui la composent. Si, peut-on y lire, en « présence d'une faute commise par un adulte pleinement autonome, il n'est certes pas naturel de rechercher la responsabilité d'autrui », engager la responsabilité civile pour les faits de tiers permettrait toutefois de changer la donne en matière de responsabilité institutionnelle et d'indemnisation des victimes[3]. Pour justifier cette mesure, le rapport évoque la « relation spéciale qui existe entre l'auteur des violences et l'Église », du fait de l'autorité de cette dernière, tandis que les évêques et supérieurs religieux

1. « Les violences sexuelles dans l'Église catholique », *loc. cit.*, p. 393.

2. *Ibid.*, p. 394. Le rapport de la Ciase précise qu'à la date de sa rédaction, seuls trois évêques avaient été mis en cause dont un, Mgr Barbarin, a été relaxé en appel.

3. *Ibid.*, p. 394-395.

« fournissent, par les missions qu'ils attribuent, notamment la mise en contact avec des enfants, certains des moyens de l'agression »[1].

Plus encore, dans le contexte des campus étatsuniens, MacKinnon souligne la nécessité d'une responsabilité formulée en termes d'« obligation de vigilance » (*due diligence*) face à la « trahison institutionnelle » de nombre de structures universitaires qui, sous couvert d'actions ponctuelles, font preuve d'une indifférence délibérée[2]. Cette obligation peut se traduire par des mesures préventives et transformatives, en vue d'assurer en toutes circonstances l'égalité de traitement entre l'ensemble des étudiant·es. Cette proposition, qui implique un engagement actif et s'inscrit parfaitement dans la responsabilité politique de Young, n'est toutefois pas explicitement thématisée dans les préconisations de la Ciase. Celle-ci fixe trois mots d'ordre pour traiter les violences sexuelles au sein de l'Église catholique, qui débordent néanmoins largement de la responsabilité légale : responsabilité, reconnaissance, réparation.

Pour ce qui est de la reconnaissance par l'institution des violences subies, le rapport la définit substantiellement : « Il ne s'agit pas seulement ici de péchés à confesser mais de fautes à réparer, sans euphémisation, sans "on ne savait pas", sans excuses tirées du contexte social ou institutionnel[3]. » Le rapport est clair sur la nécessité pour l'institution et ses membres de sortir du registre du religieux lorsqu'ils font face à des violences, mais aussi de celui de l'excuse ou de la justification, afin d'endosser la pleine et entière responsabilité des actes. En termes de responsabilité, le rapport de la Ciase appelle à répondre au « besoin de justice » des victimes par la voie judiciaire mais aussi *à côté* de ce circuit, notamment dans les cas où la prescription empêche la procédure… mais pas

1. *Ibid.*

2. Catharine A. MacKinnon, « In their hands : restoring institutional liability for sexual harassment in education », *The Yale Law Journal*, vol. 125, n° 7, mai 2016, p. 1820-2181.

3. « Les violences sexuelles dans l'Église catholique », *loc. cit.*, p. 45.

uniquement. Le rapport reconnaît que « *même lorsque le procès peut avoir lieu*, il ne donne pas toujours satisfaction : tourné vers la condamnation et la punition du coupable au nom de la société, il ne donne pas toute leur place à la reconnaissance et à la réparation de la personne victime[1] ». La Ciase affirme ici clairement et publiquement les limites de la justice pénale dans la prise en charge des demandes de justice des victimes et invite à la mise en place de mesures de justice « restaurative », sans les décrire très explicitement. Je relèverai cependant que le rapport précise que des associations y œuvrent déjà en France et que ces mesures peuvent avoir lieu tout au long de la procédure judiciaire – mais également en dehors donc. Or la justice restaurative a été intégrée au code de procédure pénale par la loi du 15 août 2014, qui la définit comme « toute mesure permettant à une victime ainsi qu'à l'auteur d'une infraction de participer activement à la résolution des difficultés résultant de l'infraction, et notamment à la réparation des préjudices de toute nature résultant de sa commission[2]. Cette mesure ne peut intervenir qu'après que la victime et l'auteur de l'infraction ont reçu une information complète à son sujet et ont consenti expressément à y participer. Elle est mise en œuvre par un tiers indépendant formé à cet effet, sous le contrôle de l'autorité judiciaire ou, à la demande de celle-ci, de l'administration pénitentiaire[3] ». Adossées à la justice pénale, subordonnées à l'autorité du magistrat, ces mesures ont avant tout vocation à ouvrir des « espaces de dialogue », médiés par un tiers « neutre et formé »[4]. Aujourd'hui, la justice restaurative reste circonscrite à une poignée d'actions sur le territoire et

1. *Ibid.*, p. 408 (je souligne).

2. Delphine Griveaud, *Réparer la justice. Enquête sur les pratiques restauratives en France*, Paris, La Découverte, à paraître.

3. Loi n° 2014-896 du 15 août 2014 relative à l'individualisation des peines et renforçant l'efficacité des sanctions pénales, art. 18, citée *in* Delphine Griveaud, « La justice restaurative en France : sociologie politique d'un "supplément d'âme" à la justice pénale », thèse, science politique, Paris/Louvain, Paris-X/université catholique de Louvain, 2022, p. 125.

4. « La justice restaurative », Justice.fr, 21 novembre 2023.

dépend de l'engagement de professionnel·les de la justice qui la porte à bout de bras[1]. Peu de justiciables et de plaignant·es en bénéficient, loin de l'objectif de la Ciase d'offrir « reconnaissance et réparation » aux victimes – y compris hors de toute procédure pénale.

De manière générale, le débat public n'en est qu'à ses prémices concernant les dispositifs alternatifs ou complémentaires à la justice pénale qui seraient susceptibles de permettre une reconnaissance et une prise en charge plus adéquates des violences sexuelles. Dès la publication du rapport de la Ciase, des député·es se sont en effet inquiété·es d'un potentiel impact de ces pratiques restauratives « sur la présomption d'innocence[2] ». À l'inverse, quelques années plus tôt, dans le cadre d'observations devant le groupe de travail du Sénat sur les violences sexuelles, le Syndicat de la magistrature encourageait pour sa part ces initiatives lorsque les faits sont prescrits et même hors du circuit pénal... ce dans l'objectif stratégique d'éviter l'allongement du délai de prescription, et « dans un souci d'apaisement »[3] – des considérations bien éloignées de l'idée d'une reconnaissance des victimes et encore moins d'une transformation sociale.

Depuis la publication du rapport de la Ciase, deux commissions ont été créées en vue de répondre à ces enjeux de reconnaissance et de réparation : l'Instance nationale indépendante de reconnaissance et réparation (Inirr), dédiée aux victimes de violences sexuelles commises par des prêtres, et la Commission reconnaissance et réparation (CRR), mise en place par la Coreff afin de prendre en charge les victimes de violences subies au sein de congrégations et instituts catholiques. Faisant singulièrement écho à l'éthique

1. Delphine Griveaud, « La justice restaurative en France », *loc. cit.*
2. Pierre Januel, « Violences sexuelles sur enfants : modifier la loi après la Ciase ? », Dalloz-Actualité.fr, 18 février 2022.
3. « Observations du Syndicat de la magistrature devant le groupe de travail du Sénat sur les violences sexuelles », Paris, 20 décembre 2017, p. 5.

de la reconstruction, leur action repose notamment sur la « confiance *a priori* en la parole des victimes » et la « vraisemblance des faits »[1]. Très concrètement, la CRR propose des « mesures restauratives » en travaillant avec les victimes sur la qualification des faits, la formulation de demandes de réparations financières auprès des congrégations et diocèses, la préparation de rencontres avec les congrégations concernées et la mise en place de gestes plus symboliques, comme l'installation d'une stèle commémorative et explicative ou bien la destruction par le feu, en public, de documents[2]. Sur les 330 000 victimes estimées par la Ciase, l'Inirr a reçu un millier de demandes, la CRR 955[3]. Au 26 juin 2024, près de trois ans après sa création, la CRR, composée d'une vingtaine de membres, a instruit 785 demandes[4]. C'est bien peu, mais déjà inédit. En regard, les dispositifs de justice restaurative mis en place dans le cadre de la justice pénale se limitent encore à 297 en 2022 sur l'ensemble du territoire français. Selon la sociologue Delphine Griveaud, ce contraste est lié à diverses causes : informations des victimes sur l'existence de ces programmes très inégales, types d'accompagnement proposé différents (l'Église s'engage à reconnaître la véracité du récit de la victime et à assumer sa responsabilité tandis que le médiateur de justice restaurative ne se prononce ni sur les faits ni sur leur responsabilité), contexte communautaire de l'Église catholique[5]…

Il reste encore à étudier plus précisément ces pratiques, mais il me semble que la justice restaurative ne constitue pas une solution pleinement adéquate ou satisfaisante, ni sur le plan pratique ni sur le plan théorique. Dans le cadre des violences sexuelles, faire justice ne consiste pas tant à

---

1. « Indemnisation des personnes victimes de violences sexuelles dans l'Église », Cahors.Catholique.fr, 20 janvier 2023.

2. Entretien avec Valentine Buck, coordinatrice de la CRR, et Anne de Richecour, déléguée générale, le 11 janvier 2024.

3. « Chiffres clés au 4 novembre 2024 », ReconnaissanceRéparation.org.

4. ReconnaissanceRéparation.org.

5. Je remercie Delphine Griveaud pour ces hypothèses.

« restaurer un lien social entamé par l'infraction[1] », voire une « harmonie sociale[2] », lesquels auraient supposément régné avant la violence, qu'à responsabiliser acteurs directs et indirects et à transformer les causes sociales des violences sexuelles, dont le genre et les inégalités structurelles et situationnelles. En outre, l'exemple de l'Église de France montre bien que si l'institution entend prendre en charge les responsabilités indirectes, elle peine en revanche à traiter les responsabilités directes, se concentrant jusqu'à présent sur des cas anciens, avec des auteurs souvent décédés (dans 80 % des cas, il n'y a pas d'agresseur identifié et vivant), et sans s'attaquer aux violences plus récentes ou qui ont cours aujourd'hui.

En tout état de cause, le rapport de la Ciase dessine les lignes d'une justice qui prend en charge les violences sexuelles comme structurelles. En outre et de manière assez inédite à l'échelle d'une institution – à l'exception du travail de la Ciivise ainsi que de celui, dans d'autres contextes, des Commissions vérité et réconciliation –, elle accorde une priorité aux récits des victimes, qui conduit à conclure que les déclarations sont véridiques. Constitue-t-elle pour autant une opérationnalisation de la notion de « responsabilité politique » telle que développée par Young et que j'ai reprise en l'articulant à un besoin de justice des victimes ? Les recommandations de la Ciase et leur application par l'Inirr et la CRR n'y correspondent pas encore pleinement : leur périmètre d'analyse et d'action se limite à une seule institution, contrainte de donner des gages de bonne volonté face à la multiplication des scandales, et dont la singularité dessine un profil particulier d'agressions. En outre, les réparations financières versées aux victimes sont payées par le fonds de garantie de l'Église, alimenté par ses

1. Projet de loi 1706, adopté par la commission mixte paritaire, projet de loi d'orientation et de programmation du ministère de la Justice 2023-2027.

2. « La justice restaurative à la une », Justice.gouv.fr, 11 décembre 2019 ; « Les formations en justice restaurative », France-Victimes.fr, « Les principes de la justice restaurative », JusticeRestaurative.org.

fonds propres et les dons des fidèles, et non par les agresseurs. Il reste enfin à voir si ces recommandations seront suivies d'effet. Sans exigences précises quant aux modalités de ces dispositifs de justice dite restaurative appelés de ses vœux par la Ciase, mais aussi sans transformations de la hiérarchie de l'institution et travail sur les représentations sexistes et moralisatrices de la sexualité qu'elle véhicule, l'inertie institutionnelle risque fortement de l'emporter et de se refermer sur les victimes. La « responsabilisation politique institutionnelle » implique donc, comme le rapport de la Ciase l'indique lui-même, de reconsidérer en profondeur le fonctionnement desdites institutions, ce qui semble d'autant plus complexe que c'est l'institution, soit la cause même de la perpétuation des violences, qui peut décider d'engager de telles transformations.

De la justice restaurative à la justice transformative

Selon le criminologue étatsunien Howard Zehr, la justice restaurative repose sur trois piliers : « la reconnaissance et la prise en charge des *torts* commis à l'encontre de l'ensemble des parties prenantes », l'accomplissement de l'*obligation* de redresser les torts, et « la mobilisation ou l'*engagement* des parties et de l'ensemble de la communauté »[1]. Ou, en d'autres termes, « réparation, responsabilisation, participation[2] ». Cependant, en France, l'expression « justice restaurative » fait surtout référence à des dispositifs parajudiciaires ponctuels de médiation entre victimes et condamnés, mis en place au sein de la justice pénale et qui n'en modifient donc « ni les principes ni le fonctionnement »[3]. Et, on l'a vu, leur mise en œuvre effective est à l'heure actuelle très circonscrite.

1. Howard Zehr, *The Little Book of Restorative Justice*, New York, Good Books, 2002, p. 22.

2. Christophe Béal, « Justice restaurative et justice pénale », *Rue Descartes*, vol. 1, n° 93, 2018, p. 60.

3. *Ibid.*, p. 63.

En outre, ces dispositifs se veulent « neutres » vis-à-vis des parties prenantes et n'ont pas vocation à identifier de manière critique les causes sociales de la violence sexuelle qui a été perpétrée, ni à juger de la véracité d'un récit, ni à prendre en charge sur le temps long les besoins de la victime, la responsabilisation de l'agresseur, de l'entourage, de la société civile ou de la communauté au sens large. En bref, telle qu'elle est conçue aujourd'hui et intégrée dans la justice pénale, la justice restaurative individualise les enjeux et entend pacifier les interactions, mais elle ne prend pas en charge les violences sexuelles comme des injustices structurelles. Afin d'éviter la confusion avec ces dispositifs précis, je parlerai ici de « justice transformative » pour désigner les tentatives d'approche plus holistiques et les conditions qui pourraient être mises en place pour une justice structurelle vis-à-vis des violences sexuelles.

En France, les pratiques qui se réclament de la justice transformative s'inscrivent dans la filiation souvent oubliée de mobilisations féministes des années 1970 pour la reconnaissance du viol *et* contre la répression et l'incarcération. Celles-ci se sont assourdies à partir de 1975 avec la concentration des revendications féministes sur le viol autour de la sphère judiciaire[1]. Ces réflexions sur la justice transformative sont aussi héritières des mouvements étatsuniens et canadiens, où, depuis une vingtaine d'années, des militant·es et universitaires racisé·es portant une critique sociale radicale sont particulièrement actifs et actives – citons par exemple le collectif étatsunien Incite !, fondé en 2000[2]. Ces mouvements d'émancipation défendent notamment l'idée que la justice pénale ne saurait mettre fin aux violences sexuelles ni contribuer à plus de justice sociale pour les populations minorisées[3]. Les pratiques

1. Jean Bérard, « Dénoncer et (ne pas) punir les violences sexuelles ? », art. cit.

2. « Community accountability », Incite-national.org.

3. Jelena Todic, M. Candace Christensen et Sheila M. McMahon, « Restorative and transformative justice responses to sexual violence. A scoping review protocol », *Social Science Protocols*, vol. 4, 2021.

de justice transformative se déploient la plupart du temps à l'échelle intracommunautaires et ont fait l'objet de peu de littérature en dehors de brochures et publications militantes[1]. Elles s'expérimentent en autogestion et adoptent une posture critique du système pénal pour des raisons à la fois politiques et pragmatiques. Elsa Deck-Marsault, cofondatrice du collectif Fracas qui accompagne des personnes dans la résolution de conflits et/ou de violences intracommunautaires, explique ainsi qu'il est impossible de travailler avec une personne engagée dans une procédure judiciaire, en particulier lorsqu'il s'agit de l'agresseur·e. Dans le cas des violences sexuelles, ces personnes sont en effet prises dans l'organisation de leur défense, laquelle passe bien souvent par une minimisation, voire une négation pure et simple de leur responsabilité et de la conscience d'avoir commis un viol. Du côté des victimes, il paraît également compliqué de mener en même temps un parcours judiciaire classique et une procédure de justice transformative qui permet justement de ne pas avoir à se plier à l'injonction de se présenter comme une « bonne victime » (avoir un discours parfaitement cohérent qui atteste d'un comportement irréprochable, témoigner de séquelles durables et encore présentes laissées par la violence subie, ne pas exprimer de colère, etc.). Dans les deux cas, la justice pénale fausse le rapport au réel. Elsa Deck-Marsault en conclut que justice transformative et justice punitive « ne peuvent pas, à mon sens, coexister – ni à l'échelle de la société, avec l'existence d'institutions punitives, ni à l'échelle communautaire, avec la perpétuation de mesures punitives[2] ».

L'expression « justice transformative » a été forgée par Ruth Morris, lectrice admirative puis critique de Zehr, afin de

---

1. Voir Emma Bigé, Yves Citton et Camille Noûs, « Abolition, justice, transformation », *Multitudes*, n° 88, 2022 ; Elsa Deck Marsault, *Faire justice. Moralisme progressiste et pratiques punitives dans la lutte contre les violences sexistes*, Paris, La Fabrique, 2023. Voir également la brochure « Violences sexuelles en milieu militant. Aller vers des réponses transformatives », Poisson-sans-bicyclette. libertaires.org, octobre 2020.

2. Elsa Deck Marsault, *Faire justice*, *op. cit.*, p. 36.

dépasser les perspectives de la justice restaurative (rétablir l'harmonie sociale, apaiser les personnes...) et de travailler les causes sociales de la violence[1]. La justice transformative implique donc les personnes qui commettent des violences sexuelles comme l'ensemble des parties prenantes, dans leurs comportements, représentations et fonctionnements collectifs. Ella a une visée de transformation sociale et d'émancipation, qui repose sur une conception du politique selon laquelle « la justice à l'égard des individus et la libération collective sont aussi importantes l'une que l'autre et fondamentalement entremêlées[2] ». À mon sens, pour être complète, la justice transformative doit inclure la prise en charge des rapports de pouvoir structurels et situationnels qui ouvrent à la possibilité de la violence sexuelle : rapports de genre, d'âge, d'autorité, économiques, liens de subordination, de parenté, etc.

La justice transformative mobilise des personnes selon des *positions* – la personne qui a agressé, la victime, des personnes issues de la société civile ou de la communauté qui tiennent le rôle de médiateur ou animatrice, les témoins et proches, des représentant·es de la société... – qui se fixent collectivement des objectifs en vue de l'intérêt commun. En cela, elle active un processus de politisation, à la fois au sens où les faits considérés (en l'occurrence des violences sexuelles) sont publicisés, remis en perspective selon des analyses critiques, mais aussi car chacun·e participe activement et collectivement aux réflexions, aux analyses et à la fabrication du processus de justice[3]. Ainsi conçue, la justice transformative me semble alors pouvoir apparaître comme une réponse *instituante*[4]

1. Pour cela, voir Sandrine Lefranc, « Le mouvement pour la justice restauratrice : "*an idea whose time has come*" », *Droit et Société*, vol. 2, n° 63-64, 2006, p. 393-409.

2. Voir « Toward transformative justice. A liberatory approach to child sexual abus and other forms of intimate and community violence », San Francisco, Generation Five, juin 2007, p. 26.

3. Voir notamment Émeline Fourment, « Théories en action : appropriations des théories féministes en milieu libertaire à Berlin et Montréal », thèse, science politique, Paris, IEP, 2021, p. 457.

4. Cornelius Castoriadis, *L'Institution imaginaire de la société*, *op. cit.*

(c'est-à-dire instaurant un nouveau système de règles tout en assurant le renouvellement permanent du cadre institutionnel[1]) à la conception des violences sexuelles comme injustices structurelles, qui prenne en charge les violences comme prises dans des dynamiques de pouvoir et des réseaux de significations structurels, en particulier le genre, et qui appellent des réponses structurelles pour être défaites.

Dans quel cadre s'enracine la justice transformative ?

La manière dont la justice transformative est aujourd'hui pratiquée en Amérique du Nord pose néanmoins un certain nombre de questions, qui surgissent lorsqu'on réfléchit à leur transposition en contexte français. Tout d'abord, les grandes figures de la justice restaurative et transformative, Zehr et Morris, appuient en partie leurs travaux sur leurs convictions religieuses – le premier est mennonite, la seconde quaker. Pour cette raison, l'horizon de la justice transformative est souvent énoncé en termes de « *healing* » (guérison, cicatrisation), pour les victimes comme pour l'agresseur et la communauté. Difficile à traduire en français, il se réfère à la sortie positive d'un état physique ou psychique, soit de la maladie vers la santé, ou bien, selon une approche morale-religieuse, du mal vers le salut. Certaines communautés autochtones l'emploient également afin de désigner une réactivation de formes de justice traditionnelles propres à leur peuple au sein de la société qui les a colonisées, à l'image des « *healing circles* » au Canada. En contexte français, l'idée de guérison ou de cicatrisation n'a donc ni la même épaisseur ni la même signification, et elle renvoie plutôt à un processus « naturel » permettant le retour à un état antérieur à la survenue d'un « mal », ce qui va à l'encontre de la responsabilisation, de la réparation et de la transformation sociales recherchées pour imaginer les contours d'une justice

1. Pierre Dardot et Christian Laval, *Commun. Essai sur la révolution au XXIe siècle*, Paris, La Découverte, 2014, p. 569.

qui prenne en charge les violences sexuelles. Il y a donc à penser ici ces contours dans le contexte d'une société complexe, pluraliste, démocratique et laïque, qui ne repose pas sur une conception de la morale ancrée dans une cosmogonie ou un dogme religieux. Parler de « reconnaissance » et de « réparation » semble ainsi plus adapté, même si ces termes renvoient à des étapes plutôt qu'à un processus global.

Un autre terme très présent dans les discours relatifs à la justice restaurative comme transformative est « *community* », traduit généralement par « communauté ». Là encore, sa signification diffère fortement selon les espaces géographiques. « *Community* » désigne à la fois une communauté et une collectivité, soit un groupe d'individus en tant que groupe, sans contenu d'identité, de valeurs ou d'intérêts communs. Generation Five, un collectif nord-américain de lutte contre les violences sexuelles subies dans l'enfance, qui travaille sur leurs effets individuels, intergénérationnels et communautaires, emploie pour sa part le terme « *collective* », soit « un groupe de personnes engagées dans des relations fondées sur des expériences communes, sur l'identité, l'appartenance géographique, les valeurs, les croyances et/ou la politique[1] ». Dans les contextes étatsunien et canadien, caractérisés par un État fédéral issu d'une colonisation de peuplement et où « les communautés traditionnelles se sont érodées » (quand elles n'ont pas été exterminées), la justice restaurative s'est principalement développée depuis des « communautés de *care* »[2], que Zehr définit comme des microcommunautés partageant une appartenance de lieu. Dans ce cadre, ce qui importe est de savoir « qui se soucie des personnes concernées par un tort commis, ou bien du tort lui-même, et qui peut être impliqué·e dans le processus[3] ». En effet, pour la plupart de ces communautés, s'engager dans des processus de justice transformative est une solution pour ne pas avoir recours aux institutions

1. Howard Zehr, « Toward transformative justice », *loc. cit.*, p. 30.
2. Howard Zehr, *The Little Book of Restorative Justice*, *op. cit.*, p. 27.
3. *Ibid.*, p. 27.

étatiques, policières et judiciaires, considérées comme inadéquates, voire nocives. Ces pratiques constituent donc à la fois des réponses à des besoins de justice non remplis et une manière de s'autonomiser et de résister face à des structures oppressives. Howard Zehr précise cependant que si la justice restaurative s'est développée depuis de microcommunautés, certains enjeux « relèvent de la société, au-delà de ceux qui sont directement concernés par tel ou tel événement[1] » : ainsi de la garantie des droits humains et du bien-être général de ses membres. Les violences sexuelles relèvent de ces deux critères. On peut avancer que ces dispositifs sont communautaires au sens de « *community based* » (leur point de départ est une collectivité) et en tant qu'ils reposent sur la mobilisation du collectif selon des « attitudes socio-éthiques »[2] pour accomplir leurs objectifs, mais que les horizons de justice qu'elles visent ne sont pas particularistes. À partir de cette clarification définitionnelle, il me semble que l'enjeu de la prise en charge des violences sexuelles est, d'une part, d'identifier le contexte social de la situation de violence, qui a souvent lieu au sein d'une communauté dans ce sens large (mais pas toujours, à moins que l'on considère qu'elles ont lieu au sein de plusieurs « communautés » enchâssées, du cercle familial à la communauté politique), et d'autre part d'élargir les personnes qui « *care for* », se soucient de la situation de violence, à l'ensemble de la société. Il s'agit d'une vision fondée sur une conception dense du politique, comme vie en collectivité fondée sur « le respect, la solidarité et la responsabilité active »[3].

En contexte français, la notion de « société civile » à laquelle fait référence Young peut apparaître plus pertinente. Elle désigne par là l'ensemble des associations qui se déploient volontairement et relativement indépendamment de l'État, de ses institutions (juridiques, policières, ainsi que les services

1. *Ibid.*, p. 28.

2. Lode Walgrave (dir.), *Restorative Justice and the Law*, Cullompton, Willan, 2002, p. 593.

3. *Ibid.*, p. 594.

publics) et de la sphère de l'économie (qui, dans une économie capitaliste, est tournée vers le marché et le profit)[1]. Ainsi des clubs de sport, organisations religieuses, partis politiques, syndicats, organisations non gouvernementales, collectifs, etc. Il me semble que les groupes qui s'organisent collectivement de manière à accompagner et prendre en charge des situations de violence et des processus de justice participent pleinement de la société civile, dans sa dimension civique et politique, en tant qu'ils servent leurs membres et l'intérêt de toute la collectivité en palliant, voire luttant contre les défaillances de l'État, créent des solidarités et agissent en faveur de plus de justice sociale et de démocratie.

Une fois ces éléments précisés, il s'agit à présent pour moi de dégager les critères, conditions et objectifs d'une justice transformative qui serait fondée non pas sur une conception religieuse ou morale de la justice, mais sur une conception politique reposant sur la liberté et l'égalité sexuelles. Cette justice doit tout d'abord s'appuyer fondamentalement sur une analyse critique et féministe des faits de violence et des actions consécutives des témoins et interlocuteurs, centrée sur les causes sociales et identifiant les rapports de pouvoir structurels et situationnels en jeu, dont le genre. Cela implique, on l'a vu, d'identifier les inégalités de pouvoir qui ont été utilisées comme leviers dans la violence (rapports de genre, mais aussi économiques, d'âge, d'autorité, de statut, de capacité physique, etc.)[2], mais également les représentations, scripts sexuels et vécus antérieurs de l'agresseur. Éclairer les vécus de violences (sexuelles ou non sexuelles) subis auparavant par l'agresseur permet en effet d'avoir une compréhension plus globale du phénomène et d'agir sur ses causes, à la fois particulières (le vécu de violence de tel jeune homme) et structurelles (la transmission des violences). Cette justice repose

1. Iris Marion Young, « State, civil society and social justice », *in* Ian Shapiro et Casiano Hacker-Cordón (dir.), *Democracy's Values*, Cambridge, Cambridge University Press, 1999, p. 145-147.

2. Catharine MacKinnon, « Rape redefined », art. cit.

également sur une conception du tort comme relationnel et de la réponse comme relationnelle. Ainsi, le travail de responsabilisation de l'agresseur dans sa relation vis-à-vis de la collectivité et de la victime (s'appuyant notamment sur l'éthique de la contre-violence) constitue, en tant qu'il est un travail d'autonomisation dans un cadre intersubjectif, comme un miroir à l'autonomie relationnelle comprise comme horizon de l'éthique de la reconstruction.

Ses objectifs centraux sont la reconnaissance de la violence sexuelle par la victime elle-même et pour elle-même, sa qualification, puis son énonciation – processus qui peut demander du temps[1]. Une victime m'a ainsi confié, des années après le « premier » viol qu'elle a subi : « Je me suis effondrée au moment où j'ai réalisé que ce chemin de justice n'était pas fait pour le premier viol. Qu'il restait à faire. En fait, je n'avais jamais dit explicitement à mon violeur qu'il m'avait violée. C'était ce chemin-là qui n'était pas fait. Et je voulais qu'il le sache. Je ne voulais pas être seule à porter ça. »

Un deuxième objectif est le recueil, la reconnaissance et l'accomplissement des besoins des victimes (suivant l'éthique de la reconstruction). Selon Morris, ces besoins se centrent généralement sur la reconnaissance des faits par l'agresseur et par la collectivité, la réponse à certaines questions que peut se poser la victime, la mise en sécurité, la réparation et le besoin de trouver du sens[2]. Une fois les faits identifiés et qualifiés par la victime vient en effet l'étape de la reconnaissance de l'atteinte par la personne accusée, ce qui n'est évidemment ni courant ni aisé à obtenir, d'autant moins qu'une telle reconnaissance est susceptible d'entraîner une lourde peine de prison. Enfin, la reconnaissance sociale et publique du tort commis constitue une dernière phase, ce caractère public et « officiel » restant à discuter et à définir : s'agit-il d'une reconnaissance par l'État ? par une puissance publique ? par un collectif ? Dans ce dernier

1. Tania Lejbowicz, « Violences et écarts aux normes de genre », *loc. cit.*, p. 253.

2. Citée *in* Gwenola Ricordeau, *Crimes et peines*, *op. cit.*, p. 150.

cas, comment s'assurer de l'homogénéité des critères et donc de l'égalité de traitement d'un contexte à l'autre ?

Un troisième objectif consiste en la responsabilisation de l'agresseur (*accountability*) *sur le long terme* afin d'assurer qu'il n'agresse pas de nouveau et que, si cela devait se produire, les dommages ne soient pas suraggravés par une non-prise en charge, en fonction des contextes et des motifs de la violence exercée. À cet égard, les enjeux ne sont pas les mêmes si l'agresseur est le père d'un enfant qui vit sous son toit ou bien l'ex-petit ami d'une jeune fille qui n'habite pas dans la même ville que celle-ci. Ceci inclut inévitablement, d'une part, un travail de l'agresseur sur son rapport à la sexualité et aux représentations de genre, ainsi que l'identification des leviers de pouvoir qu'il a activés afin de tirer profit de sa victime. Mais un tel objectif implique aussi, d'autre part, et de manière fondamentale, la mobilisation active de l'entourage, des mesures de prévention de la récidive par la collectivité et un accompagnement de longue durée. Tout cela doit faire l'objet d'une concertation collective et la responsabilisation de l'agresseur peut aussi inclure le fait qu'il prenne lui-même en charge les coûts financiers et matériels de la réparation et de la mise en sécurité de la victime et des victimes secondaires (les enfants dans le cas de violences sexuelles conjugales, par exemple). De telles mesures ont pu être interprétées comme « rétributives[1] ». Je maintiens pour ma part et avec d'autres une distinction épistémologique, aux conséquences éthiques, entre des sanctions qui visent à responsabiliser l'auteur d'une violence sexuelle et une punition, si l'on entend par là une souffrance infligée *intentionnellement* comme fin en soi, en gage de paiement pour une faute commise[2]. Ainsi, comme le criminologue Lode Walgrave le souligne, un lien peut être effectué entre la souffrance et la sanction, mais il suit

1. Anthony Duff, « Restorative punishment and punitive restoration », *in* Lode Walgrave (dir.), *Restorative Justice and the Law*, *op. cit.*, p. 208.

2. Lode Walgrave, « Restorative justice and the law : socio-ethical and juridical foundations for a systemic approach », in *ibid.*, p. 570.

alors une logique *inverse* à la rétribution : une souffrance trop importante peut conduire à réduire la sanction infligée, puisque le but visé, celui de la transformation de toutes les parties prenantes, n'est alors plus servi par la sanction. Il faut souligner enfin ici que l'accomplissement de mesures visant la mise en sécurité des victimes implique, bien au-delà des agresseurs directs, des conditions sociales leur permettant notamment – et je pense en particulier aux personnes les plus vulnérables aux violences sexuelles – d'être logées ou de trouver un travail qui leur garantira une relative indépendance économique, sans risquer d'être discriminées.

Un dernier objectif de cette justice transformative prenant véritablement en charge les violences sexuelles vise la responsabilisation et le travail par la collectivité concernée (témoins directs, proches, familles, communautés politiques au sens large...) de ses propres représentations (de genre, de la sexualité, de la violence, en articulation avec d'autres enjeux de pouvoir, raciaux, sociaux, économiques, etc.) et de ses comportements face à la violence et aux rapports de pouvoir. Le rôle de l'entourage et de la collectivité mobilisés dans les processus de justice, dont les formes restent à imaginer, est donc triple : réception de la parole et prise en charge des besoins de la victime (selon une éthique de la reconstruction), responsabilisation de l'auteur et enfin réflexion critique et transformation de ses propres fonctionnements (répartition du pouvoir, non-minimisation de la violence et de ses effets, non-protection de l'agresseur, veille active, détection et prévention de la violence à venir). Pour ce qui est de la forme et de la procédure : celle-ci nécessite l'implication de toutes les parties prenantes – non seulement victimes et agresseurs mais aussi témoins, modérateurs et modératrices, proches, professionnel·les médico-sociaux, pédagogiques, membres de la collectivité concernée/société, personnes-ressources autour de la victime, institutions. Cela ne signifie pas néanmoins que toutes ces parties doivent se retrouver confrontées les unes avec les autres, et notamment que la victime soit confrontée à l'agresseur. Cette implication est exigeante car elle n'est pas destinée à être ponctuelle, mais à s'intégrer au fonctionnement habituel de toute institution – sans quoi l'on risquerait de retomber dans la prise en compte des situations de violence au cas par cas, sans remettre en question les conditions structurelles qui les rendent possibles. Elle peut notamment prendre la forme de protocoles spécifiques[1] : modification de la gouvernance de l'organisation concernée, création de formations et de chartes, commissions de contrôle, d'enquête et d'accompagnement extérieures et indépendantes par rapport à l'institution, afin d'assurer *en permanence* un travail actif de veille. En outre, les rapports de pouvoir comme les liens affectifs complexes qui peuvent lier témoins et agresseurs, témoins et victimes, victimes et agresseurs... nécessitent de décider collectivement de modalités d'accompagnement assurées par des personnes-ressources indépendantes et extérieures à ces liens. Une telle transformation de toute organisation dans ce sens implique nécessairement une réflexion, en l'état actuel de nos sociétés, sur la structuration et le financement du temps de travail de ces personnes chargées de cette veille active et de cet accompagnement.

Ces dispositifs se fondent, ultimement, sur l'égalité en droits et en liberté, sur la valeur du « respect mutuel » ainsi que sur l'idée fondamentale que l'on peut transformer ses représentations et comportements vis-à-vis de la violence et du genre, que l'on soit témoin ou acteur – et donc, consubstantiellement, sur la façon de juger ces violences –, ce qui correspond à l'éthique de la contre-violence. L'enjeu en est la modification des rapports de pouvoir interpersonnels, institutionnels et structurels vers l'égalité (sexuelle, mais pas uniquement). Un tel enjeu, foncièrement politique et démocratique, ne peut être atteint par un ou deux individus isolés et ne peut être atteint que si chacun des processus de justice transformative garantit une égalité de traitement

1. Elsa Deck Marsault, *Faire justice*, *op. cit.*, p. 120 ; « Toward transformative justice », *loc. cit.*, p. 52.

– notamment devant la loi, ce qui est le cas formellement mais non dans les faits.

Qu'il s'agisse de la mise en place d'institutions qui seraient uniquement dévolues à « faire justice » ou bien des exigences de justice qui s'imposent aux institutions existantes (telles que l'Église), elles doivent être guidées par deux éléments : la « redevabilité » (elles ont des comptes à rendre) et leur « instabilité travaillée » (contre leur force d'inertie). Ces derniers éléments, qui permettent la remise en question constante des institutions par l'analyse critique et la délibération démocratique, rencontrent la thématique de la « contestabilité » des institutions nécessaires aux démocraties, défendue notamment par le philosophe Philip Pettit[1]. Celui-ci reprend l'idée selon laquelle la démocratie se définit comme régime « où les gouverné·es contrôlent les autorités gouvernantes » et ont le pouvoir de les contester (ce qui en passant appuie une légitime mise en cause et interpellation de l'État pour ses manquements structurels à protéger les citoyens les plus vulnérables, en l'occurrence lorsqu'ils et elles se retrouvent victimes de violences sexuelles). Si Pettit applique l'idée de contestabilité aux seules institutions qu'il estime nécessaires au régime démocratique (« les institutions électorales, les institutions qui garantissent l'état de droit, l'indépendance des tribunaux, le droit de destituer les fonctionnaires, une presse qui soit libre, etc. »), on pourrait plutôt l'envisager pour toutes les institutions sociales qui forment la « structure de base »[2] d'une société. Une appréhension des institutions permise par une analyse critique permanente de leur fonctionnement[3], qui serait établie au cœur même de leur fonctionnement ou effectuée par des instances externes (en l'occurrence dédiées aux violences sexuelles, à partir des victimes), apparaît

1. Philip Pettit, *Républicanisme. Une théorie de la liberté et du gouvernement*, Paris, Gallimard, « NRF Essais », 2004 (1997), p. 242.

2. Philip Pettit, « Democracy, electoral and contestatory », *Nomos*, vol. 42, 2000, p. 106.

3. *Ibid.*, p. 124.

comme une condition nécessaire de la pleine prise en charge des violences comme injustices structurelles. Les conditions d'élaboration de ces institutions et dispositifs « consultatifs » depuis les perspectives des victimes, ainsi que les procédures permettant la manifestation de violences subies, de décisions de justice, de réparation et de transformation qui permettraient la pleine prise en charge des violences sexuelles, sont encore à inventer, selon une logique qui répond à cette exigence d'autonomie et d'autogestion énoncée par Cornelius Castoriadis : « La politique est désormais lutte pour la transformation du *rapport* de la société à ses institutions ; pour l'instauration d'un état de choses dans lequel l'homme social peut et veut regarder les institutions qui règlent sa vie comme ses propres créations collectives, donc peut et veut les transformer chaque fois qu'il en a le besoin et le désir[1]. »

Esquissé ainsi, l'horizon de la justice transformative n'est donc pas la « rédemption » de l'agresseur, la guérison pour l'ensemble des parties prenantes, la « réconciliation » ou le pardon, qui sont autant de considérations morales. Il s'agit plutôt, sur un plan politique, de la pleine reconnaissance des victimes en tant que victimes d'une violence interpersonnelle et d'une injustice sociale, de la reconnaissance sociale/publique du tort commis – donc par les agresseurs mais aussi par les collectivités qui ont rendu possible la violence –, de la responsabilisation individuelle et collective, de la réparation et la transformation de chacune des parties prenantes comme des institutions concernées par le travail collectif sur les causes du tort, notamment sur le plan des représentations (du genre, de la sexualité, du rapport à autrui), mais aussi des conditions matérielles, économiques et juridiques, qui rendent la violence sexuelle possible. La justice transformative doit ainsi aller vers une plus grande démocratie, en constante évolution et autonomisation individuelle et collective.

---

1. Cornelius Castoriadis, *La Société bureaucratique*, Paris, 10/18, 1972, p. 54 cité *in* Nicolas Poirier, *L'Ontologie politique de Castoriadis*, Paris, Payot, 2011, p. 490.

On pourrait objecter à cette approche, comme à la « responsabilité politique » développée par Young, sa dimension non contraignante et son caractère utopique. Ne repose-t-elle pas, elle aussi, sur de pures obligations morales de la part de l'agresseur, de l'entourage et des personnes qui se dédieront à l'accompagnement ? On peut répondre de plusieurs manières. Si elle ne comporte pas de dimension punitive, divers dispositifs de justice transformative ont toutefois recours à la contrainte. À la fin des années 1980, la communauté autochtone Ojibwa de Hollow Water a mis en place, avec l'accord des autorités fédérales canadiennes, une expérimentation de justice alternative à la justice pénale spécifiquement dédiée au traitement des violences sexuelles, en particulier intrafamiliales. Dans ce cadre, une condition était posée : si l'agresseur·e ne respectait pas le processus, il/elle était remis·e entre les mains de la justice pénale traditionnelle[1]. Pour sa part, le collectif Generation Five, conscient des difficultés que pose une approche par la justice transformative face à des personnes qui refusent de reconnaître les faits, qui ne s'engagent pas dans un travail de changement de leur comportement ou qui récidivent, liste un certain nombre de leviers qu'il est possible d'actionner, parmi lesquels, en dernier recours, la force ou l'exclusion. Ces mesures ne sont alors pas tant prises pour punir que pour assurer la mise en sécurité de tiers. La nature de ces contraintes et les conditions de leur usage sont à déterminer collectivement dans le cadre des propositions formulées par Generation Five à destination des communautés, ce qui revient, finalement, à institutionnaliser collectivement une telle dimension contraignante.

Une telle perspective se rapproche de la version « maximaliste[2] » de la justice restaurative décrite par le philosophe

1. Voir le film de Bonnie Dickie, *Hollow Water*, 2000. J'ai découvert ce film à l'occasion du festival « (In)justices. Journées sur la violence, les conflits et la "justice" dans les communautés queer et féministes », organisé par le collectif Fracas en 2021.

2. Voir aussi Lode Walgrave (dir.), *Restorative Justice and the Law*, *op. cit.*, p. 620.

Christophe Béal, selon laquelle elle devrait « être considérée comme une théorie normative qui oblige à redéfinir le sens et les finalités de la peine » et plus généralement à *refondre le système pénal*[1]. Autrement dit : selon cette approche conséquentialiste, toute sanction devrait avoir une fonction restaurative et constructive. Des réponses coercitives peuvent être légitimes si et seulement si la « restauration » n'a pas pu s'opérer, « par exemple lorsque l'auteur ne reconnaît pas les faits », « pour protéger les victimes » ou « pour empêcher une récidive », en vue de « restaurer l'autonomie et corriger un rapport de domination »[2]. En outre, la réparation incomberait au coupable, de telle sorte que la rétribution serait au service de la restauration. Cet horizon me semble en réalité participer d'un paradigme plus exigeant que celui d'une justice qui serait seulement restaurative, même dans sa version maximaliste, car sa visée est explicitement transformative. Or c'est bien cela qu'il faut travailler si l'on veut prendre en charge les violences sexuelles comme injustices structurelles. Une telle vision enfin n'est pas cohérente sans une politique de justice sociale vers l'égalisation des conditions.

En outre, dans sa dimension collective, la responsabilité politique apparaît bien comme une proposition politique qu'une société se choisit si elle prend au sérieux son devenir démocratique. Elle comporte donc la fragilité intrinsèque à ce régime.

Justice, démocratie et intime

Si Zehr avance que la justice restaurative permet de « mettre en lumière la dimension *privée* du crime afin de proposer un plus juste équilibre dans la manière dont nous éprouvons la justice[3] », l'horizon que je dégage est politique et

1. Christophe Béal, « Justice restaurative et justice pénale », *Rue Descartes*, n° 93, 2018, p. 63.
2. *Ibid.*, p. 68.
3. Howard Zehr, *The Little Book of Restorative Justice*, *op. cit.*, p. 12.

féministe. Dans cette perspective, la justice transformative doit permettre de considérer les violences sexuelles comme un tort commis à l'endroit de la victime, non pas en tant qu'atteinte à l'*intimité* d'un individu singulier, mais en tant que victime *positionnée socialement*. Ici, le tort a des causes et des conséquences qui dépassent le seul individu, et c'est en ce sens que la justice transformative peut être fondamentalement politique. Les dispositifs de justice transformatifs auraient alors pour enjeu de *restituer la dimension politique du vécu intime* en mobilisant les parties prenantes et la collectivité dans la reconnaissance, la réparation du tort et la transformation des représentations et comportements vers l'*autonomisation* de la victime, de l'agresseur, de la communauté.

En prenant en charge l'intime et le proche, cette forme de justice se propose comme une perspective politique, exigeante pour les membres de la communauté politique, mais plus adéquate pour les victimes de violences intrafamiliales et commises par des partenaires qui, dans l'immense majorité des cas, ne voient pas leurs vécus reconnus, entendus, pris en charge pour ce qu'ils sont : des injustices sociales. Elle permet également de répondre au besoin des femmes et personnes minorisées prises dans les injonctions contradictoires d'une double assignation (celle d'être femme et racisée par exemple), qui peuvent se trouver déchirées par un conflit de loyauté envers certains membres de leur communauté qui constituent parfois leur plus solide ancrage social et qui savent qu'envoyer leur proche en prison ne résoudra rien[1].

Cette esquisse des conditions d'une justice transformative ouvre bien entendu sur de nombreuses et profondes questions pratiques, et notamment celles de l'échelle d'action et des moyens matériels nécessaires pour sa mise en œuvre. Si l'on estime que la publicisation des actes et de la reconnaissance par l'agresseur des faits qu'il a commis peut avoir

1. Voir Min Xie et James Lynch, « The effect of reporting to the police and victim services on intimate partner violence », *Journal of Research in Crime and Delinquency*, vol. 54, n° 3, 2016, p. 1-41.

une fonction d'exemplarité et informer le reste de la société des processus transformatifs en cours[1], si l'on estime encore que c'est d'une responsabilisation transformative, individuelle et collective qu'il s'agit, une telle approche implique nécessairement le dépassement du système répressif et rétributif de la justice pénale, et notamment des sanctions carcérales en matière de violences sexuelles telles qu'elles sont pratiquées aujourd'hui. D'abord, la peine ne saurait répondre à ses objectifs et, d'autre part, le système pénal, en menaçant de longues peines, encourage les discours de minimisation, de banalisation, de disculpation des personnes qui violent et qui agressent car elles cherchent à éviter des peines de prison. Penser les conditions d'une justice pour les violences sexuelles impliquerait alors la mise en question de l'incarcération de manière plus générale car, comme l'avait écrit Gisèle Halimi en 1980 : « Toutes les peines de réclusion de longue durée, quel que soit le crime, sont destructrices individuellement, nuisibles et inutiles socialement », mais « il n'est cependant pas acceptable que les peines pour viol, seules et en priorité, soient supprimées et abaissées »[2]. Et d'ajouter : « Si forcer un coffre-fort est – pénalement – plus grave que violer une femme, le violeur continuera de se prétendre un dragueur un peu intempestif. Or la fonction de la justice doit aussi être culturelle. » Bien au-delà d'une justice pénale, quelle forme prendrait une justice sociale vis-à-vis des violences sexuelles ? Les pistes esquissées ici ne sont pas closes mais en devenir.

1. Comme on l'a vu plus haut et comme le recommande aussi Elsa Deck Marsault, *Faire justice*, *op. cit.*, p. 48.

2. Gisèle Halimi, *Choisir*, n° 48, 1980, cité *in* Jean Bérard, Jean Bérard, « Dénoncer et (ne pas) punir les violences sexuelles ? », art. cit., p. 80.

Épilogue

Imaginer un horizon sexuel démocratique

L'aboutissement de cet ouvrage n'est pas un guide prêt à l'emploi. J'ai tenté de contribuer à faire des violences sexuelles un objet pour la philosophie, portée par la conviction que celle-ci peut aider à les comprendre et donc à lutter. Pour cela, j'ai voulu tirer jusqu'au bout le fil de ces questions : qu'est-ce que les violences sexuelles ? Quel rôle joue le genre dans leur perpétuation, et comment comprendre celui-ci ? Si elles sont bien des injustices sociales, alors que faire ? Quelle conception de la justice sociale et du politique envisager pour y répondre ? Alors, bien sûr, les implications et exigences sont immenses. La philosophie, si elle peut encore quelque chose face à la détresse, la colère et la douleur partagées, a sans doute encore ce rôle à jouer que d'ouvrir les imaginaires politiques.

Au terme de cette traversée, se dessinent quelques lignes. Les violences sexuelles sont des injustices structurelles. À injustices structurelles répond nécessairement justice structurelle. Elles sont genrées. Dans la société française contemporaine, la majorité des violences sexuelles sont commises par des personnes s'identifiant et identifiées comme hommes sur des personnes s'identifiant et identifiées comme femmes. Les minorités sexuelles et de genre sont également surexposées à ces violences. Mettre en lumière le régime de genre qui produit conjointement les violences sexuelles, l'hétérosexualité, les catégories de sexe « homme » et « femme », et la division sexuelle du travail m'a conduit à modéliser le genre comme fonction des violences sexuelles. On a vu, malgré une évolution lente des conditions matérielles et sociales vers une plus grande égalité de genre, ses formes renouvelées.

À cette matrice genrée se combinent d'autres rapports de pouvoir qui donnent leurs formes aux violences sexuelles. Les violences sexuelles ont toutes les nuances du pouvoir. Là où se trouve un rapport de pouvoir, on trouve de la violence sexuelle. Ainsi, si le genre joue un rôle central dans la mise en place et la perpétuation de ces violences, comme l'avaient théorisé les féministes dès les années 1970, il n'est pas le seul et unique élément qui les explique et ne suffit pas à épuiser leur compréhension. Le centre de gravité des premières violences sexuelles se loge dans le « berceau des dominations », comme l'a nommé l'anthropologue Dorothée Dussy – le cadre familial ou parafamilial, où elles peuvent être vécues à de très jeunes âges. L'injustice sociale qu'elles constituent, non seulement par leur perpétration, mais aussi par le silence dont elles font l'objet, ouvre notamment sur la remise en cause de l'institution familiale et la critique de la domination adulte institutionnalisée.

Ces lignes ouvrent des pistes de recherche empiriques, théoriques, pratiques. Nous manquons par exemple cruellement d'études sur les jeunes, mineur·es et majeur·es, victimes et auteur·es d'agressions sexuelles et de viol au sein de la famille ou du couple, sur les significations des violences sexuelles depuis les positions de personnes racisées, eu égard notamment à l'héritage postcolonial français, sur les violences sexuelles qui se déploient au sein de minorités de genre et sexuelles, par exemple lorsqu'aucun homme cis hétérosexuel n'est impliqué, etc.

Penser les violences sexuelles comme injustices structurelles implique donc une approche féministe, queer et intersectionnelle, et ouvre sur la nécessité de changer de régime sexuel. Un bouleversement social et politique, civilisationnel, diront certain·es, ou révolutionnaire. Celui-ci passe sans doute par une redéfinition de la loi sur le viol et les agressions sexuelles, mais il se prolonge bien au-delà. Il implique de déminer les scripts sexuels genrés, bien sûr, mais il ne saurait se faire, en outre, sans l'égalité des conditions matérielles, empêchée systémiquement par les inégalités de revenus, de statut et la répartition genrée du travail non rémunéré. Il implique de reconsidérer la structuration juridico-économique de la famille nucléaire, l'hétéronormativité de la procréation ou encore la police du genre à l'état civil. Dans les années 1980, Monique Wittig s'insurgeait déjà contre l'obligation de déclaration du « sexe » à l'état civil[1]. Celle-ci est en effet profondément liée à la perpétuation des violences sexuelles comme instrument d'un régime sexuel hétéronormatif qui construit les catégories « hommes » et « femmes » par une hétérosexualité obligatoire et masculiniste, où tout écart peut être sanctionné par des violences sexuelles. Les contours de ce bouleversement correspondent à une théorie sociale qui « évalue les institutions en fonction de si elles sont libres de toute domination, répondent aux besoins et fournissent les conditions d'une émancipation[2] ».

La prise en charge des violences sexuelles comme injustices sociales conduit à des exigences politiques fortes, qui elles-mêmes remettent en lumière les exigences de la condition démocratique. Est « citoyen celui ou celle qui est capable de gouverner et d'être gouverné[3] », selon la « merveilleuse » phrase d'Aristote, pour Castoriadis. Certes, les citoyens ne représentaient qu'un dixième des habitant·es de la cité. Ici, c'est chacun·e d'entre nous qui se trouve concerné·e. Chacun·e d'entre nous est responsable. La démocratie radicale telle que conçue par Castoriadis, comme auto-institution permanente et réalisation de l'autonomie collective[4], élabore des intuitions

1. Monique Wittig, « La marque du genre » (1985), *La Pensée straight*, *op. cit.*, p. 132.

2. Seyla Benhabib, *Critic Norm and Utopia. A Study of the Foundations of Critical Theory*, New York, Columbia University Press, 1986, p. 330-336.

3. Aristote, *Politique*, III.13.

4. Et qui, chez Cornelius Castoriadis, « suppose l'auto-gouvernement du peuple ». Voir Arnaud Tomès, « Démocratie radicale et représentation chez

politiques à la hauteur du problème. Ainsi ressaisie, elle est aussi un programme de démocratie qui dégenre.

L'autonomisation individuelle et collective est un processus en constante évolution, fait d'apprentissages construits grâce à des allers-retours entre savoirs théoriques et pratiques. Nous autonomiser jusque dans nos imaginaires sexuels enfin, implique certes la mise en place de programmes sérieux et ambitieux d'« éducation sexuelle », mais passe aussi, plus profondément, par la prise de conscience de notre capacité d'action sur notre imagination, celle qui nous met en mouvement, dans nos corps et politiquement. Une prise de conscience du pouvoir et de la responsabilité que nous avons, que vous avez, à *choisir* ce que nous regardons, ce qui nous affecte, ce que nous expérimentons ou ce à quoi nous refusons de nous exposer – à choisir la matière de nos imaginaires et, par là, ce que nous désirons.

Cornelius Castoriadis et Ernesto Laclau », *Raisons politiques*, vol. 3, n° 75, 2019, p. 48.

Remerciements

Pensées reconnaissantes aux personnes sans qui ce livre n'aurait pas été possible. À Valentine Dervaux, qui a cru en cet ouvrage depuis le tout début et jusqu'à la toute fin, dont l'humanité et l'intelligence ont su prendre soin de ce texte empli d'épines que j'ai placé entre ses mains.

À Flo, avec qui nous avons traversé le flot de toutes ces années, qui m'a fait voir sous un jour inespéré l'utilité de mes travaux hors du champ académique, et à qui ce livre doit beaucoup aujourd'hui.

À Camille Gamel pour avoir rêvé avec moi cette publication.

Un immense merci à l'équipe organisatrice du premier Congrès de philosophie féministe francophone – Cornelia Möser, Estelle Ferrarese, Marie Garrau, qui m'ont permis de participer à cette journée déterminante, et grâce à qui l'association de philosophie féministe qui nous manquait tant va enfin voir le jour.

Mes remerciements vont aussi à toute l'équipe du réseau de recherches sur les violences fondées sur le genre VisaGe, fondé à l'initiative de Catherine Cavalin, Pauline Delage et Delphine Lacombe, pour la richesse des rencontres et des échanges interdisciplinaires qui sont venus nourrir mes réflexions toutes ces années. Ces croisements disciplinaires sont inestimables.

Merci de tout cœur à celles qui ont été pour moi, inspiratrices et/ou interlocutrices décisives : Alice Debauche, Dorothée Dussy, Catharine MacKinnon, Catherine Le Magueresse, parmi d'autres.

Merci pour leurs inestimables contributions à cet ouvrage : à Ting Chen, pour son temps et sa confiance, Tania Lejbowicz pour sa patience et sa relecture attentive et informée, à Corentin Legras, à Lucie Wicky pour nos échanges, à Matthieu Foucher pour ses conseils et idées précieuses, à Marie-France Casalis (CFCV) pour ses retours et encouragements, et à Sarah (Arca-F) pour la transmission cruciale de sa pratique et nos discussions passionnées. Merci, enfin, pour nos conversations et pour leurs apports autour des questions de justice restaurative et transformative, à Elsa Deck Marsault bien sûr, à Sandrine Lefranc, à Émeline Fourment et à Delphine Griveaud pour son précieux regard, indispensable pour le dernier chapitre. Merci aussi aux personnes qui m'ont ouvert leur porte et ont nourri mes réflexions en cours : Choralyne, Ju, Antoine Garapon, Valentine Buck, et la CRR.

Merci à Anna, Jessica, Éliot, témoins de la série *JUSTICE !* qui m'ont renouvelé leur confiance, ainsi qu'à Théo Laboulandine (Melocoton Films) et bien sûr Marion Guégan.

Pour leurs relectures et leur amitié si précieuses, merci infiniment à Yaël Benayoun, B., Mona Gérardin-Laverge, Sophie Kahn, Mickaëlle Provost, ainsi qu'à Alex, Louise Freulet, Loïs Fleuriel, Anna Battiston, Marine Levéel – merci pour ce qu'on a en partage, et qui fait vivre, pour leur présence indéfectible et leurs âmes sensibles.

Pour ses conseils avisés, à Daniel Adjerad, pour l'amitié et le soutien solidaire qui comptent tant, à Marie Le Clainche-Piel.

Merci à MAD pour son accompagnement tout au long de ces années, et à Cha qui a ouvert un espace où respirer.

Merci aux ami·es, aux allié·es, aux mères et aux sœurs.

À M, pour sa lumière, chaque jour, et grâce à qui tout est possible.

Merci à toutes les plateformes d'accès libre aux contenus scientifiques qui m'ont permis de poursuivre ce travail de recherche sans appartenance institutionnelle.

Mes pensées vont, enfin, à toutes les personnes en lutte que j'ai entendues, rencontrées, lues, écoutées, qui ont peuplé cette recherche et lui ont donné des armes, des larmes et des ailes.

Table

Partie III
Que faire face aux injustices que sont les violences sexuelles ? Fragments

#lisez! engagé
www.lisez.com

Cet ouvrage est imprimé
sur du papier issu de forêts
gérées durablement.

CPI
FIRMIN-DIDOT
27650 Mesnil-sur-l'Estrée

Composition Facompo, Lisieux.
Achevé d'imprimer par CPI Firmin Didot
à Mesnil-sur-l'Estrée en avril 2025.
Dépôt légal : mai 2025
Numéro d'imprimeur : 184156
Imprimé en France